리더와 인재,
제대로 감별해야 한다

리더와 인재,
제대로 감별해야 한다

한국사마천학회
김영수 지음

창해

우리는 어떤 리더와 인재를 선택해야 하나?

나는 어떤 사람을 선택할 것인가?

2022년과 2024년에 있을 세 차례의 선택이

대한민국의 미래를 결정할 것이다.

사람을 제대로 보고, 정확하게 선택하는 원칙과

방법을 제시하는 고전과 명문들,

역사에 큰 족적을 남긴 인물들의 인재관,

이들의 혜안과 통찰력을 통해 내 안목의 수준과 질을 높인다.

강태공에서 정약용, 마키아벨리와 조지훈에 이르기까지

3천 년의 시공을 초월한 지성인들의 탁견을 감상한다.

《리더의 역사 공부》,《리더의 망치》에 이은

'리더 삼부작'의 완결판!

역사로 통찰하는 리더와 인재,

역사의 경험과 이론 및 방법으로 식별하는 리더와 인재,

역사(과거)는 한 사람을 판단하고 평가하는

알파요, 오메가이다.

과거는 현재와 미래의 그림자다

사람을 제대로 가려야 앞날이 밝아진다

시옥요소삼일만(試玉要燒三日滿),

변재수대칠년기(辨材須待七年期).

옥을 시험하려면 사흘 밤낮을 구워봐야 하고,

인재를 가리려면 모름지기 7년은 기다려야 한다.

_백거이(白居易)

  2022년 3월 대통령 선거를 위한 각 정당의 예비 경선이 본격적으로 시작되었다. 5년 동안 우리나라를 이끌어 나갈 가장 중요한 일꾼을 뽑는 아주 큰일이다. 큰 두 정당의 대통령 지망생으로 무려(?) 20여 명이나 나왔다. '대통령감이 이렇게 많단 말인가?' 이런 물음이 먼저 나온다. 당연히 경쟁은 치열하고, 잡음도 많을 수밖에 없다. 상상을 뛰어넘는 온갖 일들이 다 터져 나온다. 하지 말아야 할 언행과 해서는 안 되는 행동들도 여과 없이 튀어나온다.

'바닷물을 다 마셔야 맛을 알까? 한 숟갈만 떠먹어 보면 알지.' 이 말에 딱 어울리는 수준 미달은 물론 자격 미달인 자들이 많다. 그런데도 지지율은 매우 높다. 1퍼센트도 아까울 정도인데도 말이다.

사람 보는 눈이 이렇게도 없을까? 거의 모든 정보가 무한대로 공개되고 검색할 수 있는 지금 세상에 도대체 저런 사람을 어떻게 지지할 수 있을까? 의문을 넘어서 불가사의하다. 물론 계층과 이념의 갈등, 망국적 지역감정, 수구 기득권의 몸부림 등으로 인해 고착된 정치지형의 탓이 크긴 하지만 그래도 의문은 풀리지 않는다.

옛 현자들은 사람, 특히 리더와 인재를 식별하면서 어떤 기준과 원칙을 들이댔을까? 그리고 그 기준과 원칙이 과연 지금에도 쓸모가 있을까? 쓸모가 있다면 2022년 두 차례, 2024년 한 차례 모두 세 차례의 큰일에 적용해보는 것은 어떨까? 이런 생각이 들어 지금까지 모아 놓았던, 그리고 정리해두었던 관련 자료들을 다시 살펴보았다. 오래전부터 이 문제에 대해 적지 않은 글들을 썼고, 또 책도 출간한 바 있지만, 이번에는 좀 더 치밀하게 들여다보아야겠다는 마음이 컸다. 그만큼 2022년의 대선이 우리 모두의 미래에 대단히 중대한 의미가 있다고 판단했기 때문이다.

또 하나는 대선 이후까지 생각하지 않을 수 없다. 즉, 대선 바로 이어지는 지방선거, 그리고 다시 2년 뒤에 있을 총선은 향후 나라의 운명에 심각하고 중대한 영향을 줄 것이기 때문이다. 돌이켜보면 촛불혁명으로 들어선 정부조차 나라와 국민에게 가장 절박한 개혁을 완수는커녕 첫걸음조차 떼지 못했다. 특히, 검찰을 비롯하여 사법부와 행정부 고위직 관료들의 개혁 저항에 정부는 몸살을 앓았고, 국론은 갈라졌다. 지금도 여전하다. 인사 참사라고 할 정도의 잘못된 인사도 적지 않았다. 가장 심각한 언론 개혁과 입법부(국회) 개혁은 엄두도 못 냈거나 겨우 (그것도 아주 어설프게) 발을 내디딘 정도다. 잇따라 터져 나오는 사법부의 기도 안 차는 판결은 사법부 개혁의 절실함을 여실히 보여주었다.

이 모든 문제의 핵심은 결국 사람으로 귀착된다. 요컨대 어떤 사람을 뽑고 기용하느냐. 또 사회 지도층이라는 사람들에 대한 국민의 날카롭고 정확한 평가다. 그리고 그 전제는 사람을 보는 눈, 흔히 말하는 안목(眼目)이고, 그 안목을 뒷받침하는 사람을 판단하고 고르는 기준과 원칙이다.

사마천은 리더와 인재의 중요성을 다음과 같이 갈파(喝破)한 바 있다.

"안위재출령(安危在出令), 존망재소용(存亡在所用)."
"(나라의) 안정과 위기는 어떤 정책을 내느냐에 달려 있고, 존속과 멸망은 어떤 사람을 쓰느냐에 달려 있다."

"부지기인(不知其人), 시기소사(視其所使)."
"그 사람(리더)이 어떤 사람인지 잘 모르겠거든 그 사람이 기용하는 사람(인재)을 보아라."

사마천은 물론 옛 현자들은 한 나라의 존망을 사람(인재와 리더)과 연계시키는 탁월한 인식을 보였다. 그뿐만 아니라 이처럼 중대한 요건인 리더와 인재를 식별하기 위한 다양한 기준과 원칙 및 방법을 제시했다. 지금 보아도 아주 쓸모 있고, 심지어 과학적이기까지 하다.

리더와 인재를 평가하는 기존 우리 사회의 낡은 관념이 이른바 윤리관이니 도덕성이니 하는 것들이다. 사상 검증도 같은 맥락이다. 하다 하다 마뜩하지 않으면 도덕성이 어쩌니, 사상이 어쩌니 하는 전혀 검증할 수 없는 비과학적이고 추상적인 기준을 들이밀어 그 사람을 매도해왔다. 그런데 한번 생각해보자. 한 개인의 윤리관과 도덕성, 그리고 사상을 어떻게 검증할 수 있나?

우리가 얼핏 생각하기에 옛날 사람들이 리더와 인재를 평가하는 가장 중요한 기준으로 윤리와 도덕을 내세웠을 것 같지만 실상은 결코 그렇지 않다. 물론 '덕(德)'을 강조했지만, 이때의 '덕'은 우리가 알고 있는 도덕과는 전혀 거리가 멀다. 동양 사회에서 리더십 항목으로 가장 중요하게 내세운 '덕'은 '많은 사람의 마음을 얻는다'라는 뜻이다. 즉, 많은 사람의 마음을 얻은 사람이 덕 있는 사람이고, 이런 사람이 진정한 리더이자 인재라고 했다. 다시 말해, 리더와 인재를 가늠하는 다양하고 심도 있는 구체적인 기준과 원칙을 통과하여 많은 사람이 인정한 다음이라야 '덕' 있는 사람이라는 평을 얻을 수 있었다.

역사를 공부하는 사람으로서 리더와 인재를 평가하는 가장 중요한 기준을 들라면 당연히 그 사람의 '과거'이다. 특히 언행을 중심으로 한 지난날의 행적이 절대 기준이다. 현재의 언행 역시 과거 언행의 연장선에 있을 수밖에 없다. 현재는 과거의 그림자이자 미래의 그림자이기 때문이다. 이는 역사과학이다.

사마천은 '지난날을 기술하여 다가올 일을 안다(술왕사述往事, 지래자知來者)'고 했다. 역사, 즉 과거 자체에 미래 예견력이 내포되어 있다는 뜻이다. 사마천과 같은 인식을 보인 선각자들은 즐비하다. 다만 우리가 이들의 탁월하고 깊은 통찰력에 주목하지 못했을 뿐이다. 결론은 그 사람의 과거 언행을 포함한 행적(성과)을 잘 살피면 그 사람의 수준과 인격은 물론 윤리관과 도덕성 나아가 사상까지 검증할 수 있다는 것이다. 쉽게 말해 아무 일도 하지 않고 있다가 리더가 된 다음 무슨 무슨 일을 하겠다는 사람이 아닌, 지도자가 되기 위해 어떤 어떤 일을 해낸 사람에 우선 주목해야 한다.

이 책은 이상과 같은 생각을 바탕에 깔고 동서양 역사에서 남다른 그림자를 드리우고 있는 사상가·역사가·정치가·실천가·학자·문학가들이 제시한 사람을 보는 안목, 인재를 식별하는 방법, 리더가 갖추어야 자질, 간신과 소인을 가려내는 방법, 세태와 인간의 변질 현상 등을 소개했다.

부록으로 서양의 사상가, 조선시대 지식인, 현대 작가들의 관련 글들과 역대 고전 속에 보이는 명언 명구들을 제시했다. 익히 보고 들은 내용들이지만 이를 하나의 초점으로 모아 보았을 뿐이다. 아무쪼록 큰 선택을 앞둔 깨어 있는 우리 국민의 결단에 조금이나마 도움이 되었으면 하는 바람이다. 나아가 다음 정부가 혁명보다 어렵다는 개혁을 확실하게 밀고 나갈 때 꼭 필요한 인재를 기용하는 기준과 원칙을 세우는 데 의미 있는 참고 자료가 되었으면 한다.

"국지장흥(國之將興), 필유정상(必有禎祥), 군자용이소인퇴(君子用而小人退). 국지장망(國之將亡), 현인은(賢人隱), 난신귀(亂臣貴). 심의(甚矣), 안위재출령(安危在出令), 존망재소임(存亡在所任)!"

"나라가 흥하려면 반드시 상서로운 징조가 나타나는데 군자는 기용되고 소인은 쫓겨난다. 나라가 망하려면 어진 사람은 숨고 나라를 어지럽히는 난신들이 귀하신 몸이 된다. '나라의 안위는 (군주의) 명령(정책)에 달려 있고, 나라의 존망은 인재의 등용에 달려 있다'라는 말이 정말 이런 뜻일 게다."
_《사기》, 〈초원왕세가〉

2021년 11월
김영수

C◯NTENTS

2부 | **리더의 자질** : 간신과 소인을 가려내는 법

CONTENTS

인재(人才)·용인(用人)의 역사와 사상

|

인재는 역사 속에서 창조되어 나와, 역사를 창조한다

인류가 인간 개개인의 능력이 갖는 의미를 인식하기 시작하면서 '사람을 쓰는' '용인(用人)'과 그 중요성이 대두되었다. 이에 따라 자연스럽게 남다른 재능을 가진 '인재(人才)'의 존재에 주목하기에 이르렀다. 이런 인재들 중 일부는 집단과 특정 조직, 나아가 나라를 이끄는 리더, 즉 통치자가 되었다. 국가가 출현하면서 나라를 효과적으로 통치하기 위한 많은 인재가 필요했고, 6세기 말 '과거 (科擧)'라는 획기적인 인재 기용 시스템이 마련되기까지 했다. 지금 으로부터 약 4천 년 전인 기원전 20세기 무렵 국가가 출현한 이래 인류의 역사는 그 자체로 인재의 역사였고, 그 과정에서 사람을 쓰는 용인의 중요성은 더욱더 심화되었다. 이에 따라 인재와 용인 에 관한 많은 사상과 이론이 제기되어 인재의 역사를 더욱 풍부하게 했다. 특히 숱한 인재를 기용한 실천 과정에서 축적된 엄청난 경험은 그 자체로 인재와 용인의 역사를 빛내고 있다.

중국의 전통문화 유산 중에서 '사람을 쓰거나' '인재를 등용하는' 이른바 '용인'과 관련한 사상과 제도는 아주 남다른 부분으로 인류 역사의 한 페이지를 빛내고 있다. 5천 년 중국 역사와 문명을 통해 헤아릴 수 없이 많은 인재와 인물이 배출되었다. 다재다능하면서 다양한 캐릭터의 정치가와 사상가들도 앞을 다투어 출현했다. '현명한 인재는 국가의 보배요', '인재를 얻으면 번영하고 인재를 잃으면 쇠퇴하며', '특정한 세대에는 꼭 그 세대에 걸맞은 인재가 나타나기 마련이다.' 이러한 말들은 역대 정치·사상가의 공통된 인식일 뿐만 아니라, 수많은 성공과 실패, 흥기와 멸망이 실천으로 입증한다. 역사와 문화를 기록한 옛 서적들을 발굴하고 정리하여 역대 용인의 긍·부정적 경험과 교훈을 종합함으로써 용인 사상과 실천은 물론 그 제도까지 이끌어내는 일은 단지 지나간 문화전통을 드러낸다는 의미뿐만 아니라 용인과 관련한 현대인의 인식에도 큰 자극을 줄 것으로 확신한다.

| 인재와 용인의 역사

용인은 인류사와 함께 걸음을 같이 해왔다. 인재는 역사 속에서 길러져 나와 역사를 창조한 존재였다. 따라서 역사의 발전과 더불어 인재의 가치와 용인 문제에 대한 인식도 끊임없이 풍부해지고 깊어졌다. 용인 문제가 인류의 역사와 연계된 이상, 그것에 영향을 미치는 인간의 의식이나 사회구조 문제에 눈길을 돌리지 않을 수 없다. 따라서 인재가 나타나는 현상, 인재를 중시하는 사상, 인재를 기용하는 용인 제도의 발생과 발전 및 변화는 인류사를 입체적으로 이해할 수 있게 하는 핵심이 될 수 있다.

동시에 용인의 역사는 오랜 세월을 거치면서 다른 분야와 마찬가지로 전성기와 하락기, 굴곡기와 안정기를 겪기도 했다. 이에 따라 인재들이 너 나 할 것 없이 세상을 향해 자신의 능력을 뽐낸 시기도 있었고, 탄압을 받아 침묵 속에서 울분을 삼켜야 했던 슬픈 시기도 있었다. 이는 모두 구체적인 역사 환경과 관계된 현상들이었다. 시대가 인재를 배태하고, 인재 또한 그 시대에 영향을 미친다.

중국 용인의 역사 역시 인류사의 보편적 단계를 밟으며 변화하고 발전해왔다. 전문가들은 중국 용인의 역사를 대체로 다음 네 단계로 나누어 본다.

●

최초의 국가인 기원전 20세기 무렵의 하(夏) 왕조부터 기원전 221년 진(秦)이 중국을 최초로 통일하기 이전인 약 2천 년 가까운 선진(先秦) 시대로, 수많은 인재가 역사무대에 등장하기 시작한 시기다. 인류 최초의 사회형태로 일컬어지는 원시 공산사회는 용인에 있어서도 원시적 공산주의의 형태를 보였다. 즉, '천하는 공평하며', '재능에 따라 인재를 등용한다', 바로 이것이었다. 이 시기

용인에 있어서 가장 두드러진 특징은 사사로운 감정을 전혀 개입시키지 않고 "가깝다 하여 가까이 두지 않으며, 그 자식이라 기용하지 않는다"는 것으로 요약된다. 이를 통해 요(堯)와 순(舜)이 자신의 자리를 양보하는 '선양(禪讓)'이라는 이상적인 용인 형태가 탄생하기까지 했다. 그러나 계급과 사유재산이 출현하면서 용인 문제도 계급과 사유제의 영향을 받을 수밖에 없었다. 이에 따라 용인에는 '자신과 가까운 사람을 임용한다'는 '임인유친(任人唯親)'과 '재능 있는 사람을 기용한다'는 '임인유현(任人唯賢)'이라는 서로 다른 두 가지 형식이 나타났다.

인재의 역사는 최초의 발전기이기도 한 춘추전국(春秋戰國) 시대에 번영기를 맞이한다. 이 시기가 노예제 사회로부터 봉건사회로 넘어가는 과도기였기 때문에 특히 그랬다. 이런 변혁기에는 많은 인재가 요구되었고, 이에 따라 여러 세력 사이에는 인재 쟁탈전이 치열하게 벌어졌다. 그러나 이 시기 인재들은 각국의 정부 기관을 통해서는 배출되지 못했다. 이러한 상황에서 지주계급의 지식인인 '사(士)'들이 앞다투어 전국 각지를 떠돌며 자신들의 주장을 앞세워 통치자들의 환심을 사려 했다. 이로써 저 유명한 '백가쟁명(百家爭鳴)'의 국면이 출현했다.

인재와 관련한 정책과 사상도 열기를 뿜었다. '널리 방을 붙여 유능하고 어진 인재를 모셨다'는 진(秦) 목공(穆公)의 '장방초현(張榜招賢)', '원수마저 자신의 측근으로 끌어들인' 제(齊) 환공(桓公)의 '화구위친(化仇爲親)', '재능 있고 어진 인재를 추천한' 기황양(祁黃

羊)의 '천재유현(薦才唯賢)', '천금으로 인재를 산' 연(燕) 소왕(昭王)의 '천금매사(千金買士)'를 비롯하여 인재를 존중하라는 공자(孔子)의 '존현(尊賢)'과 묵자(墨子)의 '상현(尚賢)' 사상, 순자(荀子)와 한비자(韓非子)의 인재 공리주의(功利主義) 사상 등은 이 시기 '사' 계층의 활약을 잘 보여주고 있다.

이 시기에는 "유능한 인재를 얻은 자는 강해지고, 유능한 인재를 잃으면 망한다"는 인식이 강하게 깔려 있었다. 전국시대 4공자로 이름 높은 맹상군(孟嘗君), 신릉군(信陵君), 평원군(平原君), 춘신군(春申君)은 모두 그 문하에 3천 명의 '문객(門客)'을 거느렸다고 할 정도로 인재를 중시했다. 이렇듯 다양한 정치세력과 정치집단 사이의 인재에 대한 쟁탈전과 무정부 상태에서의 인재들의 눈부신 활약은 선진 시대 용인의 중요한 특징이었다.

● ●

기원전 206년부터 기원후 265년까지 약 470년에 이르는 양한(兩漢)과 삼국(三國) 시대로 지주계급이 적극적으로 인재를 양성한 시기였다. 기원전 206년부터 기원후 9년까지 215년 동안 존속했던 서한(西漢) 왕조는 중국 역사상 전례 없는 통일과 안정을 이룬 봉건제국이었다. 이 시기에 노예제 잔재는 거의 없어졌고, 통치에 인재가 반드시 필요한 존재로 인식되면서 통치계급은 자신의 의지에 따라 필요한 인재를 육성하기도 했다. 서한을 세운 고조(高祖) 유방(劉邦)과 서한의 전성기를 창출한 무제(武帝) 유철(劉徹)은 각각

'유능한 인재를 구한다'는 '구현조(求賢詔)'를 내린 적이 있으며, 보다 구체적으로 "특별한 공을 세우자면 특별한 사람이 필요하다"고 주장하기까지 했다. 이는 당시 사회 주도층으로 부상한 신흥 지주계급의 웅대하고 진취적인 정신을 대변하는 것이다.

이 시기 지주계급이 주축이 된 통치 집단은 조직적이고 계획적으로 인재를 양성하여 기용했고, 이에 따라 인재 선발이나 인재를 기용하는 문제에 있어서 계통적인 시스템을 구축함으로써 유례가 없는 인재사의 번영기를 이룩했다. 한 무제 시대에는 문학가 사마상여(司馬相如), 역사가 사마천(司馬遷), 외교가 장건(張騫), 경제학가 상홍양(桑弘羊), 천문가 낙하굉(落下閎), 농학가 조과(趙過), 경학가 동중서(董仲舒), 군사가 위청(衛靑)과 곽거병(霍去病) 등 기라성 같은 인재가 배출되어 "한은 인재를 얻음으로써 흥성해졌다"는 평가를 듣고 있다. 비록 동한(東漢) 후기로부터 삼국에 이르기까지 사회가 불안정하였으나 조조(曹操), 손권(孫權), 유비(劉備) 및 제갈량(諸葛亮)은 서로의 필요에 따라 앞다투어 인재를 초빙하여 각자의 정권에 도움이 될 인재집단을 육성하는데 힘을 기울였다. 이 때문에 치열한 인재 쟁탈전이 벌어지기도 했다.

전체적으로 보아 이 시기 용인의 주요한 특징은 통치 집단이 용인 문제에 적극적이고 진취적인 태도를 보임으로써 많은 인재가 계획적이고 조직적으로 개발되고 발탁되어 각자의 역할을 마음껏 발휘한 데서 찾을 수 있다.

서진(西晉)에서 당(唐)에 이르는 시기로 문벌제도(門閥制度)가 형성되어 폐지될 때까지다. 연대로는 265년부터 907년까지 약 640년이다. 이 시기는 용인의 역사로 볼 때 변화가 많았고, 또 복잡한 단계에서 번영 단계로 전환되어간 시기이기도 했다. 지주계급의 극심한 사유제와 착취 때문에 통치 집단 내부에 방대한 특권층인 문벌과 토착 세력이 형성되기 시작했다. 그들은 경제와 정치에서 특권을 누리면서 농민은 물론 중·소 지주계층까지 착취하고 약탈했다. 용인과 관련해서는 도착 세력이 권력을 장악하여 관직이나 인재 기용을 독점하는 현상이 나타났다. 위진(魏晉) 시기에 형성된 '구품중정제(九品中正制)'는 인재를 추천하고 임용하는 가장 중요한 기준으로 가문과 출신을 내세웠다. 이로써 '고관대작 중 비천한 집 출신 없고, 말단 관직 중 명문가 출신 없다'는 자조적이고 우울한 국면이 나타나 중국 인재 역사에 한순간 공백이 초래되었다. 그러나 문벌은 어디까지 지주계급에 불과했다. 중·소 지주계층은 통치기초를 확대하여 자신들의 역할을 드러내 줄 것을 요구했다.

이에 중국을 재통일한 수(隋) 문제(文帝) 양견(楊堅)은 '구품중정제'를 폐지하는 대신 과거제도를 실시함으로써 수많은 중·소 지주계급 출신의 지식인들이 재능을 발휘할 기회를 얻게 되었다. 이를 바탕으로 당(唐)나라 시기의 인재 활약과 '정관지치(貞觀之治)'라는 전성기가 나타났으며, 용인에 뛰어난 태종(太宗) 이세민(李世民)

과 무측천(武則天) 같은 정치가들이 나타났다. "사람을 거울로 삼으면 득실을 밝힐 수 있다." "사람을 쓸 때는 기물처럼 각각의 용도를 취해야 한다." "관리를 뽑을 때는 재능에 따라 기용해야 한다." 이러한 말들은 모두 인재의 역사를 풍요롭게 해주는 훌륭한 사상들이라 할 수 있다. 이 시기의 주요한 특징으로는 인재의 작용이 잘 드러나고, 풍부한 인재 사상과 제도를 갖추었다는 점 등을 들 수 있다.

송(宋) 왕조에서 청(淸) 왕조까지로 전제통치가 인재를 억압한 시기였다. 연대로는 960년부터 1840년까지 약 900년에 이른다. 송 왕조 전기는 봉건 경제가 고도로 발전하고 상품경제도 비교적 활발했다. 그러나 봉건적 생산관계가 정점에서 내리막길을 걷기 시작했다. 이에 따라 지주계급은 진취적인 성향에서 보수적으로 변질되기 시작했다. 용인 문제에 있어서도 새로운 사상이나 관념 그리고 참신한 인물에 재갈을 물리고 구속하는 동시에 과거제도를 지나치게 확대하여 지식인들을 농락했다.

물론 이 시기에 송 태조 조광윤(趙匡胤), 왕안석(王安石), 범중엄(範仲淹), 사마광(司馬光), 칭기즈칸(成吉思汗), 야율초재(耶律楚材), 명 태조 주원장(朱元璋)과 청 강희제(康熙帝) 등 인재를 중요시하는 대가들이 나타났고, 또 적지 않은 인재들이 배출되긴 했으나 어쩔 수 없는 내리막길의 시대였다. 지식인들을 억압하고 살해하는 사건들과 지식인들의 사상을 탄압하는 '문자옥(文字獄)'과 같은 일이 수도 없이 벌어졌다.

한편 이 시기의 뛰어난 인재 사상은 이와 같은 사회상에 대한 비판과 투쟁을 통해 표출되었다. 봉건사회는 점점 돌이킬 수 없는 암흑기로 들어섰으며, 지주계급의 인재 선발에 적극적인 작용을 일으켰던 과거제도도 인재를 속박하고 마비시키는 도구로 몰락했다. 한 줄기 빛이 없었던 것은 아니지만 봉건사회와 용인 시스템이 그 끝을 향해 가고 있었던 것만은 틀림없다.

이싱과 같은 네 단계로 구분된 중국 용인사의 발전 단계를 이해하면 중국 용인사의 시대적 발전과정과 그 인과관계를 알 수 있으며, 각 단계에 있어서 인재의 현상·사상·제도에 대해 객관적인 평가를 내릴 수 있을 것이다.

| 용인 사상의 특징

역대 중국의 용인 경험은 대단히 풍부하고 다채롭다. 용인 사상도 계통적이고 의미심장하다. 이와 관련하여 두드러진 몇 가지 방면을 소개하면 아래와 같다.

첫째, 인재 문제의 중요성이다.

인재는 가장 귀중한 자원이며 용인은 사업의 성패를 결정하는 요소다. 조조는 "세상에서 가장 귀중한 것은 바로 사람이다"라고 했고, 《시경(詩經)》에서는 "사람을 얻으면 흥하고 사람을 잃으면 무너진다"라고 했으며, 당 태종은 "나라를 다스리는 근본은 사람을 얻는데 있다"고 하였고, 청의 옹정제(雍正帝)는 "나라를 다스림에 용인이 근본이며 그 나머지는 다 지엽적인 일이다"고 했다. 시각은 다르지만 인재에 대한 이런 중요한 언급들은 실천을 통해 입증되었다.

중국을 최초로 통일한 진은 원래 약한 나라였으나 인재 등용에 성공하여 부강의 길을 걸었고, 결국은 6국을 통합할 수 있었다. 역사상 유명한 초한(楚漢) 쟁패 때 초의 항우(項羽)는 당초 막강한 세력을 소유했으나 한신(韓信), 진평(陳平), 범증(范增) 등과 같은 인재들을 잃으면서 점차 쇠약해져 결국은 오강(烏江)에서 한의 유방에게 패하여 멸망했다. 당 현종(玄宗) 이융기(李隆基)는 집권 초기에는 나라를 다스리는데 정력을 기울여 현명한 인재를 대대적으로 임용함으로 '개원지치(開元之治)'를 이루어냈다. 그러나 후반기로 가면서 간사한 자를 고위직에 등용한 탓에 나라가 쇠퇴하고 서촉 지방으로 망명하기에 이르렀다.

인재의 중요성에 대한 인식은 주로 인재를 존중하는 '존현(尊賢)', 인재를 아끼고 사랑하는 '호재(好才)'와 '애재(愛才)' 등과 같은 방면으로 표출되었다.

둘째, 인재를 식별하는 방법이다.

사람은 누구나 장·단점이 있고 인재도 수준이 서로 다르기 마련이다. 또한 인재는 그 유형이 다르기 때문에 용도도 다를 수밖에 없다. 그러므로 인재를 식별하고 판단하는 일은 중요한 학문의 하나이자 인재를 활용하는 전제 조건이 된다. 현명하고 유능한 인재를 갈망하는 사람이 인재를 바로 곁에 두고도 발견하지 못하는가 하면, 마주치고도 엇갈리고, 어리석은 자를 현명한 자로 유능한 자를 어리석은 자로 착각하기도 한다.

따라서 인재를 식별할 때는 먼저 그 본질을 파악할 줄 알아야 한다. 왕희지(王羲之)는 술에 취해 웃통을 벗어던진 채 평상에서 잠을 잤는데, 이는 그의 자연스럽고 소탈하며 어디에도 매이지 않는 본성을 보여준 것이다. 인재의 본질을 꿰뚫어야 그를 제대로 쓸 수 있다.

또 실천을 통해 인재를 식별할 줄도 알아야 한다. 대우(大禹)는 물을 다스린 공으로 순으로부터 왕위를 이어받아 중국 최초의 왕조인 하(夏)를 건국했다.

다음, 식견을 가지고 인재를 식별할 줄 알아야 한다. 제갈량은 유비와 함께 천하대세를 의논하면서 천하를 3분하는 원대한 대계를 제안했다.

물론 인재에게도 겉으로만 드러나는 이미지와 거짓 형상이 있기 마련이다. 따라서 인재에 대해서는 전면적이고 깊은 연구가 필요하다. 제갈량은 인재 식별과 관련하여 일곱 가지 관찰법인 '칠관(七觀)'을 제안했고, 유소(劉邵)는 여덟 가지 관찰법과 다섯 가지 측정법인 '팔관오시(八觀五視)'를 제기했으며, 백거이(白居易)는 "옥을 식별하려면 만 3일을 구워보아야 알고, 인간의 능력을 알아내려면

7년은 걸린다"고까지 했다(이런 인재관은 따로 상세히 알아보기로 하겠다.).

　요컨대 인재를 식별하기 위해서는 인재의 본질과 특징 그리고 주류를 볼 줄 알아야 한다. 또 그 사람이 드러나기 전에 알아볼 수 있어야 하며, 곤경에 처해 있거나 무명일 때 인재임을 알아보는 눈과 원대한 식견이 있어야 한다.

　셋째, 인재 활용에 있어서의 방략(方略)이란 문제다.

　용인에서는 재능을 중시하고 장점은 살리고 단점은 피한다. 수레를 끌거나 소금을 짊어지는 데는 천리마보다 황소가 낫고, 장작을 패는 데는 보검보다는 도끼가 낫다.

　"시점과 일에 맞게 사람을 사용하면 평범한 인재라도 신기한 효과를 낼 수 있는 법이다."

　사람을 기용했으면 의심하지 말아야 하며, 기용한 바에는 권한을 위임해야지 쓸데없이 간섭하거나 의심하면 그 사람의 능력을 충분히 발휘시킬 수 없다. 인재를 대할 때는 일정한 방법을 강구하여 그들에게 최선의 조건을 마련해 주어야 한다. 멀리 내다보고 사소한 잘못에 집착하지 말아야 하며, 티끌만 한 결함도 있어서는 안 된다는 생각은 버려야 한다. "물이 너무 깨끗하면 고기가 모이지 않고, 사람이 너무 살피면 친구가 없다"는 말도 있지 않은가? 뛰어난 재능을 지닌 사람이라도 허물이 있기 마련이다. 완전무결만을 추구하다 보면 천하에 인재라곤 찾아볼 수 없을 것이다.

그렇다고 일반인들이 상식적으로 판단할 때 허용할 수 없는 결점을 가진 사람까지 재능이 있다고 무작정 받아들이라는 말은 절대 아니다. 사리사욕에 집착하는 사람, 사소한 불법과 탈법을 아무렇지 않게 생각하는 사람, 인재는 특권을 누려야 마땅하다고 생각하는 삐뚤어진 특권의식을 가진 사람, 부와 권력을 능력이라고 착각하고 있는 왜곡된 의식의 소유자…… 이런 자들은 아무리 재능이 뛰어나도 임용해서는 절대 안 된다. 이런 재능과 능력은 백성과 나라를 크게 망치기 때문이다.

넷째, 파격적인 발탁과 용감하고 적극적으로 인재를 추천하는 넓은 가슴이 필요하다.

자기 자신을 추천하여 두각을 나타낼 수도 있겠지만, 인재란 근본적으로 다른 사람의 추천이 필요한 존재다. 출신지나 자격 제한 따위를 타파하여 인재를 각종 속박에서 풀어주어야 한다. 노예, 평민, 어부, 농민, 백정 등과 같이 미천한 출신들도 역사상 큰 활약을 보였다. 따라서 출신이 비천하다 하여 무시해서는 절대 안 된다. 더욱이 선배들에게는 후배들을 위해 헌신하는 정신이 필요하다. 당나라 때 사람 장순헌(張循憲)은 자신을 대신하여 장가정(張嘉貞)을 추천했으며, 송나라 때 구양수(歐陽修)는 소식(蘇軾)이 출세할 수 있는 길을 열어 주었다. 이렇게 하려면 사사로운 욕심을 버리고 공평한 마음으로 사람을 대해야 한다. 춘추시대 기해(祁奚)처럼 과거의 원한에 얽매이지 않고 사람을 추천하고, 후배가 자신을 뛰어넘는 것을 두려워 않는 넓은 마음을 가져야 한다.

다섯째, 틀을 벗어나 사람을 쓸 줄 알아야 한다.

부정적인 요소를 적극적인 요소로 이용할 줄 알고, 적을 동지로 만들 줄 알아야 한다. 춘추시대 제나라의 관중(管仲)은 제 환공과 원한이 있었으나 환공은 관중을 등용하여 위업을 이룩했고, 삼국시대 장수(張繡)가 조조의 아들을 살해했으나 조조는 장수를 의심치 않고 받아들였다. 여기에는 사람을 용서하는 너그러운 마음뿐만 아니라 사람을 다루는 수단이 돋보인다. 사람을 받아들이는 아량과 사람을 다루는 기본기를 구비한 사람이야말로 용인의 명수라 할 수 있다. 그래야만 인재 쟁탈전에서 승리할 수 있다. 삼국 간의 인재 쟁탈전은 결국 조조의 승리로 마무리되었다. 그 원인을 따져보면, 사람을 받아들이는 조조의 아량과 남다른 책략 때문이었다.

용인에 있어서는 다음과 같은 요소들이 중요하다.

지인(知人) : 사람(인재)을 알다.

용인(用人) : 사람(인재)을 쓰다.

신현(信賢) : 유능한 인재를 믿다.

탁현(擢賢) : 유능한 인재를 발탁하다.

용현(容賢) : 유능한 인재를 끌어안다.

찰현(察賢) : 유능한 인재를 살피다.

진현(進賢) : 유능한 인재를 나아가게 하다.

양현(讓賢) : 유능한 인재에게 양보하다.

부현(扶賢) : 유능한 인재를 돕다.

육현(育賢) : 유능한 인재를 기르다.

이상의 요소들은 달리 말해 누구든 경쟁에서 승리하려면 인재 문제를 잘 다루어야 한다는 뜻이다.

│용인과 인재 사상의 한계와 문제

중국의 인재사는 사회, 국가, 정치 집단의 흥망과 성쇠의 역사라 할 수 있다. 인재가 처한 상황은 문명과 사회의 중요한 지표이며, 이는 우리에게 풍부하게 남겨진 용인과 관련된 유산에서 개괄해낸 경험이다. 여기서 지적하고 넘어갈 것은, 인류 사회의 환경과 인재 각각의 소질과 의향이란 시각에서 볼 때 사회가 아무리 번창하고 정책이 진보하더라도 '모든 사람의 재능을 남김없이 다 활용하는' 유토피아의 실현은 불가능하다는 사실이다. 재능의 발휘는 상대적인 것이며, 재능이 매몰되거나 낭비되거나 사장되는 것 또한 불가피하다.

역사상 용인의 유익한 경험을 계승하고 발전시키는 동시에 우리는 인재를 충분히 이용하지 못한 교훈과 용인에 있어서 역대 통치자들의 한계도 알아야 할 것이다. 계급이나 역사적 한계, 통치자 자체가 가진 재능의 한계 때문에 중국 역사에서 인재가 처했던 상황과 인재와 관련한 사상은 그 자체로 수많은 폐단과 결함을 노출했다. 이는 중국 역사에 수시로 나타났던 인재에 대한 억압 때문에 빚어진 비극과 암흑이 잘 보여준다.

지난 역사에서 인재의 전성기도 완벽한 것이 결코 아니었다. 역대 사학가들의 지나친 찬양 때문에 허상이 만들어진 것이다. 인재의 전성기라고 하는 춘추전국 시대를 예로 들자면, 비록 새로운 '사' 계층의 활약과 '백가쟁명'으로 사회발전이 촉진되기는 하였으나 인재는 자발적 무정부 상태에 머물렀기 때문에 헤아릴 수 없이 많은 인재가 매몰되었다. '백가쟁명'이란 것도 앞사람에 대한 후대 학자들의 정리와 비판이었지 자유로운 논쟁을 통해 나온 것은 아니다. 더욱이 과학기술, 농업, 경제 방면의 인재는 중시되지 못한 반면, 정치와 군사 방면의 인재에 치중됨으로써 사회 생산 기반이 파괴되고 경제발전에 악영향을 주었다. 당 태종의 '정관지치'도 후대에 의해 칭송되었으나 "영웅들이 필생의 정력으로 성공을 기원했으니 결국은 백발노인으로 늙고 말았구나"라는 탄식도 남겼다.

통치계급은 용인 문제에서 철저하지 못했다. 특정한 통치 집단이나 대표적인 인물이 정권을 잡았을 당시는 인재를 중시했지만, 일을 이루고 나면 바로 인재를 억압하고 살해했다. 당초 널리 유능한 인재를 구하던 명 태조 주원장(朱元璋)이 얼마 뒤 억울한 누명을 씌워 신하들을 대거 살해한 사건은 이를 잘 보여준다. 여기에는 계급적 한계뿐만 아니라 역사적 한계도 존재한다.

착취계급의 인재관은 편협했다. 통치계급은 '왕후장상(王侯將相) 중심론자'들로 제왕이나 장수, 그리고 재상 같은 존재만 유능한 인재들이고 이들이 역사를 창조한다고 생각했다. 일반 백성들의 작용은 무시하거나 말살했다. 당나라 시대의 한유(韓愈)와 같은 진보적인 사상가조차 "군자는 백성들을 염두에 두지 않는다"라는 생각을 갖고 있었을 정도다.

빈번한 정치투쟁과 그 잔혹함 때문에 역대 통치자들은 정치·군사상의 인재를 가장 중시했다. 상대적으로 경제, 상업, 수공업의 인재에 대해서는 소홀히 하거나 무시했으며, 과학기술 방면의 인재는 특히 무시당해 그들의 당연한 역사적 지위조차 보장되지 못했다. 역대 과학기술 방면의 인재들이 숱한 발명과 창조를 이룩하였음에도 불구하고 이름을 남긴 사람은 정치·군사 방면의 인재에 비해 너무 보잘것없다. 이는 불공평하다.

중국 역사에서 용인의 이론과 실천 사이에는 뚜렷한 모순이 존재한다. 어떤 이는 훌륭한 이론을 제기하고도 실천으로 옮기지 못했으며, 왕안석처럼 실천의 기회를 얻었으나 그 과정에서 난관에 봉착하여 실패하고 만 경우도 있다. 또 어떤 이는 늘 사회의 폐단을 폭로하고 투쟁에 온갖 정열을 바쳤으나 막상 실질적인 사회문제와 용인제도를 해결하는 현실적인 방안을 제기하지 못했다. 물론 당시와 같은 사회 환경에서 이를 해결하기에는 무리가 없지 않았다. 인재 문제에 대한 철저한 해결은 과학적인 사상으로 무장된 현대사회와 현대인에게 기대할 수밖에 없다.

앞으로 제시하는 역대 명인들의 인재관은 이상과 같은 시대적 한계를 인정하는 위에서 필자의 현대적 관점을 보태어 리더를 포함한 인재들에 대해 좀 더 과학적인 인식을 얻고자 한 결과물이다. 이에 간략한 인재와 용인의 역사를 개괄하여 본문 내용을 효과적으로 이해하기 위해 이끄는 글로 삼는 바이다.

※ 이 책에 사용한 인용문들 중 일부는 저작권자를 찾지 못했습니다. 해당 작품의 저작권자가 확인되는 대로 정식 동의 절차를 밟아 저작권료를 지급하도록 하겠습니다. -저자

제**1**부

리더의 안목
인재를 식별하고 사용하는 법

1

겉모습과 속마음이
서로 같지 않은 자가
열다섯 종류

|

강태공(姜太公)의 다양한 감별법

강태공은 전설에 나오는 늙은 낚시꾼이 아니라 실존 인물이다. 그는 기원전 11세기 주(周)라는 나라를 세우는데 절대적인 공을 세웠고, 이 공으로 지금의 산동성 동쪽 지역을 받아 제(齊)나라를 개국한 건국 군주였다. 이 제나라에서 저 유명한 '관포지교(管鮑之交)'의 두 주인공인 관중(管仲)과 포숙(鮑叔)이 태어났다.

중국인들이 이런 그에게 붙여준 별칭은 '백가종사(百家宗師)'다. 한 시대의 으뜸가는 스승이란 뜻을 가진 '일대종사(一代宗師)'란 표현은 영화 제목도 있고 해서 비교적 익숙하지만 '백가종사'는 생소하다. 뜻을 풀이하자면 '백가의 으뜸가는 스승' 정도가 된다. 여기서 말하는 '백가'란 '제자백가(諸子百家)'의 그 '백가'로 일가를 이룬 많은 사상이나 학파 또는 문파를 가리킨다. 그렇다면 '백가종사'는 나름 일가를 이룬 많은 사상(사상가)을 모두 아우르는 최고의 스승인 셈이다.

강태공은 뛰어난 책략과 풍부한 경험으로 주 문왕(文王)과 그 아들 무왕(武王)을 보좌하여 은(殷)나라를 멸망시키고 주나라를 건국하는데 막대한 공을 세웠다. 그리고 만년에는 이런 자신의 경험을 종합한 《육도(六韜)》라는 중국 역사상 최초의 병법서이자 치국 방략의 큰 이치를 담은 경륜서를 저술했다고 한다. 이 때문에 '백가종사'라는 명예로운 별칭이 뒤따르게 된 것이다.

그런데 사실 강태공이란 이름조차 그의 본명이 아니다. 태공은 '태공망(太公望)'에서 따온 별칭인데, 주 문왕이 강태공을 만난 뒤 주나라의 선조 태공 고공단보(古公亶父)가 "언젠가는 주나라를 일으킬 훌륭한 인물을 만날 것"이라고 예언했다면서, "'태공께서 갈망하던', 즉 '태공망'하던 사람이 바로 당신"이라고 한 데서 비롯되었다.

강태공의 이름에 대해서는 많은 설이 있는데 여상(呂尙), 여아(呂牙), 강상(姜尙), 강자아(姜子牙) 등과 같은 다른 이름과 사상보(師尙父)라는 존칭으로도 불렸다. 후대에 '강태공'으로 많이 불렸기 때문에 흔히들 강태공이라고 한다.

한편 강태공은 그가 남긴 《육도》라는 통치 방략서 때문에 모략가의 원조로도 꼽힌다. 그래서 귀곡자(鬼谷子), 장량(張良), 사마의(司馬懿)와 함께 '모성(謀聖)'이란 별칭을 더 선사받았다(강태공, 귀곡자, 장량, 사마의는 중국의 4대 '모성'이라 할 수 있다.). 출중한 지략과 모략으로 제왕을 보좌하는 모사로서 대업을 이루게 만들었기 때문에 '모성'이라는 영광스러운 별칭을 얻게 된 것이다.

1. 겉으로 드러나는 언행과
   속내의 차이를 드러내는 방법

아래에 소개하는 '팔징법(八徵法)'을 비롯한 인재 감별법들은 은 말주조인 내략 기원전 12세기에 활약한 강태공이 남긴 것으로 일려진 병법서이자 치국방략서(治國方略書)인 《육도(六韜)》에 나온다.

강태공은 은나라 말기 오랫동안 여러 곳을 전전하며 천하 정세를 살피며 때를 기다렸다. 그 결과 위수 가에서 바늘 없는 낚싯대를 드리운 채 주 문왕을 기다렸다가 문왕에게 발탁되었다. 그 뒤 그는 문왕에 이어 그 아들 문왕 때에 이르러 은나라를 멸망시키고 주나라를 건국하는 데 결정적인 역할을 했다.

강태공은 자신의 뜻을 펼칠 기회를 얻기 위해 거의 평생을 기다렸다. 다양한 직업을 거치면서 인간과 세태에 대한 깊은 통찰력을 얻었다. 그 결과가 《육도》에 충분히 반영되었을 것이다. 《육도》는 기본적으로 병법서이지만 그 내용에는 장수를 선발하는 기준, 인재를 감별하는 방법, 사악하고 간사한 자를 간파하는 안목 등 사람을 감별하는 다양한 기준과 원칙이 제시되고 있다. 이와 관련한 《육도》의 몇 대목을 소개한다. 먼저 '팔징법'이다.

사람을 쓰려면 그 사람의 행동 거지를 살펴야 한다. 그러나 사람의 행동거지가 반드시 내심의 진실을 반영하지는 않는다. 《육도》에서는 한 개인의 밖으로 드러나는 행동과 그 속마음이 일치하지 않는 열다섯 가지 경우를 들고 있다. 이 열다섯 항목을 찬찬히 뜯어보면 우리 주위에도 이런 자들이 적지 않음을 확인할 수 있을 것이다.

강태공은 풍부하고 실질적인 경험을 바탕으로 천하 정세를 가늠하고 인간 세태의 본질을 정확하게 인식하여 대세를 주도했다.

인재를 살피고 선발하는 일은 통치에 있어서 매우 중요하다. 그렇지만 어떻게 해야 행동과 속마음의 일치 여부를 살필 수 있겠는가? 여기에는 여덟 가지 검증 방법이 있다고 한다. 바로 이것이 '팔징법'으로 그 원리는 대상으로 하여금 어떤 행동을 하게 한 후 그 반응을 살펴서 속마음을 판단하는 것이다.

행동의 결과에 근거하여 사람을 살피는 것, 이것은 인간이 평상시에 보편적으로 선택하는 방식이다. 그러나 '팔징법'은 결과를 기다려 판단하는 것과는 다르다. 그 특징은 연못에 돌을 던져 파문을 일으킨 뒤 그 움직임 가운데서 사람을 인식하는 데 있다. 대단히 실제적인 방법이 아닐 수 없다. 《육도》의 다른 부분들도 '팔징법'의 맥락에서 살피면 좋을 것이다.

무왕이 태공에게 물었다.

"임금이 군사를 일으키려고 할 때는 반드시 뛰어난 인재를 뽑아서 훈련을 시키고자 합니다. 인재의 자질이 뛰어난가, 모자란 가를 알려면 어떻게 해야 합니까?"

태공이 대답했다.

"대체로 사람으로서 그 겉모습과 속마음이 서로 같지 않은 자가 나음과 같은 열다섯 종류가 있습니다.

1. 겉모양은 어진 사람 같으면서 속은 어질지 않은 자가 있습니다.

2. 겉으로는 온화하고 선량하게 보이면서 실제로는 도둑질하는 자가 있습니다.

3. 겉모습은 공경하는 척하면서 마음은 교만한 자가 있습니다.

4. 겉으로는 겸손하고 근신하는 척하면서 속에는 공경하는 마음이 없는 자가 있습니다.

5. 세심하고 주의력이 깊어 보이면서 사실은 그렇지 않은 자가 있습니다.

6. 겉으로는 중후한 듯이 보이지만 실은 성의 없는 자가 있습니다.

---

1. 이하 《육도》〈용도(龍韜)〉 중 '장수 선발', '선장(選將)'의 전문.

7. 꾀를 잘 부리면서도 결단력이 없는 자가 있습니다.

8. 과감한 것 같으면서 실은 무능한 자가 있습니다.

9. 매우 근신하는 것 같지만 믿음이 없는 자가 있습니다.

10. 얼빠진 것 같지만 사실은 충실한 자가 있습니다.

11. 성격이 이상하고 언동이 과격하지만 일을 맡기면 효과를 내는 자가 있습니다.

12. 겉으로는 용감하게 보이지만 속은 비겁한 자가 있습니다.

13. 삼가는 척하면서 오히려 남을 얕잡아 보는 자가 있습니다.

14. 엄하고 냉정하게 보이면서도 오히려 고요하고 성실한 자가 있습니다.

15. 기세는 허약하고 외형은 못생겼으나 밖에 나가면 못 가는 데가 없고, 못 이루는 일이 없는 자가 있습니다.

그러므로 온 천하가 천시하는 것을 성인은 귀하게 여기는 것이 있습니다. 평범한 사람은 이런 것을 모릅니다. 뛰어난 식견이 아니면 그 한계를 알지 못합니다. 이것이 사람의 겉모습과 속마음이 서로 맞지 않은 경우들입니다."

무왕이 물었다.

"어떻게 그것을 알 수 있습니까?"

태공이 대답하였다.

"이를 아는 데는 '팔징법(八徵法)'이 있습니다.

1. 문지이언이관기상(問之以言以觀其詳).

   어떤 문제를 내어 그 이해의 정도를 살피는 것입니다.

2. 궁지이사이관기변(窮之以辭以觀其變).

   자세히 꼬치꼬치 캐물어 그 반응을 살피는 것입니다.

3. 여지간첩이관기성(與之間諜以觀其誠).

   간접적인 탐색으로 충성 여부를 살피는 것입니다.

4. 명백현문이관기덕(明白顯問以觀其德).

   솔직 담백한 말로 그 덕행을 살피는 것입니다.

5. 사지이재이관기렴(使之以財以觀其廉).

   재무관리를 시켜 청렴과 청렴 여부를 살피는 것입니다.

6. 시지이색이관기정(試之以色以觀其貞).

   여색을 미끼로 그 품행(정조)을 살피는 것입니다.

7. 고지이난이관기용(告之以難以觀其勇).

   어려운 상황을 만들어 그 용기를 살피는 것입니다.

8. 취지이주이관기태(醉之以酒以觀其態).

   술에 취하게 하여 그 자세를 살피는 것입니다.

   이상 '팔징법'을 다 갖추어 살펴보면 유능한 지의 여부가 드러
납니다."

2. 여섯 종류의 적(賊)과
일곱 가지의 해악(害惡)

강태공과 그 뒤를 잇는 관중(管仲) 같은 걸출한 경륜가들은 백성의 민심을 얻기 위해서는 먼저 백성들을 부유하게 만드는 장기적인 정책이 필요하다고 지적했다. 강태공과 관중 두 사람 모두 젊은 날 상업에 종사한 경험이 있는지라 백성의 삶의 질이 나라 정책의 성패를 좌우한다는 점을 정확하게 인식하고 있었다.

이와 관련하여 강태공은 다음과 같은 참으로 의미심장한 말들을 남겼다.

"천하비일인지천하(天下非一人之天下), 내천하지천하야(乃天下之天下也)."
"천하는 한 사람의 천하가 아니라 천하의 천하입니다."

"동천하지이자(同天下之利者), 즉득천하(則得天下) ; 천천하지이자(擅天下之利者), 즉실천하(則失天下)."
"천하와 이익을 함께 하는 자가 천하를 얻고, 천하의 이익을 혼자 차지하려는 자는 천하를 잃습니다."

그러면서 강태공은 "따라서 사람들을 이끄는 군주라면 반드시 먼저 (백성들을) 부유하게 만드는 일에 앞장서야 한다"라고 결론

지었다.

모름지기 기업 경영이나 국가 통치에 있어서 눈앞의 이익, 부당한 이익, 한순간의 정치적 목적, 당파의 이익, 권력자의 사리사욕 때문에 수시로 정책을 바꾸거나 폐기해서는 안 된다. 중장기적 안목과 활기찬 여론 수렴과 협의 등을 통해 원대한 목표와 실천 가능한 정책을 마련해야 한다. 물론 여기서 가장 중요한 원칙은 백성과 나라를 위한다는 것이다.

강태공은 백성들을 부유하게 하려면 무엇보다 인재를 제대로 감별해서 기용할 것을 힘주어 강조하고 있다. 이런 점에서 《육도》의 사람 감별법은 매우 구체적이다. 그리고 간사한 자들이 득세하지 못하도록 예방할 것을 강조하고 있다. 그러기 위해서는 겉으로 드러나는 언행에 감추어져 있는 진짜 모습까지 간파할 것을 주장한다. 다음 글은 나라에 해악을 끼치는 여섯 종류의 도적과 같은 존재들인 '육적(六賊)', 일곱 가지의 해로운 자들인 '칠해(七害)'와 그 짓거리를 비교적 상세히 지적하고 있다.

_성내야 할 경우에 성내지 아니하면
간신이 생기고[2]

문왕이 태공에게 물었다.

---

2. 《육도》〈문도(文韜)〉 중 '현인(賢人)을 높임' 상현(上賢)'의 전문.

"왕 노릇 하는 자는 무엇을 우선으로 삼고 무엇을 나중으로 삼으며, 어떤 것을 취하고 어떤 것을 버리며, 무엇을 금지시켜야 합니까?"

태공이 대답했다.

"왕 노릇 하는 자는 어진 자를 가까이하고 어질지 않은 자를 멀리해야 하며, 성실하고 믿음성 있는 것을 취하고 간사하고 거짓된 것을 버려야 하며, 난폭한 것과 사치스러운 것을 금지하여야 합니다. 그런 까닭에 임금에게는 '육적(六賊)'과 '칠해(七害)'가 있습니다."

"그것을 들려주기 바랍니다."

"육적이란 이런 자들입니다.

첫째, 대규모로 궁실·누각·정자를 짓고 노래와 춤을 즐기는 신하로, 임금의 덕을 손상시키는 자입니다.

둘째, 농사짓고 누에 치는 일에 힘쓰지 않고 제멋대로 방탕하게 놀며, 국법과 금령(禁令)을 자주 어기면서 관리의 지도에 따르지 않는 백성으로, 임금의 교화를 손상시키는 자입니다.

셋째, 붕당을 만들어 어질고 지혜로운 사람을 가로막고, 임금의 총명을 가리는 신하로, 임금의 권위를 손상시키는 자입니다.

넷째, 반항하는 뜻과 높은 기개를 가지고 있으나 그 위세를 믿고 밖으로 다른 나라 군주들과 교제하면서 자기 임금을 중하게 여기지 않는 신하로, 임금의 위엄을 손상시키는 자입니다.

다섯째, 벼슬과 지위를 경시하며 관리를 천하게 여기고, 임금을 위해 어려운 일을 무릅쓰는 것을 부끄러워하는 신하로, 공신의 노고를 손상시키는 자입니다.

여섯째, 가난하고 약한 자들의 재물을 빼앗고 그들을 업신여기는 종친으로, 서민의 생업에 지장을 주는 자입니다.

칠해라고 하는 것은 다음과 같은 자들이나 짓거리들입니다.

첫째, 지략이나 대책도 없으면서 상과 높은 벼슬을 탐내 경솔하게 전쟁을 벌이고 요행으로 승리하기를 바라는 자로, 장수로 삼지 않도록 주의해야 합니다.

둘째, 이름만 있고 실속은 없으며, 나갈 때와 들어올 때의 말이 다르고, 어진 사람은 덮어 버리고 악한 사람은 추켜세우며, 나아가고 물러가는 것을 교묘하게 하는 자로, 함께 일을 꾀하지 않도록 조심하여야 합니다.

셋째, 몸은 검소하게 옷은 허름하게 입으며, 이름을 구하지 않고 이익도 바라지 않는다고 말하는 자로, 위선자입니다. 이런 자를 가까이하지 않도록 조심하여야 합니다.

넷째, 기이한 차림새와 말재주로 고상한 듯하지만 공허한 논의만 일삼으며, 점잖은 얼굴로 외진 곳에 숨어 조용히 지내면서 세상을 비방하는 자로, 간사한 자입니다. 이런 자를 총애하지 않도록 조심하여야 합니다.

다섯째, 모함과 아첨으로 관직을 얻고, 죽음을 무릅써가면서까지 봉급과 관직을 탐내며, 큰일은 꾀하지 않으면서 이익을 얻을

만하면 움직이고, 고상한 말과
헛된 논의를 일삼는 자로, 부리
지 말아야 합니다.

여섯째, 무늬를 놓고 조각을
새기는 등 사치스럽게 꾸며서 농
사에 피해를 주는 것으로, 반드
시 금지시켜야 합니다.

일곱째, 황당무계한 방술(方
術), 이상한 기술, 방자한 방법 등
으로 남을 저주하는 일과 간사

《육도》, 〈문도〉의 첫 부분

한 짓과 상서롭지 않은 말로 선량한 백성들을 현혹하는 행위로,
반드시 못하게 해야 합니다.

그런 까닭에 백성으로서 생업에 힘쓰지 않는 자는 내 백성이 아
닙니다. 인재랍시고 믿음직스럽게 정성을 다하지 않는 자는 내 인
재가 아닙니다. 관리로서 공평하지 못하고, 깨끗하지 않으며, 사람
을 사랑하지 않는 자는 내 신하가 아닙니다. 재상으로서 나라를
부유하게 하고, 병력을 강하게 키우며, 섭리에 따라 음양을 조화
시켜 만승(萬乘)의 제왕을 편안하게 하고, 여러 신하를 바로잡으며,
명분과 실제를 살피고, 상벌을 분명히 하여 만민을 편안하게 만들
지 못한다면, 그는 내 재상이 아닙니다.

왕이 된 자의 도는 용이 머리를 높이 들어 멀리, 깊이, 자세히 보고 듣는 모습과 같습니다. 몸가짐은 보이지만 뜻은 은밀합니다. 마치 하늘처럼 높이를 알 수 없으며, 깊은 연못처럼 깊이를 잴수 없습니다. 그런 까닭에 성내야 할 경우에 성내지 않으면 간신이 생기고, 죽여야 할 자를 죽이지 않으면 큰 도적이 발생하며, 병력을 사용해야 할 상황에 병력을 쓰지 않으면 결국 적국이 강해집니다."

"훌륭하신 말씀입니다."

3. 진짜 인재를 기용하라

문왕을 만난 강태공은 예의 낚시를 비유로 들며 통치술 또는 권술(權術)을 다음과 같이 설파했다.

첫째, 같은 물고기 미끼로 물고기를 유인하듯 녹봉으로 사람을 끌어들이는 녹등(祿等)이 있습니다.

둘째, 물고기들이 좋아하는 지렁이로 물고기를 유인하는, 말하자면 보다 많은 녹봉으로 죽을힘을 다하는 인재를 끌어들이는 사등(死等)이 있습니다. 예로부터 '후한 상 아래에 죽을힘을 다하는 인재가 있기 마련(중록지하重祿之下, 필유사사必有死士)'이라고 했습니다.

셋째, 잡고자 하는 물고기 종류와 크기에 맞춰 미끼를 고르는, 즉 재능의 크기에 따라 서로 다른 관직을 주는 관등(官等)이 있습니다.

못이 깊으면 물이 흐르고 물이 흐르면 물고기가 생기듯, 뿌리가 깊으면 나무가 크게 자라고 나무가 크게 자라면 열매가 단단하듯 리더와 인재의 관계도 믿음과 뜻이 정에 부합하면 큰일을 이룰 수 있다.

강태공은 리더는 인재를 갈망하는데 성과가 없는 까닭과 진짜 인재를 기용하지 못하는 주요한 원인은 리더가 세상 사람들의 평가, 즉 '세평(世評)'에

위수가 반계에서 낚싯대를 드리우고 있는 강태공의 모습을 그린 '반계수조(磻溪垂釣)'

만 의존하는 데 있다고 진단하고 있다. 강태공이 말하는 '세평'을 지금 우리 사회의 사이비 '언론(言論)'으로 바꾸면 무릎을 칠 정도로 정확한 진단이 된다. 이른바 사이비 언론에는 개인의 탐욕을 채우기 위한 출세욕에 사로잡힌 자들의 여론 조작도 포함된다.

세평에 휘둘리지 않고 제대로 된 인재를 기용할 수 있는 방법에 대한 질문에 강태공은 자리(벼슬)와 능력이 어울리게 하는 것이라 했고, 그에 앞서 재능을 시험하라고 했다. 바로 이 재능에 대한 시험으로 위에서 소개한 '팔징법'을 비롯한 사람 감별법이라 할 수

있다. 따라서 이상 세 편의 문장을 함께 놓고 참조하여 오늘날에 맞게 재구성하면 유의미한 인재 감별의 기준과 원칙 및 방법들을 추출할 수 있을 것이다.

_인재를 등용한다고 하면서
실제로는 인재를 쓰지 않기에[3]

문왕이 태공에게 물었다.

"임금이 인재를 등용하려고 애쓰는데 성과는 없고, 나라는 점점 더 혼란에 빠져 위태로워져서 망하고 마는 것은 무슨 까닭입니까?"

태공이 대답했다.

"인재를 등용한다고 해놓고 실제로는 인재를 쓰지 않기 때문입니다. 즉 인재 등용이라는 말만 있고, 알맹이는 없는 것입니다."

"잘못이 어디에 있습니까?"

"임금이 세상 사람들이 칭찬하는 자를 등용하려는 데 있습니다. 그 때문에 정말 유능한 인재를 얻지 못하는 것입니다."

"어째서 그렇습니까?"

"임금이 세상 사람들이 칭찬하는 자라고 해서 유능한 인재로 인정하고, 세상 사람들이 헐뜯는 자라고 해서 좋지 못한 인물로

---

3. 《육도》〈문도〉 '인재 등용', '거현(擧賢)'

단정하게 되면, 무리가 많은 자는 등용되고 무리가 적은 자는 쫓겨나게 될 것입니다. 이렇게 되면 간사한 무리들이 서로 짜고 유능한 인재를 가로막아 버리게 됩니다. 그리하여 충신은 죄 없이 죽임을 당하고, 간신은 거짓된 칭찬으로 높은 벼슬을 차지하게 됩니다. 그래서 세상은 더욱더 혼란해지고 나라가 멸망의 위기에 빠지게 되는 것입니다."

"그렇다면 어떻게 인재를 등용해야 합니까?"

"장수와 재상이 직책을 나누어 각자 관리하고 있는 분야의 관직을 지정하여 거기에 알맞은 인재를 채용케 합니다. 재능을 시험한 뒤 선택하여 능력이 직무에 맞고 벼슬 이름이 실제와 맞게 하는 것, 그것이 인재를 얻는 방법입니다."

2
예의 바른 것처럼 꾸미고
낯빛을 점잖게 꾸며
높은 벼슬을 얻는 자가 있다

|

《삼략(三略)》이 말하는 간사한 자의 언행과 기만술

《삼략》은 흔히 《육도》와 함께 입에 오르내린 탓에 강태공의 저작으로 오인되어 왔다. 물론 《육도》 역시 강태공의 저작인지 확실치 않다. 대체로 후대 병법 전문가들이 강태공의 이름을 빌렸다는 것이 중론이다. 《삼략》과 관련해서는 한나라를 건국한 유방(劉邦)의 일등 공신이었던 장량(張良)이 젊은 날 신비한 노인 황석공(黃石公)으로부터 전수받은 치국방략서라는 설이 있다 (이 때문에 《삼략》을 《황석공삼략》이라고도 부르고 해당 판본도 남아 있다.). 관련 고사는 대체로 이렇다.

젊은 날 장량은 가산을 털어 자신의 조국 한(韓)나라를 멸망시킨 진시황(秦始皇)에 대한 복수에 나섰다. 당시 동생이 죽자 장례도 제대로 치르지 않은 채 복수에 몰두했다. 그는 창해역사(滄海力士)

라는 킬러를 고용하여 진시황의 순시 길목을 지키고 있다가 철퇴로 진시황이 탄 마차를 습격했다. 그러나 철퇴는 진시황이 탄 마차를 따르는 다른 마차를 저격했고, 암살은 실패로 돌아갔다.

장량에게는 수배령이 내려졌고, 장량은 강소성 하비(下邳) 지역에 숨어 지냈다. 도망자 신세는 고달팠지만, 이 기간에 장량은 다리를 건너다가 신비한 노인을 만나 《태공병법(太公兵法)》을 얻게 된다(이 병법을 은나라를 멸망시키고 주나라를 건국하는데 가장 큰 역할을 했던 강태공의 《육도》나 《삼략》으로 보는 설이 있다.).

흔히 '이상수서(圯上受書, 이교 위에서 책을 받다)'로 묘사되는 이 만남은 장량에게 질적인 변신을 가져다준 중요한 계기로 작용했다. 당초 다리 위에서 만난 노인은 다리 밑으로 신발을 내던지며 장량에게 주워달라고 했다. 장량은 순간 욱하며 한바탕 때려 주고 싶은 마음이 솟구쳤다. 그러나 장량은 도망 다니는 자신의 처지를 상기했다.

장량은 다리 밑으로 내려가 신을 주워왔다. 그러자 노인은 신을 신기게 했다. 장량은 순순히 신을 신겼다. 노인은 "그놈 가르칠 만하군"라며 장량과 시간을 약속하고는 세 번이나 장량을 테스트한 끝에 병법서 하나를 장량에게 건네주고 이 책을 공부하면 제왕의 스승이 될 수 있을 것이라고 예언했다.

그 뒤 장량은 늘 이 병법서를 지니고 다니면서 읽고 또 읽었다. 노인과의 만남과 병법서는 장량의 삶에 큰 변화를 주었다. 장량은 병법서를 깊이 탐구했고, 그 결과 천하대세를 읽는 탁월한 안목을 갖추었다. 당시 병법서는 단순한 군사 이론서가 아니었다. 천하를 통치하는 방법과 리더의 리더십에 관한 내용을 두루 포괄하는 종합적인 통치방략서였다. 장량은 이 병법서를 깊게 탐구하여 마침내 유방의 참모가 될 수 있었던 것이다.

여기에 소개하는 《삼략》의 몇 대목은 대체로 겉과 속이 다른 자에 대한 경고와 경계를 강조하고 있다. 특히 첫 부분의 "속마음은 탐욕스러우면서 겉으로는 깨끗한 척하며, 명예를 조작하여 명성을 훔치고, 나라에서 베푼 은혜를 자기가 베푼 것인 양 꾸미며, 윗사람과 아랫사람을 혼란스럽게 만들고, 몸을 예의 바른 것처럼 꾸미고 낯빛을 점잖게 꾸며 높은 벼슬을 얻는 자가 있다. 이러한 행위가 도둑질의 첫걸음이다"라는 대목은 깊게 새겨들을 필요가 있다. 오늘날 우리 정부의 고위직 관료나 정치가 중에 이런 자들이 적지 않기 때문이다. 또 아부하는 자의 여러 가지 특징들을 꼽으면서 특별히 경계하라는 대목에도 주의해야 할 것이다.

_임금의 명령이 잘못되면,
 간사한 신하가 득세하게 되고 4

 속마음은 탐욕스러우면서 겉으로는 깨끗한 척하며, 명예를 조작하여 명성을 훔치고, 나라에서 베푼 은혜를 자기가 베푼 것인

---

4. 《삼략(三略)》 〈상략(上略)〉의 일부분

양 꾸미며, 윗사람과 아랫사람을 혼란스럽게 만들고, 몸을 예의 바른 것처럼 꾸미고 낯빛을 점잖게 꾸며 높은 벼슬을 얻는 자가 있다. 이러한 행위가 도둑질의 첫걸음이다. 《군참(軍讖)》에 이런 말이 있다.

《황석공삼략》의 판본

간사한 신하가 높은 자리에 있으면, 전군(全軍)이 그에 대한 불만을 호소할지라도 그자는 권력을 믿고 자신이 옳다고 우긴다. 지휘자로서 여러 사람의 기대를 저버리며, 나아가지도 물러서지도 않는다. 그리하여 전진을 반대하는 자에게도, 후퇴를 반대하는 자에게도 구차하게 인정받기를 바란다. 모든 일을 오로지 자기 뜻대로만 판단하며, 자신의 공로를 자랑한다. 덕 있는 군자를 비방하고, 못나고 옹졸한 자를 칭찬한다. 선악을 가리지 않고 모두가 자기 뜻에 따를 것을 요구한다. 일을 미루어 명령이 통하지 않게 하고, 까다로운 일들을 조작하여 옛 법도와 좋은 관습을 바꿔 버린다. 그러므로 임금이 이런 간사한 아첨배를 등용하면 틀림없이 화와 재앙을 입는다.

또, 《군참》에 이렇게 말하였다.

간사한 자들이 저희들끼리 서로 칭찬하며 군주의 밝은 눈을 가리고, 헐뜯거나 칭찬하는 말을 정신없이 해대서 군주의 밝은 귀를 막아 버린다. 제각기 사리사욕을 위하여 아첨을 떠니 군주는 충성스러운 신하를 잃게 된다. (중략)

임금이 잘못된 명령을 내리면 그 명령은 시행되지 않고, 명령이 시행되지 않으면 정사(政事)가 성립되지 않으며, 정사가 성립되지 않으면 도(통치)가 천하에 통하지 않는다. 도가 통하지 않으면 간사한 신하가 세력을 얻고, 간사한 신하가 세력을 얻으면 군주는 권위를 잃는다. (중략)

현명한 신하가 정부의 요직에 앉으면 간사한 신하들은 밖으로 쫓겨나고, 간사한 신하가 정부의 요직을 차지하면 현명한 신하는 죽임을 당한다. 안으로 불러들이는 일과 밖으로 내쫓는 일이 타당하지 못하면, 그 화가 몇 대에 미칠 것이다. 신하가 군주를 의심하면 간사한 무리가 그 주변에 모여든다.

3

봉급만 받으며
사교에만 힘쓰는 자는
국적(國賊)

|

순자(荀子)의 사람 바로보기

순자(荀子, 기원전 약 313년~기원전 238년)는 전국시대 후기의 사상가로 이름은 황(況)이다. 공자 이후 유가가 사상적으로 진보와 보수로 크게 갈라지면서 진보를 대표하는 인물이 되었다. 이 때문에 그를 유가 좌파라 부르기도 한다(맹자는 유가 우파를 대표한다고 본다.). 사상의 뿌리는 유학이지만 당시의 진보적인 사상을 두루 흡수하고 수용했다. 이런 사상적 특징 때문에 그의 문하에서는 법가를 대표하는 인물들인 한비(韓非)와 이사(李斯)가 배출되기도 했다.

순자는 사회 실천적 경험을 중시했고, 인간의 본성에 대해서는 '예(禮)'로써 '악(惡)'한 본성을 '선(善)'으로 바꾸어야 한다는 이른바 '성악설'을 주장하여 맹자의 '성선설'과 대립했다. 그가 남긴

순자의 사상은 그 넓이와 깊이가 방대하다. 그 때문에 그의 문하에서 법가의 인물들까지 배출되었다.

것으로 전하는 《순자》는 유가의 사상과 논리를 집대성한 저작이라는 평가를 받고 있다.

여기에 소개한 글은 현재 총 32편이 남아 있는 《순자》 중 〈신도(臣道)〉 편의 전문이다. 다소 긴 이 문장을 내용에 따라 여덟 단락으로 나누어 보았다. 순자는 이 글에서 신하(인재)에게는 여러 가지 자격과 형태가 있으며, 그 섬기는 임금(리더)에 따라서도 여러 가지 경우가 있다고 전제한 뒤, 성신과 공신은 어떻게 다르고, 찬신과 태신은 어떻게 다르며, 무엇이 충신이고 무엇이 역신인가 등에 대해 관련한 역사 인물들의 예를 들며 상세한 설명을 덧붙이고 있다.

군주(리더)의 자질에 대한 지적도 잊지 않고 있다. 요컨대 한 나라가 제대로 다스려지기 위해서는 신하(인재)의 자질과 역할 못지않게 군주의 자질도 중요하다는 것이다. 통치의 본질을 정확하게 간파한 지적이 아닐 수 없다. 한 나라를 다스리는 데 있어서 유능한 관료(인재)들의 역할이 절대적이기는 하지만, 유능한 관료를 가려 볼 줄 아는 최고통치자(리더)의 기본적인 안목과 자질이 없다면 공허한 것이다. 유능한 관료가 충분조건이라면 통치자의 자질은 필수조건이다.

순자가 분석하고, 분류하고 있는 신하의 종류와 그 특성은 오늘날 나랏일에 꼭 있어야 할 인재와 반드시 없애야 할 자들을 가려내는 좋은 참고 자료로 삼을 수 있을 것이다. 그리고 이런 식별력과 분별력은 리더가 갖추어야 할 자질일 뿐만 아니라 우리 모두가 장착해야 할, 사람을 제대로 가려내는 기준과 원칙이 될 수 있다는 점에도 유의하면 좋겠다.

_진실에 따라야지,
군주를 따라서는 안 된다

✚ 신하의 종류에는 태신(態臣)·찬신(纂臣)·공신(功臣)·성신(聖臣)이 있다. 국내로는 백성을 통일할 만한 능력이 없고, 국외로는 외적을 물리칠 능력이 없으며, 백성과 친하지도 못하고 제후의 신임도 받지 못하지만, 빈틈없이 영리하고 약으며 잽싸서 군주의 총애를 받는 자는 태신, 즉 아첨하는 신하다.

군주에 대한 충절이 없고, 백성으로부터는 교묘하게 명성을 얻으며, 공정한 도의는 돌아보지 않고, 당파를 지으며 군주를 꼬드겨 사리를 채우는 것은 찬신, 즉 군주의 권리를 찬탈하는 신하다.

국내로는 백성을 통일할 만한 능력이 있고, 국외로는 외적을 물리칠 능력이 있으며, 백성과도 친하고 제후의 신임을 받으며, 군주에 대해서는 충절을 지키고 백성을 아끼며 사랑할 줄 아는 것은 공신, 즉 유능한 신하다.

위로는 군주를 존엄하게 하고, 아래로는 백성을 아끼고 사랑하여 백성들이 정치적 명령과 교화를 그림자처럼 따르며, 기민하게 급한 변화에 대처하기를 음향이 소리를 따르듯 하고, 예측과 임기응변으로 비상사태를 처리하며, 상세하고 엄밀하게 제도·법칙을 제정하는 신하는 성신, 즉 왕도를 아는 신하다.

성신을 중용하는 군주는 왕자가 되고, 공신을 중용하는 군주는 강한 군주가 되며, 찬신을 중용하는 군주는 위험해지고, 태신을 중용하는 군주는 망한다. 그리하여 태신이 설치면 군주가 피살되고, 찬신이 설치면 군주의 몸이 위태로워지며, 공신이 활약할 때는 군주가 영화롭고, 성신이 활약할 때는 군주가 존엄해지는 것이다.

제(齊)나라의 소진(蘇秦), 초(楚)나라의 주후(州侯), 진(秦)나라의 장의(張儀) 등은 태신이라 할 수 있고, 한(韓)나라의 장거질(張去疾), 조(趙)나라의 봉양군(奉陽君), 제(齊)나라의 맹상군(孟嘗君) 등은 찬신이라 할 수 있으며, 제(齊)나라의 관중(管仲), 진(晋)나라의 호언(狐偃), 초(楚)나라의 손숙오(孫叔敖) 등은 공신이라 할 수 있고, 은(殷) 왕조의 이윤(伊尹), 주(周) 왕조의 태공(太公) 등은 성신이라 할 수 있다.

이상이 신하의 종류이자 길과 흉, 현명함과 어리석음을 판별하는 법칙이다. 마음속에 깊이 새겨 두면 선택할 때 참고가 될 것이다.

✚ 명령에 따르고 군주에게 이익이 되는 것을 순(順)이라 하고, 명령에 따르지만 군주에게는 이익이 안 되는 것을 아첨(阿諂)이라 한다. 군주의 이익을 위해 명령에 따르지 않는 것을 충절(忠節)이라 하고, 명령에 따르지도 않으면서 군주에게도 이익이 안 되는 것을 찬탈(簒奪)이라 한다. 군주의 영예나 치욕, 그리고 국가의 흥망을 돌보지 않고 그저 가볍게 영합하여 봉급만 받으며 사교에만 힘쓰는 것을 국적(國賊)이라 한다.

군주의 잘못으로 국가가 위기에 처하고 사직이 무너질 염려가 있을 때, 신하가 군주에게 진언하는데도 군주가 듣지 않아 나라를 버리고 물러나는 것을 간(諫)이라 한다. 또 군주가 신하의 진언을 듣지 않으려 할 때, 생명을 바치고 죽는 것을 쟁(爭)이라 한다. 깊이 생각하여 힘을 다해 군신 백관을 통솔하며, 군주의 잘못을 바로잡아 군주 자신은 싫어할지라도 듣지 않을 수 없게 하여, 국가의 큰 걱정과 해독을 제거하고, 군주의 존엄과 국가의 안전을 지키는 것을 보(輔)라 한다. 국가를 위기에서 구하고 군주가 치욕을 당하지 않게 하여 국가에 큰 이익을 주기 위해서라면 때로 군명을 거역하고 대권을 잡아 군주의 사업에 반대할 수 있는 것을 필(弼)이라 한다.

이렇게 '간쟁보필' 하는 신하는 '사직지신(社稷之臣)'으로서 국가에 없어서는 안 되는 신하요, 군주의 보배다. 총명한 군주는 이런 신하를 존중하고, 어리석은 군주는 이를 바로 보지 못해 반역이라고 생각한다. 따라서 총명한 군주가 표창하고 상주는 인물은 어리석은 군주가 처벌하는 인물이며, 어리석은 군주가 표창하고 상주는 인물은 총명한 군주가 사형에 처하는 인물이다.

은(殷)나라의 이윤(伊尹)과 기자(箕子)는 간에 해당되고, 은의 비간(比干)과 춘추시대의 오자서(伍子胥)는 쟁에 해당되며, 평원군(平原君)이 조(趙)나라에서 한 일은 보에 해당되고, 신릉군(信陵君)이 위(魏)나라에서 한 일은 필에 해당된다.

고전에서 '진실에 따라야지, 군주를 따라서는 안 된다'라고 한 말이 이것이다. 그러므로 정의로운 신하가 등용되면 조정에 사악함이 없어지고, 간쟁보필의 인물이 신임을 얻으면 군주의 잘못을 바로잡을 수 있으며, 용감한 무장이 신하로 등용되면 적이 일어나지 못하고 변경의 신하들이 두려워하므로 국경을 잃지 않는다.

총명한 군주는 이런 인물들을 등용해서 신하와 기꺼이 합심한다. 그러나 어리석은 군주는 모든 것을 자기 혼자 하려고 든다. 총명한 군주는 현명한 사람을 존중하고 유능한 자를 등용하여 그 공을 누리려 하고, 어리석은 군주는 현명한 사람을 시기하고 유능한 자를 내쳐서 그 공적을 스스로 버린다. 또 충의로운 자를 처벌하고 반역자에게 상을 준다. 이런 군주는 가장 못난, 어리석은 군주다. 하(夏)의 걸(桀)과 은(殷)의 주왕(紂王)이 망한 이유가 여기에 있다.

✚ 성군(聖君)을 섬기는 자는 복종만 하면 된다. 간쟁할 필요가 없다. 중군(中君)을 섬기는 자는 간쟁하면 된다. 아첨할 필요는 없다.

폭군(暴君)을 섬기는 자는 미봉책은 있어도 보필할 길은 없다. 난세에 폭군이 다스리는 나라에서 괴로운 생활을 피할 길이 없다면, 그 군주의 잘난 점을 칭찬하고, 잘하는 일을 들추며, 잘못된 일은 피하고, 결점을 속여 장점만 말하면서 단점은 말하지 않는 것이 습관이 되어버리고 만다. 《시(詩)》에 '국가에는 운명이 있다. 경솔하게 말하지 말자. 그래서 내 몸을 지키자'라고 한 말이 이것이다.

✚ 공손하게 듣고 힘써 따르며, 자기 멋대로 선택·결정하지 않고, 자기 멋대로 주고받지 않으며, 위의 뜻에 따라 순종하는 것은 성군을 섬길 때의 일이다. 충성을 다하면서 아부하지 않고, 군주에게 간쟁하여 아첨하지 않으며, 의연한 태도로써 마음을 굳고 단정하게 하여 어느 편에도 기울지 않고, 선악의 시비를 분명히 하는 것은 중군을 섬길 때의 일이다.

조화를 이루면서도 되는 대로 흐르지 않고, 부드럽게 처신하면서도 굴복하지 않으며, 너그러우면서도 지조를 잃지 않고, 최선의 도리로써 분명히 말하되 온화한 분위기를 잃지 않으면서 군주를 감화시키며, 적당한 기회를 봐서 좋은 말로 납득시키는 것은 폭군을 섬길 때의 도리다. 폭군을 섬기는 일은 고삐 풀린 말을 다스리는 일과 같고, 어린애를 기르는 일과 같으며, 배고픈 사람에게 밥을 먹이는 일과 같다. 그렇기 때문에 군주가 두려워하는 틈을 타서 잘못을 바로잡아주고, 근심하는 때를 타서 나쁜 습관을 고쳐주며, 기뻐하는 때를 타서 도리를 일러주고, 성난 때를 타서 원망하는 대상을 제거해주면, 생각하는 대로 자세하게 이야기를 들려 줄 수 있다. 《서경(書經)》에서 '군주의 명을 어기지 않고, 부드럽게 간하되 나태하지 않으며, 윗사람에게는 명확하게, 아랫사람에게는 겸손하게'라고 한 말이 이것이다.

✚ 남을 섬기면서도 만족시키지 못하는 까닭은 근면하지 못한 탓이다. 근면한데도 만족시키지 못하는 까닭은 존경하지 않기 때문이다. 존경하는데도 만족시키지 못하는 까닭은 충성을 다하지 않은 탓이다. 충성을 다하는데도 만족시키지 못하는 까닭은 공이 없기 때문이다. 공이 있는데도 만족시키지 못하는 까닭은 덕이 없기 때문이다. 덕이 없으면 근면도, 존경도, 충성도, 공적도 모두 물거품이 되고 만다. 그러므로 군자는 덕을 갖추어야 한다.

✚ 충성에는 대충(大忠)·차충(次忠)·하충(下忠)이 있다. 또 국적(國賊)이 있다. 덕으로써 군주를 감싸 안아 감화시키는 것은 대충, 즉 최고의 충절이다. 도덕으로써 군주의 행동을 조정하고 보좌하는 것은 차충, 즉 다음가는 충절이다. 정의로써 군주의 잘못을 직간하다가 노여움을 사는 것은 하충, 즉 최하의 충절이다. 군주의 영예나 치욕은 돌아보지 않고, 국가의 흥망에도 개의치 않으며, 오직 비위를 맞추어 녹이나 먹고 사교나 하며 지내는 것은 국적이다.

성왕(成王)에게 주공(周公)이 보인 충성은 대충이라 할 수 있고, 환공(桓公)에게 관중(管仲)이 보인 충성은 차충이라 할 수 있으며,

부차(夫差)에게 자서(子胥)가 보인 충성은 하충이라 할 수 있고, 주(紂)에게 있어서 조촉룡(曹觸龍)은 국적이라 할 수 있다.

《순자》는 오늘날 정치학은 물론 관리학에도 꼭 참고할 필요가 있다는 주장이 적지 않다. 《순자》의 판본이다.

✚ 인자(仁者)는 반드시 사람을 공경한다. 무릇 사람은 현자(賢者)가 아니면 불초자(不肖者)다. 어진 사람을 공경하지 않으면 곧 금수다. 불초한 사람을 공경하지 않는 것은 범을 업신여기는 격이다. 금수가 되는 것은 자기를 문란하게 만드는 것이고, 범을 업신여기면 곧 위험하게 되니 해가 미칠 것이다. 《시》에 '맨손으로 범을 치지 말고, 맨발로 황하를 건너지 말라. 하나만 알고 하나는 모른다'라고 한 말이 이것이다. 그러므로 인자는 누구든지 공경한다.

사람을 공경하는 데도 도가 있다. 현자는 존경하기 때문에 공경하고, 불초자는 두렵기 때문에 공경한다. 현자는 친해서 공경하고, 불초자는 멀어서 공경한다. 그 공경하는 것은 같지만 공경하는 감정은 다르다. 그러나 충신이 남을 해치지 아니함은 무엇에 대해서나 다 같다. 이것이 인자의 본질이다. 성실을 본질로 하고, 정직을 강령으로 하며, 예의로써 행동하고, 모든 일을 조리 있게 함으로써 일거수일투족이 모두 다 법칙이 된다. 《시》에 '도에 어긋나지 않고, 도를 해치지 않으면, 누가 따르지 않으리'라고 한 말이 이것이다.

공경하는 것은 예(禮)요, 조화로운 것은 악(樂)이다. 근면·신중은 이로우며, 분노는 해롭다. 그러므로 군자는 예에 안착하고, 음악을 즐기며, 근신하고, 분노하지 않는다. 그러므로 모든 행동에 실수가 없다. 그런데 소인은 이와 반대다.

✚ 말이 거친 것 같아도 결국 순종하는 것이 되고, 위험한 생각처럼 보여도 평화를 가져오며, 망해가는 것이 뻔히 보이는 데도 예예 순종하기만 한다. 이 세 경우의 이치는 총명한 군주가 아니고서는 이해하지 못한다. 군주와 다툰 뒤에도 일이 잘 처리되고, 군주의 명령을 반대하고도 공을 이루며, 목숨까지 버릴 정도로 사심이 없고 성실하며 공명할 때, 이것을 가리켜 거친 말이 순종과 통한다고 한다. 신릉군(信陵君)이 그에 가까운 사람이다.

빼앗고도 의롭고, 죽이고도 어질며, 상하가 바뀌어도 바르고, 공이 천지에 차고 덕이 백성에게 미칠 때, 이것을 가리켜 위험한 생각이 평화와 통한다고 한다. 탕(湯)과 무왕이 그렇다고 할 수 있다.

잘못을 거듭해도 따르기만 하고, 선악이나 정사에 상관없이 순종하여 비위만 맞추다가 군주를 난폭하게 만들고 민생을 결딴낼 때, 이것을 가리켜 '망해가는 데도 순종하는 말이 있다'고 한다. 비렴(飛廉)이나 오래(惡來)가 그랬다. 전하는 말에 '잘라서 맞추어도 가지런하고, 구부려서 맞추어도 맞는다'고 한 것과 《시》에서 '작은 구슬, 큰 구슬 주워 모아 제후를 거느린다'고 한 것도 이를 두고 한 말이다.

4

경험을
미신하지 말라

|

역린(逆鱗)을 건드린 한비자의 섬뜩한 인간관

중국사 연구자인 존 킹 페어뱅크(John King Fairbank)
는 《신중국사 : CHINA A NEW HISTORY》에서 중국 봉건왕조 아래
에서 최고통치자인 군주와 신하 사이에 나타나는 정치적 특성의
하나를 음모(陰謀)라는 측면에서 설명하고 있다.

"역사적으로 보면 음모는 주요한 행동방식이자 기본적인 두려
움의 원천이었다. 서양처럼 국가권력과 정책 사이의 명확한 구
분에 기초한 '충성스러운 반대'가 결여되어 있는 점이 중국사
의 특성을 이루어왔던 것이다. 지배자의 정통성은 그의 적절한
행동이 지배자와 피지배자 사이의 조화를 가져왔을 때에만 보
장되기 때문에 음모라는 것은 조화를 거부하는 것이었고 따라

서 찬성하지 않는 사람은 자신을 보호하기 위해서 충성을 가장했다. 이러한 기만을 알아차리게 되면 지배자는 과대망상까지는 아닐지라도 쉽사리 의심 많은 존재가 되어버린다. 정책은 곧 통치자의 도덕적 행위, 따라서 그의 정통성의 일부였으므로 자유로운 반대의사를 표현할 수 있는 여지는 없었다. 그러므로 반대는 필연적으로 비밀스러운 것이어야만 했다."

약간의 편견이 없는 것은 아니지만 날카로운 지적이 아닐 수 없다. 그런데 지금으로부터 약 2,200여 년 전, 인간의 본질까지 섬뜩하게 간파하면서 이를 정치체제 내지 군신관계에까지 적용시킨 인물이 있었다. 음모라는 면에서 중국 정치체제의 어두운 특성을 냉정하게 파악한 2,200여 년 뒤의 페어뱅크보다 훨씬 더 냉혹하고 섬뜩한 인물이었다. 그는 혼란한 전국시대를 통일할 수 있는 이론적, 실천적 기초를 마련했다. 혼란한 전국시대를 통일한 진시황은 그의 저서를 읽고는 "이 사람과 이야기를 나눌 수 있다면 죽어도 여한이 없겠다"며 탄식했다.

그는 우여곡절 끝에 진나라로 건너와 진시황을 만났다. 그러나 현실에서 진시황은 그를 신임하지 않았다. 그는 결국 진나라의 실권자이자 동문이었던 이사(李斯)에 의해 독살당했다. 인간의 본질을 냉철하게 간파한 그의 이론은 받아들여졌지만, 그는 받아들여지지 않았다. 그가 바로 한비(韓非, 기원전 약 280년~기원전 223년)였고, 그가 남긴 놀라운 이론서가 《한비자》다.

중국 사상사의 뜨거운 감자와 같은 존재인 한비자는 인간의 본성과 권력, 권력자와 그에 기생하는 자들의 심각한 관계를 깊게 통찰했다. 그래서 군주는 인사권과 생사여탈권의 기초인 강력한 권세를 꽉 움켜쥐고 법령과 술수(방법)를 구사하여 시도 때도 없이 권력자를 흔드는 자들을 통제하라고 주장했다.

한비자는 전국시대 말기에 법가사상을 대표했던 인물로, 천하의 이해관계와 형세를 두루 살피고 당시 변법개혁의 경험과 교훈을 종합한 다음, 법을 위주로 한 '법(法)', '술(術)', '세(勢)'를 결합한 정치이론을 제기했다. 그 이론서가 《한비자》다.

《한비자》는 전편에 살기가 흐른다. 인간이 이렇게도 사악한 존재인가? 한 구절 한 구절이 모두 섬뜩하다. 여기에 소개하는 대목들의 요지는 이렇다. 먼저 〈팔간〉은 신하가 군주를 속이고 나아가서는 나라를 망치는 여덟 가지 방법과 그것을 막는 방법을 말하고 있다. 〈육반〉은 사람들의 평가가 사실과는 정반대로 이루어지고 있는 여섯 가지 경우를 날카롭게 분석한 글이며, 〈팔설〉은 인재를 등용하는 방법을 이야기하면서 위선에 찬 인간들의 모습을 냉소적으로 간파한 글이다.

한비자의 '법·술·세' 이론과 간신을 분별하고 방지하는 방법은 허례 의식에 빠진 유가의 위선을 벗어던지고 통속적으로 용인에 따른 손익 관계를 설파하고 있다. 한비자는 이를 통해 법으로 통제하고 권술로 인재를 기용하라는 이론을 도출해내고 있다. 그 방법과 술수가 가혹하고 잔혹하긴 하지만 사람의 본질을 간파하고 용인 문제의 본질을 들췄다는 점에서 큰 의미가 있다. 또 한비자의 이론은 그 어떤 이론보다 진보적이어서 인재를 발탁할 때 상당히 유용하게 적용할 수 있다. 물론 권술과 이해관계만으로 군주와 신하의 관계를 제약하게 되면 이상적인 군신관계를 이룰 수 없고, 기용한 인재의 작용도 충분히 발휘할 수 없게 된다. 이는 한비자의 법가 학설이 갖는 역사적 한계이자 시대의 한계였다.

서양의 한비자라 할 수 있는 마키아벨리(Machiavelli, Niccolo)로서도 도저히 따를 수 없는 인간 본성에 대한 번득이는 통찰력과 인간관계에 대한 냉소적 독설은 가히 천하제일이다. 한비자, 그가 제시하고 있는 인간 분별법은 분명 현실적으로 아주 유용하지만, 드러내 놓고 적용할 수 없는 위험성도 동시에 갖고 있으므로 주의하지 않으면 안 된다. 그를 한번 만날 수 있다면 죽어도 여한이 없다던 진시황과 그의 재능을 질투한 동문 이사가 그를 기용하기는커녕 싸늘한 감옥에 가둬 죽음으로 내몰아 놓은 것도 그의 사상이 갖고 있는 원초적 공포감 때문이었을 것이다.

1. 간사한 자들의 여덟 가지 술수

한비자 사상의 핵심으로 법(법률), 술(술수, 방법), 세(권세, 위세)는 삼위일체를 이루고 있기 때문에 어느 하나에 치우칠 수 없다. 이는 또 치국 이론의 중요한 부분이기도 하다. 그는 이 세 가지가 모두 군주의 손에 쥐어져 있는 공구여야 한다는 점을 분명하게 선언했다. 그래서 "군주에게 가장 큰일이란 법 아니면 술이다"(〈난難〉 3, 제30)라든가 "세란 군주에게 있어서 이빨과 발톱 같은 것이다"(〈인주人主〉, 제52)라고 한 것이다. 이 셋 가운데 한비자는 그래도 '세'에 더욱 치중한다. '세'는 법과 술을 실행하는 전제이기 때문에 세를 잃으면 군주는 더 이상 군주가 아니다. 즉, "군주가 세를 잃으면 신하가 나라를 차지한다."(〈고분孤憤〉, 제11) 그래서 그는 두 번 세 번 군주에게 '세'를 단단히 움켜쥐라고 충고한다. 그는 "신하라는 위치에 있는 자는 군주와 골육의 친분을 맺고 있는 것도 아니며, 단지 군주의 위세에 속박되어 섬기지 않을 수 없는 입장에 있을 뿐이다"(〈비내〉, 제17)라고 말하면서, 아부하는 무리가 권세를 사취하지 못하도록 시시각각 방비해야 한다고 지적한다. 즉, "무릇 간신들이란 군주의 뜻에 순종함으로써 총애와 신임을 얻으려고 한다."(〈간겁시신姦劫弑臣〉, 제14)

말의 엉덩이를 두드리는 것은 말에 올라타기 위함이다. 이는 당연한 규율이다. 그러나 군주 전제체제에서는 아부를 일삼는 간신들이 권세를 훔치는 일들이 심심치 않게 발생했다. 다음 〈팔간〉은 그에 대한 냉철한 분석이자 경고이며, 나아가 그에 대한 방비책까지 함께 제시하고 있다.

_신하가 간사한 꾀를 이루는
여덟 가지 방법[5]

신하가 자신의 간사한 꾀를 이루는 방법에는 여덟 가지가 있다.

첫째는 침상을 같이 한다는 뜻의 동상(同牀)인데, 어찌해서 동상이 그 방법이 되는가? 정실부인과 총애하는 후궁들, 또 별다른 의미 없이 가까이하는 미인들은 군주를 유혹하기 쉽다. 군주가 편안히 쉬고자 할 때, 또는 술에 만취한 때를 틈타 얻고 싶은 것을 군주에게 이야기하여 기어코 허락을 받아낸다. 따라서 간사한 자들은 군주를 모시는 미녀에게 금과 옥 같은 패물을 주어 군주를 홀리게 한다. 이것이 동상이다.

둘째는 재방(在傍)이다. 재방이란 곁에 있다는 뜻인데, 어찌해서 재방이 그 방법이 되는가? 군주의 곁에는 심심풀이를 위해 배우와 난쟁이들, 심부름꾼 등이 늘 따라다닌다. 그들은 군주를 가까이에서 모시면서 군주가 명을 내리기도 전에 "예예"하며, 시키기도 전에 "예예"한다. 군주의 속을 미리 알아 대령하며, 얼굴과 기분을 살펴 군주의 마음보다 앞서 비위를 맞추는 자들이다. 또 이들은 군주의 명에 따라 함께 나아가고 물러서며, 군주의 부름에 다 같이 대응하고, 한 마디라도 서로 달리 말하는 때가 없이 군주의 마

---

5. 《한비자》, 제9 〈팔간(八姦)〉의 전문. 《한비자》의 문장은 박건영·이원규 역해, 《한비자》(청아출판사, 1993)를 바탕으로 하고, 대만상무인서관(臺灣商務印書館)에서 발행한 《한비자금주금역(韓非子今註今譯)》(1977년 제4판)을 참고하여 재정리하고, 보다 쉽게 고쳤다.

음을 알아서 행하는 자들이다. 그래서 간사한 자들은 밖에서 불법을 저지른 뒤에 금이나 옥 또는 진기한 노리개 따위를 이들에게 주어 군주의 마음을 돌리도록 시킨다. 이것이 재방이다.

셋째는 부형(父兄)이다. 어째서 부형이 그 방법이 되는가? 왕실의 공자들은 군주가 사랑하는 사람들이며, 조정의 대신은 군주가 국정을 의논하는 사람들이다. 그래서 이들이 힘써 진언을 하면 군주는 따르기 마련이다. 따라서 간사한 자들은 좋은 음악과 아름다운 여자를 공자에게 바치고, 한편으로는 감언이설로 조정 대신들을 설득한다. 군주에게 건의할 사항을 미리 상의해 두고서, 일이 뜻대로 되면 관직이 오를 수 있고, 봉급도 오를 수 있다며 그들을 유혹한다. 그래서 부형이라고 부른다.

넷째는 양앙(養殃)이다. 양앙이란 재앙을 기른다는 뜻이다. 군주가 궁실과 누각, 연못 가꾸기를 좋아하거나, 미녀를 아끼고 자신이 타는 말이나 기르는 가축들을 꾸미는 것을 즐거움으로 삼는다면 이는 국가의 화근이 될 것이다. 간사한 자들은 군주의 이런 점을 이용, 대대적으로 백성을 동원하여 궁실을 짓고 누각을 세우는 대규모 공사를 일으킨다. 아니면 군주를 즐겁게 하고자 막중한 세금을 징수하여 미녀들을 호화롭게 꾸민다. 그러나 이런 행동의 이면에는 군주의 사리판단을 흐려놓고, 자신의 욕심과 사사로운 이득을 채우려는 속셈이 숨어 있다. 이것이 양앙이다.

다섯째는 민맹(民萌)이다. 민맹이란 백성이란 뜻인데, 어째서 민맹이 그 방법이 되는가? 간사한 자들은 나라의 재물을 백성들에게 나누어 주면서 민심을 사로잡는 경우가 있다. 이렇게 작은 은혜로써 백성들의 마음을 사서 조정 관리와 백성들로 하여금 자신을 칭송하게 함으로써 군주를 홀리고 자신의 목적을 달성한다. 이것이 민맹이다.

여섯째는 유행(流行)이다. 유행이란 세상에 떠도는 말을 가리키는데, 어째서 유행이 그 방법이 되는가? 군주는 사실 궁 밖의 세계와 접촉할 기회가 매우 적어서 여러 의견을 듣기 어렵기 때문에 유세객의 말재주에 넘어가기가 쉽다. 그래서 간사한 자들은 각국에서 말솜씨가 뛰어난 자를 찾고, 안으로는 유세에 뛰어난 자를 길러 군주 앞에서 자신의 욕심을 설득하게 한다. 교묘한 말재주와 세상에 유행하는 말로써 군주를 설득하여 그 말에만 따르면 유리한 것처럼 보이게 현혹하고, 때로는 어려움이 닥칠 것이라고 위협도 하는 등 헛된 말을 수없이 늘어놓아 군주의 마음을 허물어 버린다. 이것이 유행이다.

일곱째는 위강(威强)이다. 위강이란 위세가 강하다는 뜻으로 간사한 자들의 권세가 군주보다 강할 경우를 말하는데 어떤 상황을 말하는가? 군주가 간사한 자들의 힘을 강하게 만들면, 그들이 좋다고 할 때 군주도 따라서 좋다고 해야 하며, 그들이 나쁘다고 하면 따라서 나쁘다고 해야 할 만큼 군주는 권위를 갖지 못하게 된다. 그들은 검을 갖고 다니는 협객들을 모으고, 죽음을 두려워하지 않는 무사를 길러 자신의 위세를 과시한다. 자신을 따르는 자에게는 이익이 따르며, 그렇지 않은 자는 죽임을 당한다는 것을 증명해 보임으로써 다른 신하와 백성들을 공포에 떨게 하고, 죄악을 저지른다. 이것이 위강이다.

여덟째는 사방(四方)이다. 사방이란 주위 이웃 국가들의 세력을 이용한다는 뜻이다. 어떠한 방법으로 하는가? 군주가 자신의 국가가 작으면 큰 나라를 섬기고, 자신의 군사력이 약한 경우에 강한 군사를 두려워하는 것은 당연하다. 대국이 무엇을 요구하면 소국은 들어주지 않을 수 없으며, 대국의 군대가 출병할 때에는 약한 나라는 복종해야 한다. 간사한 신하는 백성들에게 세금을 걷고, 창고의 재물을 가져다가 대국을 섬기는 데에 쓰며, 대국의 위세를 이용하여 자신의 군주를 협박한다. 심하게는 대국의 군대를 변경에까지 끌고 와 민심을 공포에 몰아넣기도 하고, 작게는 대국의 사신을 자주 불러들임으로써 군주를 떨게 하여 복종시킨다. 이것이 사방이다.

무릇 이 여덟 가지는 신하가 간사한 짓을 할 때 사용하는 술책이다. 군주는 이로 인해 간사한 신하의 협박을 받거나 권세를 잃을 것이니 살피지 않을 수 없다. 그래서 현명한 군주라면 내실의 여자로부터는 미색만을 즐길 따름이지, 그들의 요구나 개인적 청은 들어주지 않는다. 또 좌우의 근신들에 대해서는 반드시 말에 대한 책임을 묻고 허튼소리를 보태지 못하게 한다. 부형과 조정 대신들에 대해서는 그들의 말을 듣되 만일 잘못이 생기면 반드시 처벌받는다는 것을 주지시켜 함부로 사람을 추천하지 못하게 한다.

또 군주는 신하들이 가져온 구경거리나 좋아하는 것을 보면 어디에서 온 것인가를 반드시 보고하게 한다. 또한, 신하가 제멋대로 진상을 결정하거나 금지시키지 못하게 하여 자신의 기호를 헤아릴 수 없게 한다. 은덕을 베푸는 일에 대해서도 궁중의 창고를 열어 백성을 이롭게 할 경우라면 반드시 군주가 내리는 것으로 하지, 신하의 덕으로 내리지 못하게 한다. 유세와 논의의 과정에서 간사한 자들은 그가 좋아하는 자를 칭찬하며, 미워하는 자는 헐뜯기

뛰어난 사상가들은 예외 없이 인재를 나라의 흥망과 연계시키는 인식을 보여주었다. 한비자 역시 '팔간'의 마지막 종착지는 망국이라고 했다. 명나라 때의 《한비자》 판본이다.

마련이다. 따라서 신하들이 칭찬할 경우에는 그 찬사가 실제로 재능이 있어서 그러는 것인가를 살피고, 헐뜯을 경우 역시 실제로 잘못이 있는지 없는지를 가려 신하 간에 서로 말을 거드는 일이 없게 한다.

용맹과 힘을 가진 무사가 전쟁에서 공을 세웠을 경우는 반드시 공에 맞게 포상을 하지만, 고을 간의 사사로운 다툼에서 발휘된 용맹에 대해서는 그 죄를 용서하지 않는다. 이렇게 하면 간사

한 자들이 사병(私兵)을 모아서 개인의 이익을 꾀하려는 생각을 가지지 않게 된다. 제후국들의 요구에 대해서도 그 요구가 합리적이라면 들어주지만 불합리한 경우에는 거절한다. 군주가 나라를 잃었다는 것은 단순하게 실제로 나라를 잃은 경우만을 가리키는 것이 아니다. 군주가 권세를 장악하지 못해 간사한 신하들이 외세를 업고 권력을 좌지우지하는 것도 나라를 잃은 경우라 할 수 있다.

대국의 요구를 들어주는 것은 멸망을 피하기 위해서지만 요구를 들어주는 것만이 능사는 아니다. 오히려 멸망을 재촉할 수도 있으니, 이때는 반대로 거부하는 것이 나라를 구하는 길이다. 간사한 자들은 자신의 군주가 대국의 요구를 받아들이지 않는다는 사실을 알게 되면 밖으로 제후에게 국익을 팔지 않을 것이며, 대국의 제후 역시 그들의 말을 듣지 않을 것이므로 군주는 간사한 자들에게 속지 않게 된다.

현명한 군주가 관직과 봉급을 주는 것은 현명하고 능력 있는 자를 등용하고, 신하들에게 공을 세울 것을 독려하기 위해서이다. 그래서 "현명하고 능력 있는 자는 봉급을 많이 주고, 높은 관직에 임명하라. 공이 큰 자에게는 귀한 작위를 주며 큰 상을 받게 하라"는 말이 있다. 신하에게 관직을 줄 때는 그 능력을 헤아리고, 봉급을 줄 때는 그 공에 맞게 준다. 그렇게 되면 신하는 자기 능력을 속여서 군주를 섬기지 않고, 공을 세운 자는 기꺼이 맡겨진 임무를 수행할 것이니, 일이 잘 이루어지고 공은 쌓인다.

그런데 지금은 그렇지 못하다. 현불초(賢不肖)를 구분하지 않고,

공이 있고 없고도 논하지 않으며, 제후들이 천거하거나 좌우 근신들의 말만 듣고 무조건 등용한다. 부형과 대신들은 위로 군주에게 관직과 봉급을 청하여 이를 아래에다 팔아 재물을 긁어모은다. 그러다 마침내 사사로이 붕당을 조직하는 데까지 이르렀다. 그래서 재물이 많은 자는 돈으로 관직을 사서 귀하게 되고, 왕실·근신들과 친분이 있는 자들은 그들을 이용하여 귀한 몸이 된다. 공로 있는 신하가 심사에서 제외되고, 승급의 기준은 무너진다. 그 때문에 관리들은 직무수행에 힘쓰지 않고 사교에만 힘쓰며, 일은 내팽개친 채 재물을 탐하기에 혈안이 된다. 이렇게 되면 아무리 현자라 해도 게을러져 노력하지 않을 것이며, 공이 있는 자도 게을러져 업무를 소홀히 할 것이다. 이것이 망국의 풍조다.

2. 포악한 자인데도
   용감하다고 칭찬한다

"총명한 사람이든 아둔한 사람이든 인생의 과정에는 늘 취사선택이 있을 수밖에 없다. 우리가 맑은 마음으로 욕심을 줄인 상태에 있거나 차분하고 편안한 때라면 자신에게 다가오는 화복을 모를 수 없다. 그러나 일단 우리가 좋고 나쁜 것에 지배당하고 사치스러운 물건에 유혹당하면 변란이 일어날 수밖에 없다."〈해로〉

사람과 사물의 본질에 대한 판단이 흩어지는 가장 중요한 원인들로는 사욕(私慾), 편견(偏見), 선입견(先入見) 등이다. 여기에 개인의 경험에 대한 맹신 내지 미신도 크게 작용한다. '내가 해봐서 안다'는 지극히 주관적이고 개인적인 경험은 사람과 사물을 객관적으로 정확하게 판단하는 데 있어서 중대한 방해물이다.

아래에 인용한 〈육반〉 편의 대목은 사람을 평가하는 데 있어서 발생하는 '인식(認識)의 오차구역(誤差區域)'에 대한 지적이다. 세상 사람들의 세평과 이것이 리더에게 미치는 영향, 즉 편견과 선입견에 대한 분석은 확실히 귀담아들을 만하다. 특히 다음 대목은 우리 현실에 비추어 볼 때 정말이지 폐부를 찌른다. '군주'를 지금의 검찰과 사법부로 바꾸어 놓고 읽어보기 바란다.

"백성들은 자신의 손해 여부에 따라 헐뜯었던 것이고, 군주는 그런 세속적 편견에 따라 그들을 천대하여 벌을 주는 것이다. 이처럼 악행을 저질러 마땅히 처벌받아야 할 사람이 칭찬받아 상을 받고, 선량하여 마땅히 상 받아야 할 사람이 천대받고 처벌받으니 이래서는 부국강병의 염원을 이룰 수가 없다."

_정치는 머리 감는 일과 같아
비록 머리카락이 빠지더라도 감지 않을 수 없다 6

1. 죽음을 두려워하고 위기를 피하는 사람은 적에게 항복하거
   나 패배한 사람과 같은데도 세상 사람들은 그들을 생명을
   중히 여기는 선비라며 존경한다.
2. 도술을 익히고 사사로이 학설을 만드는 사람은 법을 지키지
   않는 사람인데도 세상 사람들은 고대의 경서에 능통한 선비
   라며 존경한다.
3. 이 나라 저 나라를 돌아다니며 후한 대우를 받는 사람들은
   백성들의 이익을 가로채는 사람인데도 세상 사람들은 재능
   있는 선비라며 존경한다.
4. 말재주가 교묘한 자들이 지혜로워 보여도 실은 백성들을 속
   이는 자들인데도 세상 사람들은 말솜씨가 뛰어난 선비라며
   존경해마지 않는다.
5. 검을 휘둘러 미운 사람들을 베어 죽이는, 과격하고 포악한
   자인데도 세상 사람들은 용감한 선비라며 존경한다.
6. 역적을 살려주고 간악한 죄인을 숨겨주는, 사형을 당해 마
   땅한 자인데도 세상 사람들은 친구에 대한 신의가 있는 선비
   라며 존경한다.

---

6. 《한비자》, 제46, 〈육반(六反)〉의 부분.

이상 여섯 부류의 사람들을 세상 사람들은 칭찬하고 있다.

1. 위험을 무릅쓰고 신의를 성실하게 굳게 지킨 사람은 목숨을 걸면서까지 지조를 지킨 사람인데도 세상 사람들은 계책을 모르는 사람이라며 무시한다.
2. 많은 지식을 추구하지 않고 법에 따라 일을 처리한 사람은 법을 보전한 사람인데도 비루한 선비라며 무시한다.
3. 힘들여 농사지어 가며 살아가는 사람은 재화를 직접 생산하는 사람인데도 세상 사람들은 무능한 선비라며 무시한다.
4. 후덕하고 순결한 사람은 단정하고 선량한 사람인데도 세상 사람들은 우매한 사람이라며 무시한다.
5. 군주의 명을 중하게 여기고 직무에 충실한 사람은 군주를 존중하는 사람인데도 겁 많은 자라며 무시한다.
6. 반역을 진압하고 간사한 악행을 막는 사람은 간사한 악행을 감시하여 군주의 이목을 밝게 하는 사람인데도 세상 사람들은 아첨꾼이라며 무시한다.

세상 사람들은 이 여섯 부류의 사람들을 헐뜯는다. 여섯 가지의 간사한 악행은 아무런 이로움이 없는데도 세상에서 이렇게 칭찬하고, 농사짓고 싸움터에 나가는 일 등은 이로움을 주는데도 세상 사람들은 헐뜯는다. 이를 이른바 '육반(六反)'이라 한다.

평민들은 자신들의 이익에 따라 칭찬했던 것이고, 군주는 그러한 잘못된 명성만을 듣고 그들을 예우하여 상을 주는 것이다. 백성들은 자신의 손해 여부에 따라 헐뜯었던 것이고, 군주는 그런 세속적 편견에 따라 그들을 천대하여 벌을 주는 것이다. 이처럼 악행을 저질러 마땅히 처벌받아야 할 사람이 칭찬받아 상을 받고, 선량하여 마땅히 상 받아야 할 사람이 천대받고 처벌받으니 이래서는 부국강병의 염원을 이룰 수가 없다.

옛 속담에 '정치는 머리 감는 일과 흡사하여 비록 머리카락이 빠지더라도 감지 않을 수 없다'는 말이 있다. 머리카락이 빠지는 손실만을 아까워하고 머리카락이 자라는 이익을 생각하지 못하는 것은 권력의 이치를 이해하지 못한 것이다.

3. 의롭다는 자들이 법도를 어긴다

이극(李克), 오기(吳起), 상앙(商鞅) 등 선배 개혁가들의 변법 실천의 경험을 종합하여 한비자는 '법이 제대로 실행되지 않는 것은 윗사람부터 법을 어기기' 때문이라는 점을 깊이 있게 인식했다. 그는 아주 무거운 어조로 "예로부터 전하는 말과 《춘추》에 기록된 것들 중에 법에 저촉되고 군주를 배반하며 중대한

죄를 범한 사례들은 거의 직위가 높고, 권세가 막중한 국가 대신들에게서 나왔음을 보여주고 있다"(〈비내〉 제17)고 지적한다. 이에 따라 그는 군주가 법을 어긴 대신들을 엄격하게 징벌하여 죽을죄

한비자는 세간의 평가와 겉으로 드러나는 인재의 모습이 그 내면과 일치하지 않는다는 점을 날카롭게 지적한다. 그러면서 인재를 임용하는 방법을 제대로 알아야 한다고 강조한다. 아무리 뛰어난 인재를 기용했다 해도 그를 부리는 방법이 잘못되면 그 인재의 바로 그 뛰어남 때문에 나라에 환란이 닥친다고 경고하고 있다. '노력보다 중요한 것이 방법'이라는 격언을 연상시킨다. 저술에 몰두하고 있는 한비자의 모습이다.

를 용서해서는 안 되며 봐주어서도 안 된다는 점을 특별히 강조한다. 이를 위해서는 "신하들로 하여금 법 밖에서 행동하지 못하게 하고, 법 테두리 안에서도 임의로 은혜를 베풀지 못하게 하여 모든 행동이 법을 벗어나지 않게"(《유도有度》제6) 해야 한다. 그렇지 않으면 법령이 실행되지 않고 법률은 효력을 잃게 된다. 왜 그런가? 법 밖에 특권자가 존재한다는 것은 사회 혼란의 화근이 되기 때문이다. 그들은 자신들의 사리사욕을 위해 지위와 권세를 믿고 나쁜 짓을 함부로 저지르면서 백성들에게 해독을 끼치며 호화사치, 포악, 음탕함 따위로 계층 간의 갈등을 대대적으로 격화시켜 통치의 근본을 흔들어 놓는다. 이 같은 관점은 당시 신흥 세력을 대표하는 한비자의 탁월한 식견을 잘 보여주고 있다.

법이 객관적 특성을 갖춘 이상 모든 일은 법에 따라 처리되어야지 법을 자기 하고 싶은 대로 마음대로 해석해서는 안 된다. 그렇지 않았다간 "이익을 얻고자 했던 일에서 도리어 금지시키는 것만 못한 결과를 낳고, … 상을 주며 격려했던 자가 도리어 욕먹을 짓을 저지르곤 하는 … "(《외저설》 좌하 제33) 혼탁한 국면이 나타난다. 이렇게 되면 나라는 다스려지지 않고 간신을 막을 수 없다.

관련하여 한비자는 이렇게 말한다.

"군주가 공명정대한 법을 도외시하고 한 개인의 사적인 견해를 좇아서 국정을 운영한다면 신하들은 자신의 지혜와 능력을 최대한 꾸미려 들 것이다. 그렇게 해서 본질을 가리게 되면 나라에 국법이 바로 설 수 없다. 이런 식으로 모두가 법을 지키지 않는 행태가 두루 퍼지면 나라에 바로 다스려질 정도가 사라질 것이다."(《식사》 제19)

모든 것을 법에 따라 처리해야만 나라는 부유해지고, 백성은 강해져 나라와 백성 모두가 편안해질 수 있다.

"따라서 오늘날 사사로이 법을 어기려는 마음을 없애고 공법을 지킬 수 있으면 현재 국력의 강약을 떠나 백성들을 편히 살게 하며 나라를 치세로 이끌 수 있을 것이다. 또 사사로운 행동을 버리고 공법을 실행할 수 있으면 국력은 강해지고 상대적으로 외적을 약화시킬 수 있다."(《유도》 제6)

한비자는 법을 임의대로 해석하는 것에 반대한다. 그래야만 법을 집행하는 과정에서 나타날 수 있는 불공정한 현상을 피할 수 있고, 사법 심판에서 관리의 뜻에 맞추어 죄와 형벌을 정하는 폐단을 끊을 수 있다. 이렇게 되면 '죄형법정주의'로 '죄형무단주의'를 대신할 수 있고, 이는 인권과 이익을 보장하고 정확하게 형량을 처리하는데 대단히 적극적인 의미를 갖는다. 이와 같은 인식은 지금 우리 사법부의 어처구니없는 행태와 비교해보면 얼마나 탁견인지 실감이 난다.

법을 집행하는 과정에서 여러 방면에서 나타나는 다양한 저항력을 피할 수는 없다. 이런 상황에서는 법을 집행하는 자의 굳센 의지가 중요하다. 힘든 것을 감수하는 것은 물론, 심지어는 집이 파산하고 사람의 목숨까지 잃을 수도 있는 위험을 무릅쓸 수 있는 굳센 의지가 필요하다. 즉, "무도한 군주에게 화를 당하는 것도 두려워 않고" 오로지 한 마음으로 "백성들을 통일시키고 이익을 얻을 수 있도록" 법의 존엄성을 굳게 지킨다면 "어질고 지혜로운 행동"이라 할 수 있다.(이상 〈문전問田〉 제42) 이는 법가 계통의 인물들이 일관되게 주장하고 실천해온 법치정신의 표현이자 관련한 일에 종사했던 자신들에 대한 굳건한 신념의 표출이었다.

아래에 소개하는 〈팔설〉 편의 대목은 인재 기용, 즉 인사에 관한 통찰력 넘치는 문장이다.

_민심을 얻었다고 하는 자들은
군주를 고립시킨다[7]

옛 친구를 위해 사적인 이익을 추구하면 그 사람을 가리켜 옛 것을 버리지 못한다고 한다. 공적인 재물을 여러 사람에게 나누어 주면 그 사람을 일러 어진 사람이라 한다. 지위와 녹봉을 가벼이 여기고 자신의 지조를 지키면 군자라고 말한다. 법률을 어기면서 친한 사람을 돌보면 그를 의로운 사람이라고 한다. 관직을 버리고 교유만을 즐기면 협객의 의리가 있다고 한다. 세속을 떠나 군주를 피하면 고고하다고 한다. 군주와 시비를 다투며 명령을 거스르면 그를 일러 강건하다고 한다. 은혜를 베풀어 대중의 사랑을 얻으면 민심을 얻었다고 한다.

옛것을 버리지 않으면 관리들에게 폐단이 나타나고, 어질다는 자들은 공공 재물을 낭비한다. 군자라는 자들은 부리기가 어렵고, 의롭다는 자들은 법도를 흐린다. 협객의 의리를 가졌다고 하는 자들은 관직의 기강을 해치고, 고고하다고 하는 자들은 나랏일을 맡지 않는 자들이다. 강건하다고 하는 자들은 명령을 어긴 자들이고, 민심을 얻었다고 하는 자들은 군주를 고립시킨다.

이 여덟 가지 상황은 필부에게 있어서는 개인의 명예일지 모르나 군주에게는 큰 화근이다. 그와 상반된 여덟 가지 상황은 필부

---

7. 《한비자》 제47, 〈팔설(八說)〉의 부분.

개인에게는 재난이지만 국가적으로는 공공의 이익이다. 군주가 사직의 이해를 헤아리지 않고 필부의 개인적 명예만을 받아들이고서 국가에 환란이 없길 바라는 것은 이루어질 수 없다.

인재를 발탁하여 나랏일을 맡기는 것은 국가 존망의 관건이다. 인재 임용에 정해진 방법이 없다면 어떤 사람을 임용한다 해도 실패한다. 군주가 신하로 임용하고자 하는 사람은 지혜가 뛰어난 자가 아니라 품행이 깨끗한 자이다. 임용된 자들은 권력을 얻게 된다. 그런데 지혜로운 사람이 반드시 믿음이 있는 것은 아니며, 지혜가 뛰어나면 그 믿음에 의혹을 갖기 마련이다. 지혜로운 자는 권력을 갖게 되면 계략을 부려 자신의 급한 일만 처리하고 군주를 속인다.

이렇듯 지혜로운 자는 믿을 수 없기 때문에 품행이 깨끗한 자를 임용한다. 임용된 사람들은 나랏일을 결정하게 된다. 그런데 품행이 깨끗하다 해서 반드시 지혜로운 것이 아니며, 자신이 깨끗하면 지혜에 대해 주의를 기울이지 않는다. 어리석은 사람이 나랏일을 관장하게 되면 자기 마음대로 나랏일을 처리하여 나라가 어지러워진다. 이처럼 인재를 임용함에 방법을 몰라 지혜로운 자를 임용하여 자신이 속임을 당하고, 품행이 깨끗한 자를 임용하여 나라가 어지러워지니 이것은 방법을 모르기 때문에 생긴 환란이다. 현명한 군주는 의논은 천시하고 치술을 귀하게 여기며, 아랫사람도 상관이 죄를 지으면 함께 처벌하고 여러 사람의 의견을 종합하지 한 사람의 의견만을 듣지 않는다. 그러면 지혜로운 사람이라도 군주를 속일 수 없다. 지혜로운 사람이 군주를 속일 수 없고, 어리석은 사람이 나랏일을 결정하지 않으니 국정에 실책이 없게 된다.

5

국민과 국가가
소신(所信)의 뿌리

|

유향의 '육정육사(六正六邪)'

고려 초기의 문신이었던 김심언은 성종 9년인 990년에 임금에게 상소문 하나를 올렸다. 이를 본 성종은 깊이 느끼는 바가 있어 김심언을 크게 칭찬하는 한편, 정부 차원에서 '육정육사'를 기준으로 삼아 관료들에게 널리 알리고 이를 새기도록 했다.

상소문은 좋은 인재를 기용할 것과 서경의 중요성을 강조하며 특별 지방관을 파견하자는 두 가지 내용이었다. 그중 인재 기용의 문제와 관련하여 김심언은 중국 서한 시대의 학자인 유향(劉向, 기원전 77년~기원전 6년)의 대표적인 저술인 《설원(說苑)》의 한 대목, 그중에서도 '육정육사' 부분을 인용했다.

유향의 《설원》에 보면 춘추시대 제나라의 환공(桓公)이 자신을 죽이려 했던 관중(管仲)을 재상으로 기용하면서 나눈 대화가 있다. 당시 환공은 관중에게 자신이 천하의 패주가 될 수 있겠냐고 물었고 관중은 문제없다고 답했다. 이에 환공이 그 방법을 묻자 유향은 다음과 같이 답했다.

"인재를 모르면 패업에 방해가 됩니다. 알고도 기용하지 않으면 패업에 방해가 됩니다. 기용하고 맡기지 않으면 패업에 방해가 됩니다. 맡기고 믿지 않으면 패업에 방해가 됩니다. 믿고도 다시 소인을 불러들이면 패업에 방해가 됩니다."

이상이 관중이 제시한 리더십 5단계론이다. 즉, 지인(知人, 인재를 알아보고) → 용인(用人, 인재를 기용하여) → 위임(委任, 맡기고) → 신뢰(信賴, 믿되) → 원소인(遠小人, 소인배를 멀리하라)이 그것이다. 이 5단계는 인재를 제대로 기용하는 원칙이기도 하지만 그 자체로 리더의 리더십을 완성하는 원칙이자 단계이기도 하다. 각계각층의 리더들이 깊이 새길 가치가 있는 논리가 아닐 수 없다.

유향은 서한 시대의 경전학자, 목록학자, 문학가로서 《신서(新序)》

유향은 교훈이 될 만한 역사 속의 일화들을 쉽고도 깊이 있게 소개한 《설원》과 《열녀전(列女傳)》을 비롯하여 《전국책(戰國策)》,《신서(新序)》 등 중요한 저작물을 많이 남겼다.

와 《설원》 등의 저서를 남긴 인물이다. 《설원》은 춘추전국에서 한대에 이르기까지 없어진 일이나 전하지 않는 사건을 모은 것으로, 국가 흥망의 이치에 관한 철학적인 격언들이 많다. 문체는 소설체에 가까워 훗날 소설과 민간설화 및 민간고사에 영향을 주기도 했다. 〈군도(君道)〉로부터 〈반질(反質)〉에 이르기까지 모두 20권으로 이루어져 있다.

《설원》 속의 다양한 일화는 훗날 소설에도 적지 않은 영향을 주었다는 평이다. 사진은 《설원》의 첫 권인 〈군도〉 편이다.

《설원》의 첫 권인 〈군도(君道)〉는 군주와 신하의 도리를 밝히고 있는 글로써, 좋은 신하와 나쁜 신하를 구별하는 좋은 기준을 제시하고 있다. 좋은 신하(관료)란 임금에게도 이로워야 하지만, 그보다는 반드시 국가에 이로워야 한다는 점을 강조하고 있다. 그리고 그것이 곧 개인이 존중받고 집안이 보존될 수 있는 필수조건임을 함께 지적한다. 이는 국민(국가)의 이익이 그 어떤 정치적 선택이나 소신보다도 앞서야 한다는 것으로, 오늘날 정부 관료는 물론 정치계와 정치인들이 귀담아들어야 할 대목이 아닐 수 없다. 국민과 국가가 곧 '소신(所信)'의 뿌리이다.

여기에 소개한 글은 《설원》의 제2권 〈신술(臣術)〉의 일부로, 신하의 종류를 '여섯 종류의 바른 신하'와 '여섯 종류의 나쁜 신하'

라는 의미의 '육정육사'로 구분하고, 그 각각의 특성에 대해 설명하고 있다. 유향은 '살아서는 임금의 사랑을 받고 죽어서도 임금이 그리워하는' 신하가 되는 일이야말로 올바른 신하가 추구해야 할 길이자 현명하고 유능한 신하의 표본으로 보고 있다. 지금 우리 사회에는 이 열두 유형 중 어떤 유형의 정치가와 공직자가 많을까? 특히 어떤 자가 육사의 유형에 속할까? 잘 살펴 비교해보면 놀랍고 심각한 유사성을 발견할 수 있을 것이다.

_육정을 따르고,
 육사를 통렬히 비판하다

신하 된 도리는 임금의 명령에 복종하고, 임금이 맡긴 일에 대해 다 처리한 다음 보고하는 것으로 모든 일을 감히 멋대로 처리해서는 안 되며, 한 개인에게만 멋대로 충성해서도 안 되고, 멋대로 자기의 지위를 높이려 해서도 안 된다. 반드시 국가에 이익이 되도록 해야 하며, 임금에게 도움이 되어야 한다. 그래야 그 신분은 존중을 받을 수 있고, 자손도 자리를 지킬 수 있다. 그렇기 때문에 신하에는 여섯 종류의 훌륭한 신하, 즉 '육정(六正)'과 여섯 종류의 나쁜 신하, 즉 '육사(六邪)'가 있다. 육정의 모범에 따라 일하면 영화를 얻을 수 있고, 육사를 본받으면 치욕을 당한다.

그러면 무엇을 육정과 육사라 하는가? 육정은 이렇다.

첫째, 일이 아직 드러나지 않고 잠복해 있는 상태에서도 존망의 조짐, 성공과 실패의 기미를 분명하게 살펴서 일이 발생하기 전에 미리 막아 임금이 초연하게 두드러진 지위에 서 있을 수 있도록 해서 천하 사람들이 모두 충성을 다하는 대신이라고 칭찬하는, 이런 신하를 성신(聖臣)이라 한다.

둘째, 사심 없이 성의를 다해 옳은 도로써 임금으로 하여금 시의적절하게 일하도록 격려하고, 임금에게 가장 좋은 책략을 올리며, 임금의 장점을 살리고 결점은 보완하여 공적을 임금에게로 돌리고, 자신의 공로는 숨기는, 이런 신하를 양신(良臣)이라 한다.

셋째, 부지런하여 일찍 일어나고 늦게 자며, 현명하고 유능한 사람들을 추천하고, 늘 지난날의 좋은 이야기와 착한 일을 들어 임금을 격려하여 국가와 사회를 안정시키는, 이런 신하를 충신(忠臣)이라 한다.

넷째, 아주 작은 일이라도 신중히 살펴서 미리 성공과 실패를 내다보아 실패를 막으며, 물러나서는 세 번 생각하여 그 틈을 메꾸고, 혼란의 근원을 없애 전화위복으로 만듦으로써 임금이 걱정하지 않도록 하는, 이런 신하를 식견 있는 지신(智臣)이라 한다.

다섯째, 제도와 규칙을 지키며, 공직을 담당함에 있어서는 일체의 상을 사양하고, 선물 받기를 거절하며, 의복이 단정하고 음식은 매우 검소한, 이런 신하를 정신(貞臣)이라 한다.

여섯째, 나라가 어지러워 임금이 제대로 다스리지 못할 때, 임금의 뜻을 거스르더라도 그 잘못을 지적하며 희생을 두려워하지 않는, 이런 신하를 직신(直臣)이라 한다.

　이상이 육정이다. 그러면 육사란 무엇인가?

　첫째, 자리만 구하고, 봉급만 기다리며, 사사로운 이익만을 꾀하여 공적인 일은 개의치 않고, 지혜 있는 자와 능력 있는 자는 등용하지 않으려 하며, 임금이 신하의 좋은 견해를 바라는데도 자기 직책을 다하려 하지 않고, 구차하게 영화만을 이리저리 쫓아다니며, 주관 없이 좌우만 관망하면서 자리만 채우는, 이런 신하를 구신(具臣)이라 한다.

　둘째, 임금의 말이라면 모두 좋다 하고, 임금의 행동이라면 모두 옳다 하며, 임금이 무엇을 좋아하는지를 몰래 알아내어 갖다 바친다. 임금의 눈과 귀를 한순간의 쾌락에 빠지게 하고, 임금의 뜻에 영합하여 결과는 아랑곳하지 않으며, 주인과 함께 쾌락을 누린다. 이런 신하를 유신(諛臣)이라 한다.

　셋째, 속마음은 음흉하면서도 겉으로는 부지런하고 조심스러운 척 좋은 말만 하고 좋은 표정만 지어 임금의 임용 기준을 잃게 만들며, 상벌의 시행이 옳지 못하고 명령도 실행되지 않게 하는 이런 신하를 간신(姦臣)이라 한다.

　넷째, 꾀는 죄를 감추고도 남으며, 말재주는 사람을 감동시키고도 남아 말을 나오는 대로 이리저리 뒤바꾸니 안으로는 골육의 정을 이간시키고, 밖으로는 조정을 어지럽히는, 이런 신하를 참신(讒臣)이라 한다.

다섯째, 오로지 권세만 믿고 나라의 큰일을 이용하여 자기 집안의 권세를 높이며, 당파를 지어 집안을 부유하게 만들고, 임금의 명령을 빌어 자기를 빛내며 위세를 더 높이려는, 이런 신하를 적신(賊臣)이라 한다.

　여섯째, 사악한 도로써 임금에게 아첨하여 임금을 의롭지 못하게 이끌고, 임금의 눈과 귀를 가린다. 임금 앞에서는 듣기 좋은 소리만 하고, 임금이 없으면 말이 달라진다. 흑백을 가릴 줄 모르고, 시비가 분명치 못하다. 기회를 틈타 이 모든 것을 모조리 임금에게 씌워 다른 나라와 백성들로 하여금 임금의 죄악을 낱낱이 알게 하는, 이런 신하를 망국신(亡國臣)이라 한다.

　현명하고 유능한 신하는 육정의 원칙에 따라 일하며, 육사를 통렬히 비판한다. 따라서 임금의 지위는 튼튼해지고, 천하는 제대로 다스려진다. 살아서는 임금의 사랑을 받고 죽어서도 임금이 그리워하는, 바로 이것이 신하 되는 길이다.

제2부

리더의 자질
간신과 소인을 가려내는 방법

1

아첨꾼은
남을 헐뜯을 때도
그 사람을 치켜세우며

|

간사한 자의 특성을 종합적으로 분석하다

왕충(王充, 기원전 27년~약 79년)은 동한 시대의 사상가, 문학이론가이다. 가난한 집안에서 태어나 열심히 학문에 힘을 쏟아 백가 사상에 통달하기에 이르렀다. 그 뒤 귀향하여 학생을 가르치며 30여 년에 걸쳐 《논형(論衡)》 30권 85편(현존 84편)을 저술했다. 《논형》은 소박한 유물주의를 반영하고 있는, 당시로서는 대단히 공격적인 저서였다는 평가를 받고 있다. 이로 인해 그는 중국 최초의 유물론자로 인정받는다. 그는 선험론을 반대하면서 인간이 지식을 얻기 위해서는 인간의 감각 기관과 외재하는 객관적 사물이 서로 접촉해야 한다고 주장했다.

여기에 소개하는 〈답녕편(答佞篇)〉은 문답형식으로, 당시 관료 사회에서 자신의 이익을 위해 남을 해치는 모함꾼과 아부를 일삼는 아첨꾼, 즉 '영인(佞人)'에 관해 전문적으로 분석한 글이다. 훗날 간신(奸臣)이란 단어로 대변되는 아첨꾼이나 모함꾼에 대한 글로는 왕충보다 100여 년 전의 《사기》 〈영행열전〉이 처음이다. 〈영행열전〉의 서두와 말미에서 사마천은 이렇게 말했다.

"속담에 이르기를 '농사일에 힘쓰는 것이 절로 풍년을 만나는 것만 같지 못하며, 섬기기를 잘하는 것이 임금과 신하가 서로 뜻이 맞는 것만 같지 못하다'라고 하였는데, 실로 헛소리가 아니다. 여자만이 색(色)을 가지고 아첨하는 것이 아니라 선비나 관리에게도 이런 것이 있다."

"태사공(太史公)은 말한다. 심하도다, 사랑하고 미워하는 감정이 때에 따라 변함이여! 미자하(彌子瑕)의 행동8은 후인의 영행(佞幸)을 관찰하기에 족한 것이어서, 비록 백세 뒤의 일이라도 알 수 있는 것이다."

사마천은 지식인이나 관리들 중에 임금의 감정과 심기를 잘 헤아려 그 비위를 맞추는 아첨으로 일신의 영달을 꾀한 자들이 있다

---

8. 미자하는 춘추시대 위(衛)나라 사람으로, 아첨과 잘생긴 얼굴로 영공(靈公)의 귀여움을 독차지했다. 그러나 세월이 지나 미모가 시들자 영공의 총애도 식어 벌을 받았다. 사마천은 미자하의 변함없는 언행과 인간(영공)의 변덕스러운 애증을 연결시켜, 진실한 언행이 아닌 교묘한 말과 아첨의 한계점을 적절하게 지적하고 있다. 미자하와 영공의 관계에 대해서는 《한비자》 〈세난〉 편을 참고할 수 있다.

면서 몇 사람을 예로 들고 있다. 〈영행열전〉은 훗날 역사서에 거의 빠지지 않고 수록된 〈간신열전〉의 선구였다. 그럼에도 불구하고 이런 자들의 특성과 언행 및 심리를 자세히 그리고 심층적으로 분석하지 못한 한계가 뚜렷했다. 왕충은 이런 한계를 돌파하여 자신이 '영인'이라고 지칭한, 즉 간신 같은 존재들의 언행과 의도 및 그 심리상태까지 치밀하게 분석하는 한편, 이런 자들의 의도를 간파하고 막는 방법까지 제시했다. 나아가 그의 분석과 논리는 간신과 같은 존재들뿐만 아니라 보통 인간의 내면에 잠재해 있는 이런 '간성(奸性)'을 파악하는데도 적지 않은 계시를 주고 있다.

왕충은 간신과 같은 존재인 영인을 아첨꾼과 모함꾼으로 크게 나누었다. 그런 다음 이 둘의 공통점과 차이를 분석해내면서 이런 자들 사이에도 크고 작은 구별이 있다고 했다. 즉, 나라를 어지럽히는 거물급 모함꾼과 아첨꾼이 있는가 하면 보잘것없어 보이는

왕충은 중국 역사상 최초의 본격적인 유물론자로 평가받는다. 그러나 왕충은 당대에 인정받지 못하고 불우한 생애를 보냈을 뿐만 아니라 사후에도 오랫동안 이단시되었다. 무엇보다 공자와 맹자를 맹렬하게 비판했기 때문이다.

잔챙이들도 있다는 것이다. 그리고 이들의 언행에서 오는 차이 때문에 자잘한 모함꾼과 아첨꾼들을 가려내기 힘들다는 점도 빼놓지 않고 지적한다. 아첨꾼과 모함꾼의 차이를 분석한 부분은 대단히 치밀하고 통찰력이 넘친다. 이런 지적에 유의하여 글을 읽다 보면 오늘날 우리 주위에 이런 자들이 넘쳐난다는 놀랍고도 흥미로운 사실도 확인할 수 있을 것이다.

왕충은 '영인'들의 특성을 1)권력과 지위를 훔치기 위해 남을 속이고 군주와 상급자들의 비위를 맞추는데 온 힘을 다 하며, 2)다른 사람을 해치기 위해 겉으로는 남을 치켜세우고 잘 대해주면서 뒤로는 위기로 몰아 넣으며, 3)위장에 능수능란하여 '남이 알지도, 의심하지도 못하게' 한다는 점 등을 지적하고 있다. 또 어리석은 군주(리더)일수록 이런 자들을 제대로 가리지 못하며, 특히 현명한 인재를 알아보지 못하면 이런 자들을 당연히 못 가려낸다는 점도 잊지 않고 있다.

그러나 왕충은 '영인'들은 동기가 불량하여 오로지 '자기 몸과 사리사욕'만을 꾀하기 때문에 아무리 교묘하고 음흉해도 그들의 정체를 간파할 수 있다고 주장하면서, 그들의 말로는 결코 좋을 수 없다는 경고를 잊지 않고 있다. 물론 이런 자들이 득세하여 나라를 어지럽히기 전에 미리 예방하고 통제하는 것이 가장 중요하다. 아무쪼록 문장 전체를 꼼꼼히 읽기를 권한다. 관련하여 문장 중에 나오는 간신을 가려내는 방법을 강조할 겸 미리 인용해둔다. 이 대목은 머리말에서도 밝혔듯이 이 책 전체를 관통하는 필자의 핵심 논지와도 일맥상통한다. 〈답녕편〉은 읽는 이의 폐부를 파고 드는 주옥같은 명언들이 속출하고 있는 명문 중의 명문이다. 강조할 부분은 글자 색을 다르게 표시했다.

"지난날 했던 말에 근거하여 앞으로의 행동을 가늠하고, 장차 하는 말을 듣고 지난날의 행동을 반성하며, 겉으로 드러나는 현상을 보고 감추어진 행동을 시험하고, 그 내면을 살펴 외면을 가늠한다."

_이익과 의리는 서로 모순되며,
정(正)과 사(邪)는 서로 반대된다 9

어떤 사람이 다음과 같이 물었다.

"현명한 사람은 선왕의 도를 실천하여 높은 관직과 후한 녹봉을 얻을 수 있을 텐데 하필 교묘한 아첨으로 부귀를 얻으려는 것은 무엇 때문인가?"

---

9. 《논형(論衡)》〈답녕편(答佞篇)〉의 전문이다. 이 글이 갖는 의미가 크기 때문에 전문을 소개하는 한편 필요하면 주석까지 달아 이해를 도왔다. 역주는 《논형주석(論衡注釋)》(中華書局, 1979)을 참고했다.

"교묘한 아첨꾼이 도를 실천하여 부귀를 얻을 수도 있지만, 굳이 아첨으로 관직과 녹봉을 얻으려는 자의 욕심을 금지할 수는 없다. 힘써 농사를 지으면 곡식을 얻을 수 있고, 교역에 힘쓰면 재물을 얻을 수 있다. 그러나 훔치고자 하는 사사로운 마음은 금지할 수 없다. 예의(禮義)에 맞게 관직에 나아가고 물러가는 것은 누구나 존중한다. 그러나 예의를 어기는 자는 많고 의리를 존중하는 자는 드물다. 사심과 탐욕으로 정신과 의지가 혼란에 빠지기 때문이다. 아첨꾼과 현명한 사람이 같은 재능을 가졌다 해도 아첨꾼은 탐욕 때문에 스스로 망한다. 도둑이 농부나 상인과 같은 재주를 가졌다 해도 도둑은 사욕 때문에 스스로 법망에 걸려들고 만다."

"아첨꾼과 현명한 사람의 재능이 같다면 그 행동도 같아야 할 텐데, 어째서 유독 아첨꾼만 탐욕 때문에 망한다고 하는가?"

"부귀는 누구나가 바란다. 비록 군자라 해도 바라는 감정은 있다. 군자는 인내와 예의로 사욕을 예방하고 욕심을 억제하기 때문에 도를 지킬 수 있는 것이다. 도를 지키면 화를 당하지 않는다. 소인은 닥치는 대로 탐욕을 부리고 예의를 어기기 때문에 정당하지 못한 수단으로 아첨하는 것이다. 정당하지 못한, 구차한 아첨은 죄다. 현명한 사람은 군자이며, 아첨꾼은 소인이다. 군자와 소인은 그 마음 씀씀이와 행동이 다르며 행동 준칙이 다르다."

"아첨꾼과 나쁜 말로 사람을 해치는 모함꾼은 같은 부류인가?"

"모함꾼과 아첨꾼은 모두가 소인으로 같은 부류이지만 재주가 다른 자들이다. 그들은 모두 시기와 질투의 본성을 갖고 있으나 수단과 동기는 같지 않다. 모함꾼은 입으로 사람을 해치며, 아첨꾼은 사건으로 사람을 위협한다. 모함꾼은 자신의 의견을 감추지 않지만, 아첨꾼은 동기를 숨긴다. 모함꾼은 속이지 않지만, 아첨꾼은 음모를 꾸민다. 따라서 군주가 모함꾼을 멀리하고 어진 이를 가까이할 수는 있지만, 현명한 사람과 아첨꾼은 구별하지 못한다."

이때 누군가가 추궁하듯 묻는다.

"그렇다면 군주가 아첨꾼은 끝내 알아낼 수 없다는 말인가?"

"본래는 아첨꾼을 식별할 수 있으나 군주가 왕왕 식별하지 못할 때가 있다는 말이다. 어리석고 무능한 군주는 현명한 사람을 알아보지 못한다. 현명한 사람을 알아보지 못하면 아첨꾼도 못 알아본다. 오직 성현만이 아홉 가지 도덕 기준으로 그 행동을 시험하고, 일을 시켜 그 결과로 말을 살핀다. 행동이 아홉 가지 도덕 기준에 맞지 않고, 말이 결과와 일치하지 않으면 그 사람은 아첨꾼이다. 아첨꾼을 앎으로써 현명한 사람을 알고 현명한 사람을 앎으로써 아첨꾼을 아는 것이다. 아첨꾼을 알면 현명한 사람은 저절로 발견되고, 현명한 사람을 알면 아첨꾼은 저절로 찾아진다. 현명한 사람과 아첨꾼의 행동은 다르지만, 똑같은 도덕 기준으로 시험하며 마음 씀씀이는 다르지만, 결과로 관찰하는 것이다."

"9덕의 법이 만들어진 지는 오래되었다. 배운 사람 치고 됫박으로 양의 많고 적음을 재고, 저울로 물건의 무겁고 가벼움을 다는 것처럼 자신의 견해를 밝히지 않는 사람이 없다. 그런데 영토를 가지고 임금 자리에 앉아 있는 사람 밑에는 어째서 툭하면 사악하고 아첨하는 자들이 생기며, 어째서 어리석게 그들에게 속는 화가 발생한단 말인가?"

"됫박 자체가 정확하지 못한 것이 문제가 아니라 재어볼 만한 것이 못 되는 곡물을 재려는 것이 문제이다. 저울 없는 것이 문제가 아니라 달 만한 것이 못 되는 것을 달려는 것이 문제이다. 군주 자리에 있는 자는 모두 9덕으로 그 사람의 행동을 시험하고, 일의 결과로 그 사람의 감정을 헤아릴 수 있다. 그런데도 혹해서 그것을 못 보는 것은 제대로 살필 수 있는 능력이 없기 때문이다. 제대로 살필 줄 모르는 사람은 있어도, 검증하고 시험할 수 없는 행위는 없다. 제대로 살필 줄 모르는 사람은 있어도, 식별할 수 없는 동기는 없다."

"행동이 9덕에 부합하지 않고 일을 처리하는 능력을 검증할 수 없는 자라면, 다름 아닌 아첨꾼이다. 어리석어 남다른 지혜도 없고 현명하지도 못하며, 현명한 사람이라면 당연히 세울 공적도 없고, 현명한 사람이라면 당연히 갖추고 있는 행동도 갖추고 있지 못하다면, 아첨꾼이라 할 수 있는가?"

"재능·행동, 그리고 공적이 미치지 못하고 따르지 못할 수 있다. 혹 지혜가 따르지 못할 수도 있고, 재능에는 수십 수백 배 차이가 날 수도 있다. 그러나 행동의 준칙은 당연히 같아야 한다. 현명한 사람과 아첨꾼의 행동은 확실히 다르다. 좋은 것은 '좋은 것'이며, 나쁜 것은 '나쁜 것'이다. 한 사람의 실제(덕행)와 명성이 아주 좋아도, 일 처리의 결과는 성공할 수도 실패할 수도 있다. 시비에 대한 견해는 매우 합당할지 모르나, 일 처리의 효과는 좋을 수도 나쁠 수도 있다. 말은 도에 부합하는데 행동은 그와 어긋나고, 명성은 높은 데 실제 행동(덕과 품성)은 형편없는 자, 그런 자가 바로 아첨꾼이다."

"행동이 9덕에 부합하면 현명한 사람이고, 그렇지 않으면 아첨꾼이라고 한다면, 세상의 일반적인 몸가짐을 가진 사람을 모두 아첨꾼이라 할 수 있는가?"

"몸가짐이 나쁜 자는 모두 악인이다. 악인 중에서도 반역자를 무도 하다고 한다. 악인 중에서도 위선자를 아첨꾼이라 한다. 성왕(聖王)이 형벌과 법령을 제도로 정비했다면 아첨꾼은 악인 속에 들어갈 것이다. 성왕이 상으로 장려하면 현명한 사람은 선인에 들어갈 것이다. 현명하고도 깨끗한 사람은 선인 중에서도 으뜸이며, 현명한 사람 중에서도 성스러운 존재다. 악인 중에서도 큰 아첨꾼은 악인의 우두머리다. 그래서 '현명한 사람은 선으로 살피고, 아첨꾼은 악으로 관찰한다'고 했다. 선악의 시비가 가려지면 현명한 사람과 아첨꾼은 절로 드러난다."

"아무리 총명해도 보지 못할 때가 있고 듣지 못할 때가 있으며, 일을 하다 보면 잘못을 저지를 때가 있다. 그런데 지금 옳으면 현명한 사람이고 그르면 아첨꾼이라 한다면, 현명한 사람과 그렇지 못한 자의 실체를 제대로 파악하지 못한 것 아닌가?"

"총명해도 보지 못하고 듣지 못할 때가 있고, 일을 하다 보면 잘못을 저지르는 것은 보통 사람들의 결점이다. 그래서 고의로 저지른 잘못은 그 죄가 작아도 엄벌에 처하고, 모르고 저지른 잘못은 그 죄가 크다 해도 용서하는 것이라 했다.[10] 성군은 범죄의 동기를 살펴 고의로 죄를 지은 자는 엄벌하고, 실수로 잘못을 저지른 사람은 너그럽게 용서한다. 그러므로 고의로 죄를 지은 자는

---

10. 이 구절은 《상서(尙書)》 〈대우모(大禹謨)〉에 보인다.

가중처벌하고, 무의식에 죄를 지은 자는 벌을 가볍게 해주는 것은 옥리(獄吏)라도 처리할 수 있으며, 현명한 사람은 한 번 보면 의심하지 않는다."

"말과 행동에 공적이 없으면 아첨꾼이라 할 수 있는가? 소진(蘇秦)이 6국을 설득해 6국이 연합해서 진나라에 대항하는 합종책(合縱策)을 약속하자 강력한 진나라가 감히 함곡관(函谷關) 동쪽을 넘보지 못했다. 이에 맞서 장의가 연횡책(連橫策)을 내세우자 6국이 감히 함곡관 서쪽을 공격하지 못했다. 6국이 합종을 약속하자 진이 두려워하고 6국은 강해졌다. 3진[11]이 연횡책을 내세우자 진이 강해지고 천하는 약해졌다. 공적이 뚜렷하면 역사책에 기록되거늘 설사 현명한 사람이라 해도 어찌 그들을 뛰어넘을 수 있겠는가? 태사공 사마천은 현인들에 대한 많은 기록을 남겼는바, 소진과 장의에 대한 것도 있지만 그들을 비난하는 말은 없고, 공적이 명실상부한 것이 현인과 다를 바 없는 것처럼 되어 있다."

"한 개인이 세운 공적의 크기에 근거해서 그가 덕이 있고 현명한가 여부를 판단할 수 없다. 이는 마치 한 개인의 명성으로 그의 실제 품성을 단정할 수 없는 것과 같다. 소진과 장의는 곤경

---

11. 전국시대 진(秦)의 통치 지구를 가리키는 말이다. 진이 망한 뒤 항우가 이 지구를 진나라 출신으로 항복한 세 명의 명장, 즉 사마흔(司馬欣)·장한(章邯)·동예(董翳)에게 각각 나누어 주었기 때문에 '3진'이라 한다.

에 빠진 사람이 곤경에서 빠져나갈 수 있도록 도와준 사람들이었다. 혼란한 세상에서 군주의 심리를 헤아려 합종이니 연횡이니 하는 술수를 부린 자들이다. 그때 상황에서는 후직(后稷)이나 설(契)이라 해도 비교될 수 없고, 우(禹)나 고요(皐陶)라 해도 공적을 비교할 수 없다. 음양이 조화를 이루고, 비바람이 적시에 내리고 불며, 오곡이 풍성하게 무르익고, 도적이 근절되며, 사람들은 겸손과 양보를 일삼을 수 있는 것은 집집마다 도덕의 이러한 공적을 숭배하기 때문이다.

명록(命祿)12이 귀하고 아름다우며, 나라를 다스리는 방략이 통하는 것은 도덕에 의해 이루어지는 것이 아니다. 태사공이 공적을 기록한 것은 후대에 더욱 떠받들도록 하기 위해서이다. 지난날의 성취를 기록할 때는 그 공적이 두드러지게 보이도록 하기 마련이며, 탁월한 인물을 널리 수록하기 마련이다. 소진과 장의의 사적도 그 때문에 열거된 것이다. 이로써 본다면 아첨꾼은 권모술수와 유세로 공적을 세우려는 자라고 말할 수 있다. 그러고도 공적이 없으면 아첨꾼이라 할 수 없다."

이때 누군가가 추궁하듯 말했다.

"악한 자들 중에 공적을 세운 자를 아첨꾼이라 한다. 공적을

---

12. 한 개인의 빈부와 귀천을 결정하는 신비한 역량으로, 왕충이 제기하는 사상이다.

세울 수 있는 자는 재능과 지식이 높다. 먼 곳까지 생각하는 자는 의리와 어짊에 의존하여 대현(大賢)을 혼란스럽게 한다. 그렇기 때문에 '각녕(覺佞)'13 편에서 '군주가 변론을 좋아하면 아첨꾼의 말이 날카로워진다. 군주가 치장을 좋아하면 아첨꾼의 말이 화려해진다'고 하지 않았나. 마음과 뜻이 우연히 군주의 뜻에 맞아 군주가 그를 좋아하다 보니 그의 잘못을 보지 못할 수 있는데, 어떻게 그 위선을 알고 간사스러운 행동을 알아챈단 말인가?"

"그것은 무능력하고 어리석은 군주의 경우다. 재능은 떨어지고 지혜는 어둡다면 가려져 보이지 않는다. 현군이나 성군은 제대로 잘 살핀다. 이는 마치 도마 위에 놓인 마른고기를 보듯, 손바닥의 손금을 보듯, 바둑판 위의 바둑돌을 헤아리듯, 수레를 끄는 말을 이끌 듯 물고기와 자라가 연못 깊이 숨어 있다면 그것을 낚으려는 자는 연못의 근원을 안다. 짐승이 산속에 숨어 있다면 사냥꾼은 산의 맥을 본다. 아첨꾼이 다른 사람과 다른 행동을 하고 다니는데도 세상이 그것을 보지 못한다면 그것은 어리석은 군주이거나 재능이 모자라는 사람이기 때문이다."

이때 또 누군가가 반문한다.

---

13. 《논형》의 없어진 편명으로 생각된다.

"군주가 변론을 좋아하면 아첨꾼의 말이 날카로워지고, 군주가 치장을 좋아하면 아첨꾼의 말이 화려해진다. 아첨꾼의 말과 행동이 군주의 마음과 서로 맞아떨어지는지 무슨 방법으로 알아챈단 말인가?"

"〈문왕관인법(文王官人法)〉14에 보면 '지난날 했던 말에 근거하여 앞으로의 행동을 가늠하고, 장차 하는 말을 듣고 지난날의 행동을 반성하며, 겉으로 드러나는 현상을 보고 감추어진 행동을 시험하고, 그 내면을 살펴 외면을 가늠한다'라고 했다. 그렇기 때문에 위선으로 고상함을 가장하는 자를 알 수 있고, 가식으로 진실을 꾸미는 자를 가릴 수 있으며, 진실하고 소박하며 선한 자를 얻을 수 있고, 충성과 절개를 지키는 자를 볼 수 있다. 인간 본래의 성격은 가릴 수 있는 것이 아닌데 군주가 굳이 가리려 하기 때문에 아첨꾼이 군주의 비위를 맞추는 것을 배우는 것이다.

인간 본래의 재능은 꾸밀 수 있는 것이 아닌데 군주가 굳이 꾸미려 들기 때문에 아첨꾼이 군주의 비위를 맞추려 욕심을 내는 것이다. 군주가 사치스러우면 자신을 화려하게 꾸미고, 군주가 검소하면 자신을 꾸미지 못한다. 오늘날의 절조는 옛날과 다르며, 조정에서의 행동과 집 안에서의 행위는 구별된다. 마을에서의 행적을 살피면 조정에서의 행동을 밝힐 수 있고, 부모를 모시는 행동을

---

14. 《대대례기(大戴禮記)》의 〈문왕관인(文王官人)〉 편을 말한다.

살피면 임금을 모시는 절조를 잘 알 수 있다. 안과 밖, 이름과 실질이 서로 일치하지 않는 것은 결국 드러나기 마련이고, 간사한 행동도 발각되기 마련이다."

"사람의 행동이란 영원불변일 수 없다. 형세의 변화를 참작하여 적당한 조치를 취하는 것이다. 성실한 사람도 때로 사람을 속일 수 있고, 정직한 사람도 때로는 정직하지 못할 수 있다. 한 사람이 적절한 계책을 실행하기 위해서는 전후 행동이 다를 수 있다. 상황에 적응하기 위해서는 사람에 따라 다른 말을 할 수 있다. 유학과 관련된 책의 기록에는 권변(權變)이 한 종류만 있는 것이 아닌데, 지금 오직 한 사람의 평소 일관된 언행만으로 그를 살피는 것은 실제와 어긋나는 것이 아닌가?"

"현명한 사람이나 아첨꾼 모두에게 적절한 계책이 있을 수 있다. 그러나 현명한 사람의 계책은 좋은 결과를 낳지만, 아첨꾼의 계책은 도리에 어긋나 나쁜 결과를 낳는다. 따라서 현명한 사람의 계책은 일과 나라를 위한 것이며, 아첨꾼의 계책은 자신과 자기 집안을 위한 것이다. 그 계책의 결과를 보면 현명한 사람이냐 아첨꾼이냐를 논할 수 있고, 그 동기를 살피면 정사(正邪)를 말할 수 있다."

"아첨꾼은 남을 헐뜯기 좋아한다는데 사실인가?"

"아첨꾼은 남을 헐뜯지 않는다. 헐뜯는 사람이 있다면 그것은 모함꾼이다. 어째서 그런가? 아첨꾼은 이익을 구하기 때문에 남을 헐뜯지 않는다. 자신에게 이득이 되는데 왜 헐뜯겠는가? 또 자신에게 이득이 되지 않는데 남을 헐뜯는 것은 무익하다. 꾀와 술수로 이익을 추구하며 득을 취한다. 그와 함께 다른 사람이 벼슬하는 것을 질투하여 다른 사람을 위협하고 해친다. 그러나 남을 위협할 때도 헐뜯지 않고, 남을 해칠 때도 박대하지 않는다. 치켜세우며 위협하기 때문에 남은 모른다. 후하게 대하면서 해치기 때문에 남이 의심하지 않는다.

따라서 아첨꾼이 사람을 위협해서 위기에 빠뜨려도 원망하지 않으며, 사람을 해쳐 낭패에 빠뜨려도 원수로 삼지 않는다. 이는 아첨꾼이 자신의 속뜻을 잘, 그리고 아주 교묘하게 숨기기 때문이다. 남을 헐뜯으면 그 사람도 헐뜯기 때문에 여러 사람이 그를 멀리하고 선비들은 따르지 않게 된다. 그렇게 해서야 어떻게 사회에서 기반을 닦고 군주로부터 이득을 얻을 수 있겠는가?"

"그럼 아첨꾼은 일반 사람들 앞에서 남을 헐뜯는 것이 아니라 지방관15 앞에서 헐뜯는가?"

"아첨꾼은 다른 사람을 이용해 지방관을 속이지 지방관 앞에

---

15. 여기서 말하는 지방관이란 군(郡)의 장관을 말한다.

서 남을 헐뜯지 않는다."

"그렇다면 아첨꾼은 어떻게 하는가?"

"아첨꾼은 남을 헐뜯을 때도 그 사람을 치켜세우며, 남을 위협할 때도 겉으로는 그를 안심시킨다. 어떻게 헐뜯고 위협하는가? 가령 갑의 행동이 고상하고 지혜로워 명성이 자자해 지방관이 불러들여 자신을 능가할 염려가 있다면, 아첨꾼은 고의로 갑이 배척당하게 하면서도 그에 대한 나쁜 말은 하지 않는다. 반대로 늘 겉으로는 그를 크게 칭찬한다. 그리하여 그를 추천하는 자가 많아져서 지방관이 그를 기용하고자 아첨꾼에게 어떠냐고 의견을 묻는다. 그러면 아첨꾼은 틀림없이 이렇게 대답한다. '갑은 유능하기 때문에 불러 기용하는 것이 마땅하다. 왜 그런가? 갑은 현(縣)에 머무르고 싶어 하지 않는다. 전에 하는 말을 들었는데 군(郡)으로 들어오고 싶어 했다. 군에 있으면 주(州)로 가기를 바랄 것이다. 뜻이 높은 사람의 행동은 보통 사람과는 달라, 먼 곳을 바라보는 마음을 갖고 있으며, 가까운 곳에는 마음이 없는 법이다.

재주를 낮추어 기용하면 불만을 품거나 병을 핑계로 나오려 하지 않을 것이다. 그를 낮은 직위에 기용하는 것은 현명한 사람을 손상하는 것이 된다. 그렇지 않으면 지방관의 위세와 명성에 손해를 입히는 꼴이 된다. 따라서 지방관의 명예를 떨어뜨리는 일은 부하로 삼기 좋다고 모조리 부하로 부리는 것이다. 지방관이 자신을 낮추어 그를 기용한다면 가능하겠지만, 스스로를 낮출 수 없다면 그를 기용하는 것은 이롭지 못하다.' 그런 사람을 기용하는 것은 양쪽 모두에 이익이 없으며, 그를 버리는 것은 양쪽 모두에 손해다. 지방관은 그의 뜻이 너무 높지 않을까 걱정하여 아첨꾼의 말을 믿고는 결국 그를 기용하지 않고 버리게 된다."

"아첨꾼은 자신의 남다른 재능과 대단한 지혜에만 의지해 일반 사람의 심리를 관찰하고 달래는가? 아니면 선생이 있어 법식을 배우는가?"

"아첨꾼은 자신의 재능으로 남을 속이지만, 군주에게 유세할 때는 일련의 권술로 군주를 움직여야 한다. 이는 마치 능력 있는 장수가 자신의 용맹으로 사람을 압도하고, 전투에 임해서는 병법으로 군대의 진격을 지휘해야 하는 것과 같다. 술수는 종횡16이며, 선생은 귀곡자(鬼谷子)17이다.

이런 기록이 있다. 소진과 장의가 귀곡 선생에게 종횡술을 배웠는데, 귀곡 선생은 땅을 파 구덩이를 만든 다음 '들어가라. 들어가서 말로 나를 울게 만들 수 있다면 제후로 봉해질 실력을 갖춘 것이다'라고 했다. 소진은 구덩이 안으로 들어가 귀곡 선생으로

---

16. 소진·장의의 합종·연횡술을 대표로 하는 것으로 제자백가에서 '종횡가'를 말한다.
17. 전국시대의 은사(隱士)로 초나라 사람이라고 한다. 귀곡(鬼谷)에 은거했기 때문에 귀곡자로 불렸으며, 소진과 장의가 그에게서 종횡술을 배웠다고 한다.

하여금 옷자락이 젖도록 눈물을 흘리게 만들었다. 그러나 장의는 그렇게 하지 못했다.[18] 소진은 조나라 재상이 된 뒤 다시 6국의 재상을 겸하게 되었다. 신세가 처량해진 장의가 소진을 찾았다. 소진은 장의를 아래 자리에 앉히고, 밥도 노복들과 함께 먹게 했으며, 여러 차례 장의를 꾸짖어 장의를 성나게 하여 그로 하여금 진나라로 가 진나라를 돕도록 만들려고 했다. 분함과 원한을 품고 장의는 마침내 서쪽 진나라로 들어갔다. 소진은 몰래 사람을 시켜 장의에게 많은 예물을 주어 진나라로 가도록 했다. 한참 뒤에야 이 사실을 안 장의는 '그가 쳐놓은 그물에 빠졌구나. 나는 몰랐다. 이것이 바로 내가 소진을 따르지 못하는 점이리라'며 감탄했다.[19] 깊은 지혜로부터 술수가 나오고, 변화무상한 권모로부터 예리한 기묘가 나온다. 따라서 그 몸이 존경을 받고 부귀영화를 누리며 세상의 영웅·호걸이 되는 것이다. 깊이 있는 권모와 고명한 술수의 깊고 얕음은 병행할 수 없고, 그 명암을 동시에 알 수 없는 것이다."

"아첨꾼은 갖은 수단과 방법으로 높은 명성을 얻어 자신을 높인다고 하던데 그런가?"

"아첨꾼은 이익과 권력을 탐내지, 갖은 수단과 방법으로 좋은

---

18. 여기서 말하는 지방관이란 군(郡)의 장관을 말한다.
19. 이상은 《사기》〈장의열전〉에 나오는 이야기다.

명성을 얻어 자신을 높이려 하지는 않는다. 권력을 차지해 중요한 자리에 오르면 이름은 절로 높아진다. 아첨꾼의 이러한 행위는 소인들에게는 칭찬받지만, 군자는 가치 없는 것으로 여긴다. 어째서 그런가? 이익과 의리는 서로 모순되며, 정(正)과 사(邪)는 서로 반대된다. 의리는 군자를 움직이며, 이익은 소인을 움직인다. 아첨꾼은 커다란 이익과 눈에 띄는 명성을 탐내며, 군자는 자신을 낮추어 처신하지 못하면 자신을 제대로 지키기 어렵다.

　사회의 모든 아첨꾼은 모두 끝이 좋지 못해 자신의 몸도 제대로 지키지 못하는데, 무슨 수로 명성을 얻을 수 있단 말인가? 옛날 상고시대 사람들의 행적을 보면, 존귀한 자리를 버리고 자신의 품성을 수양한 사람도 있고, 물욕을 버리고 명성을 추구한 사람도 있었다. 역사 기록을 보면 백성자고(伯成子高)[20]는 나랏일을 버리고 농사를 지었으며, 어릉자(於陵子)[21]는 벼슬을 마다하고 채소밭에 물을 주며 살았다. 근래에 난능(蘭陵)[22]의 왕중자(王仲子)[23], 동군(東郡)[24]의 석려군양(昔廬君陽)[25]은 병을 핑계로 자리를 버리고

---

[20] 전설시대 요 임금 때의 제후로 알려진 인물이다. 《장자(莊子)》 〈천지(天地)〉 참고.

[21] 전국시대 제나라 사람인 진중자(陳仲子)를 말한다. 산동성 추평(鄒平) 동남쪽의 능에 숨어 지내고 있었는데 초나라 왕이 그를 재상으로 초빙했다. 진중자는 이를 거절하고 다른 곳으로 도망가 채소밭을 가꾸며 살았다고 한다. 《사기》 〈노중련추양열전〉 참고.

[22] 지금의 산동성 조장시(棗莊市) 동남쪽에 있었던 옛 현.

[23] 왕망(王莽) 때 병을 핑계로 벼슬에 나가지 않았던 왕량(王良)을 말한다. 《후한서》 〈왕량열전〉 참고.

[24] 지금의 산동성 서남, 하남성 동북 쪽에 있었던 군.

[25] 후한 광무제 때 간의대부(諫議大夫)를 지내다 병을 핑계로 사직한 뒤 다시는 나오지 않았던 인물로, 색로방(索盧放)이라고도 불렀다. 《후한서》 〈독행전(獨行傳)〉 참고.

다시는 군주의 부름에 응하지 않았다. 이들이야말로 훌륭한 명성을 지켰다고 할 수 있다.

도(道)로 관직에 나가도 안 되며, 도로 몸을 바쳐서도 안 된다. 의리로 자리를 사양해서도 안 되며, 의리로 명성을 세워서도 안 된다. 아첨꾼은 이익을 탐내기 때문에 후환은 생각하지도 않고 그저 자신의 부귀만을 추구하다가 목숨까지 잃는 화를 당한다. 그런데 훌륭한 명성이라니 무슨 소리인가? 의리와 도덕은 내팽개치고 절조와 행동은 욕을 보았는데, 자신을 높인다는 말은 또 무슨 소리란 말인가?"

"대녕(大侫)은 쉽게 알 수 있는가? 또 소녕(小侫)은 쉽게 알 수 있는가?"

"대녕은 쉽게 알 수 있지만 소녕은 알기 어렵다. 왜냐? 대녕은 재질이 뛰어나기 때문에 그 하는 짓이 쉽게 드러나지만, 소녕은 재능이 떨어지기 때문에 남겨 놓은 흔적을 살피기가 쉽지 않다. 그러면 어떻게 밝힐 수 있는가? 사례들을 살펴보아도 작은 도둑은 알아채기 어렵지만, 큰 도둑은 쉽게 알 수 있다. 성이나 읍을 공격하거나 습격하여 약탈하면 그 일이 일어나는 즉시 발각되어 사람들이 모두 도둑이라는 것을 알게 된다. 그러나 낮은 담에 구멍을 뚫고 고양이처럼 민첩하게, 쥐새끼처럼 몰래 물건을 훔치면 누구인지 어찌 알겠는가?"

이때 누군가가 반문한다.

"대녕의 간사한 짓은 그 정도가 깊어 사람을 혹하게 만들고 어지럽게 만든다. 그런데 대녕을 쉽게 알아챌 수 있다면 어째서 군주들은 쉽게 알아채지 못하는가? 《상서》에서도 '사람을 안다는 것은 현명한 일인데, 오직 임금에게만 그것이 어렵다'[26]라고 했다. 요·순과 같은 위대한 성군 시대에도 환(驩)·두(兜)와 같은 대녕이 있지 않았나? 위대한 성군도 대녕을 알기 어렵다면 대녕들은 성군조차 두려워하지 않을 것인데, 이들을 쉽게 식별할 수 있는 방법은 없나?"

"아래로부터 아첨꾼을 식별하는 것과 위로부터 아첨꾼을 식별하는 두 가지가 있다. 위로부터 아첨꾼을 식별하고자 하면 대녕은 알기 어렵고 소녕은 알기 쉽다. 아래로부터 아첨꾼을 식별하고자 하면 대녕은 알기 쉽고 소녕은 알기 어렵다. 어째서 그런가? 대녕은 재질이 뛰어나기 때문에 그 말이 화려하다. 화려함을 빌어 군주의 위세에 비위를 맞추기 때문에 군주는 속으로 결코 그를 나무라지 못하며, 군주의 지혜로움으로도 때때로 알아채지 못하는 것이다. 그러나 소녕은 재질이 보잘것없어서 대답에 허술함이 많고, 파탄을 일으키기 쉽다. 군주가 조금만 정신 차려도 그 동기를 쉽게 알 수 있다. 그렇기 때문에 대녕은 알기 어렵고 소녕은 알기

---

26. 《상서》 〈고요모〉 편 참고.

쉽다는 것이다.

지붕이 새는 쪽은 위쪽이지만, 그것을 아는 사람은 아래에 있다. 많이 새면 아래 있는 사람이 쉽게 볼 수 있지만, 적게 새면 잘못 본다. 어떤 사람이 '옹(雍)은 어질지만 말재주가 없습니다'라고 하자 공자는 '말재주가 무슨 소용이 있느냐? 달변으로 사람을 대하면 자주 남에게 미움을 산다'고 했다.[27] 잘못된 주장을 제기해 농민과 상인을 번거롭게 하고, 아랫사람에게 손해를 입혀 윗사람에게 이익이 되게 하며, 백성을 수고롭게 해서 군주를 기쁘게 한다. 윗사람에게 손해를 입혀 아랫사람에게 이익이 되게 하는 것은

《논형》은 가식과 위선으로 가득 찬 기존의 지식과 지식인 그리고 그들의 학문을 신랄하게 비판한 도발적인 저술이다. 사후 영혼의 존재를 부정하고, 인간의 육신이 죽으면 정신 활동도 사멸한다는 무신론을 내세워 당대는 물론 그 후로도 오랫동안 엄청난 비난을 샀다.

---

27. 《논어》〈공야장(公冶長)〉 편 참고. 옹은 공자의 제자인 염옹(冉雍)을 가리킨다. 옹은 자가 중궁(仲弓)이었다.

충신의 주장이며, 그 반대는 아첨꾼의 행동이다.

계씨(季氏)²⁸는 노나라 공실보다 부유했는데, 구(求)도 계씨를 위해 세금을 거두어들여 재물을 늘렸다. 그러자 공자는 '내 제자가 아니다. 너희는 큰북을 울려 성토해도 괜찮다'라고 했다.²⁹ 세금을 거두어들이면서 계씨는 그 잘못을 몰랐고, 백성들이 모두 반대하는 것도 몰랐다."

---

28. 계강자(季康子)를 말한다. 춘추시대 노나라의 대부로 신흥 지주계급을 대표했다.
29. 《논어》〈선진(先進)〉편 참고. 구는 공자의 제자 염구(冉求)를 말한다. 계씨의 가신(家臣)으로 일했다.

2

옥을 다루는 장인은
옥처럼 보이는 돌 때문에
곤혹스러워한다

|

여불위(呂不韋)의 실질적인 인간 감별법

전국시대 막바지인 기원전 239년 무렵, 서방의 강대국 진(秦)나라의 수도 함양성(咸陽城) 저잣거리에 20만 자가 넘는 목간과 함께 이런 방이 걸렸다.

"이 글을 읽고 한 글자라도 빼거나 보탤 수 있는 사람이 있다면 글자 하나에 천금을 주겠다."

사람들은 모두 놀라지 않을 수 없었다. 20만 자에 이르는 엄청난 책도 책이려니와 거기에 걸린 상금 때문이었다. 도대체 누구의 책이며 어떤 책이길래, 또 얼마나 그 내용에 자신이 있길래 한 글자라도 빼거나 보탠다면 글자당 천금을 상으로 주겠다고 할까(여기서 '일자천금一字千金'이라는 유명한 고사성어가 탄생했다. 자신의 글이나 문장에 대한 큰 자부심을 비유한다.).

　이 방대한 책의 편찬을 주도한 사람은 당시 진나라의 승상 여불위(기원전 약 292년~기원전 235년)였다. 그는 3천에 이르는 자신의 문객들 중 뛰어난 학자들을 동원하여 이 책을 완성했고, 책의 이름은 자신의 성을 따서 《여씨춘추(呂氏春秋)》라 했다. 그는 자신이 편찬한 이 책에 엄청난 자부심을 가졌고, 그래서 한 글자라도 빼거나 더하면 천금을 주겠다고 큰소리를 친 것이다.

　여불위는 전국시대 말기의 대상인이자 정치가이다. 원래는 위(魏)나라 복양(濮陽, 오늘날 하남성 복양의 서남쪽) 사람이었는데, 나중에 한(韓)나라에서 장사를 하여 양책(陽翟, 오늘날 하남성 우현禹懸)의 대부호가 되었다. 그가 조(趙)나라의 도읍 한단(邯鄲)에서 장사를 할 때 조나라에 인질로 잡혀온 진나라 공자 자초(子楚)를 만나게 되었다. 여불위는 자초의 신분이 범상치 않으므로 그에게 투자하면 큰 이익을 낼 수 있을 것으로 내다보고 그를 적극적으로 도와주면서 그를 왕위 계승자로 만들기 위한 계획을 세웠다. 이때부터 여불위는 정치에 뛰어들었고, 이로써 파란만장한 정치역정이 시작되었다.

여불위는 천하를 누비며 큰 사업을 벌인 대상인이었다. 그는 이 경험을 바탕으로 정치적 모험을 감행하여 당시 가장 강한 나라인 진나라의 권력을 장악했다. 그리고 천하통일을 위한 사상적 기초를 마련하기 위해 《여씨춘추》를 편찬했다.

당시 진나라의 권력자 안국군(安國君)은 화양 부인(華陽夫人)을 가장 총애하였지만 그녀에게는 자식이 없었다. 여불위는 진나라에 들어가 화양 부인의 친인척과 화양 부인을 만나 설득 공작을 벌인 끝에 자초를 화양 부인의 양아들로 삼게 한 다음 태자로 세우는데 성공했다. 안국군이 왕위에 오른 지 석 달 만에 세상을 떠나고 자초가 즉위했다. 이가 곧 장양왕(莊襄王)이고 그해가 기원전 252년이었다.

장양왕은 여불위를 상국(相國)에 임명하고 문신후(文信候)에 봉하였다. 그런데 장양왕도 재위 3년 만에 죽고, 그의 아들 정(政, 훗날의 진시황)이 어린 나이로 왕위를 계승했다. 여불위는 상국 자리에 그대로 있었지만, 권력은 훨씬 더 커졌다. 어린 진왕은 이런 여불위를 중보(仲父, 큰아버지)라는 존칭으로 부를 정도였다. 식읍으로는 남전(藍田) 12현과 하남의 낙양 10만 호를 소유하였으며, 또한 연·조 두 나라 간의 불화를 이용하여 연나라가 바친 하간(河間) 땅 열 개의 성을 갈취하여 자신의 봉지로 만들기도 하였다.

그러나 진왕 정이 성년이 되어 직접 정치 일선에 나서고, 여기에 태후와 그녀의 정부(情夫) 노애(嫪毐)가 일으킨 반란에 연루된 책임을 지고 여불위는 파면되었다. 그 뒤 다시 촉 땅으로 유배를 가던 도중 진왕 정의 편지를 받고는 독약을 마시고 자결했다.

1. 지금 더 중요하고 필요한
'육척사은(六戚四隱)'의 검증

여불위는 상인으로 당시 가장 강했던 진나라의 승상이 되어 실권을 휘두른 인물이다. 상인 출신인 그가 진나라의 최고 권력자가 된 까닭은 그의 남다른 투자 안목 때문이었다. 여불위는 한 사람에게 집중 투자하여 그 사람을 진나라의 왕으로 만들고, 그 대가로 진나라의 실권을 장악했다. 그는 천하 각지를 다니며 큰 사업을 벌였다. 그 과정에서 축적된 경험은 풍부했고, 인간관계에서도 남다른 수완을 보였을 것이다. 특히 사람을 보는 여불위의 안목은 자초에 대한 투자에서 보다시피 남달랐다. 그런 안목의 일부가 《여씨춘추》에 반영되었다.

《여씨춘추》는 여불위가 자신의 식객들을 모아 집대성한 잡가의 대표작이라 한다. 그러나 역사적 관점에서 볼 때, 《여씨춘추》는 한나라 초기에 나온 《회남자(淮南子)》 등과 더불어 도가사상을 기본 원칙으로 삼고, 각 사상의 요점을 흡수한 위에 새로운 학설을 제시한 것으로 평가되기도 한다. 모두 26권이다. 여불위는 이를 완성하고 난 다음 앞서 말한 바와 같이 '단 한 글자라도 고치는 자가 있으면 한 글자에 천금을 상으로 내리겠다'라고 큰소리를 쳤다.

여기에 소개하는 두 편의 글 중 '논인(論人)'은 '사람을 아는' 도리를 밝히고 있는 글로써 '정치는 다른 사람이 할 수 있지만,

그 사람을 취하기 위해서는 내 몸을 먼저 바르게 해야 한다'라는 《중용(中庸)》의 사상을 연상시킨다. 그러면서 사람을 알고 논하기 위한 구체적인 방법으로 '팔관육험(八觀六驗)'과 '육척사은(六戚四恩)'을 제기한다. '팔관육험'은 그 사람이 처해 있었던 상황에서 어떤 언행을 보였는지를 살피고, 또 따로 특정한 상황을 만들어 그 사람의 반응을 살피라는 상당히 구체적인 방법론이다. 이어 제시하고 있는 '육척사은'에 대한 검증은 지금 우리에게 더욱 필요해 보일 정도로 한 사람을 알고 평가하는 원칙과 핵심을 건드리고 있다. 관련하여 '그 사람이 어떤 사람인지 잘 모르겠으면 사귀는 친구를 보아라'는 사마천의 명언이 떠오른다.

_슬프게 하여 그 사람됨이
변하지 않는가를 시험하고[30]

무릇 사람을 평가할 때는 이렇게 하라.

1. 평가받을 사람이 두루 통달한 사람이면 그가 드는 예를 보라.
2. 신분이 높은 사람이면 그가 무엇을, 어떤 사람을 천거하는가를 보라

30. 《여씨춘추(呂氏春秋)》(김근 역주, 민음사, 1993) 〈계춘기(季春紀)〉 중 '논인(論人)'의 일부로 일부 내용은 더욱 쉽게 바꾸었다.

3. 재물이 많은 사람이면 그
   가 무엇을 기르고 있는지
   를 보라.
4. 말을 듣고 그것이 행동과
   맞아떨어지는지를 보라.
5. 평소 무엇을 숭상하는가
   를 보았다가
6. 임금의 측근에 있는 사람
   이면 올리는 말을 보고,
7. 궁핍한 사람이면 분명하지
   않은 재물을 받지 않는가
   를 보고,
8. 신분이 낮은 사람이면 의
   롭지 않은 일을 하지 않는가를 보라.

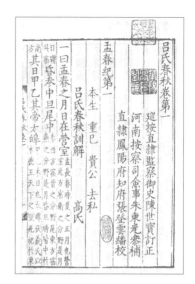

《여씨춘추》에는 여불위의 사상이 적지 않게 반영되어 있을 것이다. 특히 사람을 보는 관점과 인재를 시험하는 방법은 오늘날 조직론과 인재관에도 나름 참고가 될 만하다.

1. 또한, 매우 기쁘게 해서 절개를 바꾸는가를 시험하고,
2. 아주 즐겁게 해서 비틀거리는가를 시험하고,
3. 성나게 해서 스스로 절제할 수 있는가를 시험하고,
4. 두렵게 만들어 지조를 지키는가를 시험하고,
5. 슬프게 해서 사람됨이 변하지 않는가를 시험하고,
6. 고통스럽게 해서 의지를 바꾸지 않는가를 시험하라.

이상 여덟 가지의 관찰 '팔관(八觀)'과 여섯 가지의 시험 '육험(六驗)'이 바로 현명한 군주가 사람을 평가하는 방법이다.

또한, 사람을 평가할 때에는 반드시 '여섯 가지의 혈육'인 '육척(六戚)'과 '네 가지의 주위 사람'인 '사은(四隱)'을 보아야 한다. 무엇을 일컬어 여섯 가지의 혈육이라 하는가? 아비, 어미, 형, 아우, 처, 자식이 그것이다. 무엇을 일컬어 네 가지의 주위 사람이라고 하는가? 교제하는 벗, 오랜 친구, 이웃, 가까운 신하가 그것이다.

안으로는 여섯 가지의 혈육과 네 가지의 주위 사람을 활용하고, 밖으로는 여덟 가지의 관찰과 여섯 가지의 시험을 활용하면, 사람의 진실됨과 거짓, 탐욕스러움과 비천함, 아름다움과 추함 등 어떠한 것도 빠뜨리지 않게 된다. 이는 마치 비를 아무리 잘 피해도 비에 젖지 않기란 불가능하다는 것에 비유할 수 있다. 이것이 바로 옛날의 훌륭한 임금들이 사람을 알아보던 방법이다.

2. 자취 안에 있는 사이비는
   잘 살피지 않을 수 없다

여불위는 인성의 약점을 정확하게 간파했던 사람이다. 천하를 두루 다니며 사업을 벌여 거상이 되었던 그의 경력으로 미루어 볼 때 인간의 속성에 대해서는 누구보다 잘 파악했을 것이다. 특히 자초를 왕으로 세우기 위해 진나라 왕실의 실세들을 찾아가 협상

을 하는 장면은 이런 여불위의 진면목을 가장 잘 보여준다. 그중
에서도 다음 왕위 계승자인 안국군(安國君)이 가장 총애하는, 그렇
지만 자식이 없는 화양(華陽) 부인의 마음을 흔들어 자초를 양자
로 맞아들이게 하는 일련의 과정은 정말이지 절묘하기 짝이 없다.

　여불위는 화양 부인을 직접 공략하지 않고 화양 부인의 언니
를 찾는다. 그리고는 당신이 누리고 있는 지금의 부귀영화가 다
어디로부터 오는지, 그리고 그 부귀영화의 원천인 동생 화양 부인
이 자식도 없는 상황에서 안국군의 총애를 잃을 경우를 생각해보
라며 화양 부인 언니의 심기를 마구 흔들어 놓았다. 그러자 언니
는 그 길로 화양 부인을 찾아가 울며불며 자초를 양아들로 맞아
들이라고 설득한다. 이 대목에서 여불위는 "미모로 사람을 섬기던
자는 미모가 시들면 사랑도 시드는 법(이색사인자以色事人者, 색쇠이애
以色衰而愛弛)"이라는 천고의 명언으로 두 여인의 마음을 어지럽혔
다. 상대의 심리를 공략하는 면에서 여불위는 천하의 고수였다.

　여기 두 번째로 소개한 '의사(疑似)'라는 글은 제목의 뜻 그대로
'사이비(似而非)'란 뜻이다. 군주가 선비(인재)를 선택할 때는 신중
에 신중을 거듭해야 함을 강조하는 글이다. 요컨대 '사이비'에 현
혹되어 진짜를 놓치거나 버리는 어리석음을 저질러서는 안 된다는
것이다. 아울러 사이비의 위험성을 적절히 지적한다. 수많은 사람
을 겪은 대상인 여불위의 사람 보는 관점과 안목을 여실히 감상
할 수 있는 문장이다.

나라를 망칠 군주는 지혜로운 것처럼 보이고,
나라를 망칠 신하는 충성스러운 것처럼 보인다[31]

사람이 크게 미혹되는 데에는 반드시 사물 중에 서로 비슷한 것이 있기 때문이다. 옥을 다루는 장인은 옥처럼 보이는 돌 때문에 곤혹스러워하고, 검을 감별하는 사람은 오나라의 보검인 간장(干將)처럼 보이는 검 때문에 곤혹스러워하며, 현명한 군주는 지식이 해박하고 말을 조리 있게 잘해서 통달한 자처럼 보이는 사람 때문에 곤혹스러워한다. 나라를 망칠 군주는 지혜로운 것처럼 보이고, 나라를 망칠 신하는 충성스러운 것처럼 보인다. 서로 비슷한 사물, 이것은 어리석은 자가 크게 미혹되는 까닭이지만, 성인이 더욱 깊이 성찰하는 까닭이기도 하다. 그러므로 묵자는 명주실을 누이는 것을 보고 울었던 것이니, 이는 명주실이 노란색이 될 수도 있고 검은색이 될 수도 있기 때문이었고, 양자(楊子)는 갈림길을 보고 울었던 것이니, 이는 그 길이 남쪽이 될 수도 있고 북쪽이 될 수도 있기 때문이었다.

주나라는 풍호(酆鎬) 땅에 자리 잡아서 견융(犬戎) 오랑캐와 가까이 있었다. 그래서 제후들과 약속을 하고는, 큰길에 높은 보루를 쌓아 그 위에 북을 설치해 놓고서 먼 데서나 가까운 데서 서로 전하여 (북소리를) 들을 수 있게 하였다. 만약에 오랑캐의 도적 떼가

---

31. 〈신행론(慎行論)〉 '의사(疑似)' 편의 일부 내용을 쉽게 고쳤다.

쳐들어올 경우, 북을 울려 서로에게 알려 주면 제후들의 군대가 모두 와서 천자를 구하게 한다는 것이었다.

한번은 오랑캐의 도적 떼가 쳐들어왔는데, 유왕(幽王)이 북을 두드리자 제후들의 군대가 모두 모여들었다. 포사(褒姒)가 심히 즐거워서 깔깔대고 웃으니, 유왕이 이를 흐뭇하게 여겼다. 유왕은 포사를 웃겨 주려고 여러 차례 북을 두드렸고, 제후들의 군대는 그때마다 모두 달려왔지만, 도적 떼는 보이지 않았다. 그러다가 나중에 오랑캐의 도적 떼가 정말로 쳐들어왔을 때, 유왕이 북을 두드렸지만, 제후들의 군대는 오지 않았다. 그래서 유왕의 몸은 여산(麗山) 기슭에서 죽어 세상 사람들의 웃음거리가 되고 말았다. 이것은 (가 보아도) 도적 떼가 없었던 일 때문에 진짜 도적 떼를 놓쳐 버린 사건이다.

현자는 작은 선(善)으로 큰 선을 불러올 수 있고, 어리석은 자는 작은 악(惡)으로 큰 악을 불러올 수 있다. 포사가 (나라를) 패망하게 만든 것은 곧 유왕으로 하여금 작은 즐거움을 좋아하게 함으로써 큰 멸망을 불러오게 한 것이었다. 그러므로 몸뚱이는 갈기갈기 흩어지고, 삼공(三公)과 구경(九卿) 등의 신하들은 모두 달아나 버렸으니, 이것이 바로 포사가 죽은 까닭이고, 평왕(平王)이 동쪽으로 도읍을 옮기게 된 까닭이며, 진 양공(秦 襄公)과 진 문후(晉 文侯)가 천자를 잘 모셨다 하여 땅을 하사받은 까닭이다.

양(梁)나라의 북쪽에 여구부(黎丘部)라는 고을이 있고, 이곳에 괴이한 귀신이 있었는데, 이 귀신은 남의 자손과 형제들의 모습을

대상인이었음에도 불구하고 여불위는 장례와 관련하여 소박한 박장
(薄葬)을 주장했고, 실제로 이를 실천했던 것 같다. 그의 실용적인 인
식을 잘 보여준다. 사진은 낙양에 남아 있는 여불위의 무덤이다.

잘 흉내 내었다. 이 고을의 노인 중에 저자에 갔다가 취하여 돌아
오는 사람이 있었는데, 여구의 귀신이 노인의 아들 모습을 흉내
내어 노인을 부축해 오다가 길에서 그를 괴롭혀댔다. 노인이 돌아
와서 술이 깬 다음에 그의 아들을 꾸짖어 말하기를 "나는 네 아비
인데, 어찌 자애롭지 않다고 투덜댄단 말이냐? 내가 취했다고 해
서 네가 길에서 나를 괴롭히니, 무슨 까닭이냐"라고 하니, 그의 아
들이 울면서 머리를 땅바닥에 두드리며 "해괴한 일입니다! 그런 일
이 없었습니다. 어제는 동쪽 고을에 있는 사람에게 빚 받으러 갔
었으니 물어보셔도 됩니다"라고 아뢰었다.

　그의 아비가 아들의 말을 믿고서 말하기를 "저런! 이는 필시 괴
이한 귀신의 짓일 게다. 나도 물론 일찍이 이런 일을 들은 적이 있
다"라고 하였다. 다음 날 노인은 일부러 다시 저자에서 술을 마시
고 귀신을 만나면 찔러 죽이려고 하였다. 다음 날 아침, 저자에 가

서 술에 취하였는데 그의 진짜 아들은 아비가 돌아오지 못하지나 않을까 걱정하다가 마침내 아비를 마중하러 나갔다. 노인은 그의 진짜 아들을 바라보고는 칼을 뽑아서 찔러버렸다. 노인은 귀신이 아들처럼 보이는 것에 미혹된 나머지 그의 진짜 아들을 죽이고만 것이다.

무릇 선비처럼 보이는 것에 미혹되어서 진짜 선비를 놓치는 것이 바로 여구 고을 노인의 지혜이다. (사람의 일이 변천하여 온) 자취 안에 있는 사이비는 잘 살피지 않을 수 없다. 이를 살필 때는 반드시 적절한 사람을 통해야 한다. 비록 순 임금이 시종이 되고, 요 임금이 마부가 되며, 우 임금이 호위병이 된다고 하더라도, 계곡 속으로 들어가면 목동에게 물어야 하고, 물속으로 들어가면 어부에게 물어야 하는 법이니, 무엇 때문인가? 그들이 이에 관하여 아는 것이 매우 상세하기 때문이다. 무릇 쌍둥이 아들이 서로 비슷하여도 그 어미는 언제나 그들을 구별하는데, 이는 그들에 대해 아는 것이 매우 상세하기 때문이다.

3

반드시 사람을
잘 선택하고
재능을 헤아려야

|

인재와 정치의 함수관계에 대한 《회남자(淮南子)》의 통찰

《회남자》는 한나라를 세운 고조 유방의 손자인
회남왕 유안(劉安, 기원전 179~기원전 122)이 자기 문하의 식객(食客)들
을 총동원하여 여러 학파의 설을 종합한 백과전서 형식의 저서다.
도(道)에 대한 철학적 관점을 비롯하여 자연과학, 신화, 전설, 병법
에 이르기까지 포괄하는 범위는 실로 방대하여 말 그대로 잡가(雜
家)라 할 만하다.

《회남자》는 중국을 새로 통일한 한나라의 통치철학과 사상의
한 전환점을 제시하고 있다. 다만 기본적인 사상이 도교에 초점을
두고 있어 유교를 국가의 지도이념으로 삼았던 한 무제의 사상
통일정책과는 길을 달리하는 이단적 성격의 철학서였다. 이를 회
남왕 유안 자신이 모반을 꾀하다 자살하고만 정치적 역정과 연결

시켜 볼 때, 한나라의 사상과 철학을 통합하려 했던 유안의 야심 찬 의도는 결국 실패했다고 할 수 있다.

여기에 소개하는 〈병략훈(兵略訓)〉과 〈인간훈(人間訓)〉의 일부는 정치에 있어서 기본이 되는 책략과 인간의 득실·존망·길흉의 이치를 서술하고 있다. 다소 관념적이고 난해하긴 해도 인성의 약점과 문제점을 정확하게 찌르는 말들이 적지 않다. 특히 "사람이 거짓으로 서로 속이는 것은 금수의 속임수와는 비교가 되지 않는다. 물체가 비슷하여 그럴 것 같

자신의 문객들을 총 동원하여 《회남자》를 편찬한 유안의 석상이다

으나 겉으로 논할 수 없는 것이 많아 알기 어렵다. 살피지 않을 수 없다"라는 대목이나, "천하에는 세 가지 위험이 있다. 덕이 적으면서 총애를 많이 받는 것, 재주가 적으면서 지위가 높은 것, 큰 공이 없으면서 높은 자리와 녹봉을 받는 게 그것이다" 등과 같은 대목은 지금의 우리 상황에 비추어 보아도 의미심장하다.

1. 정치가 백성을 이기면

아래 인용한 대목은 〈병략훈〉의 일부이다. 〈병략훈〉은 주로 용병에 관한 내용이지만, 이 대목에서는 정치의 중요성을 강조하고 있어 눈길을 끈다. 특히 싸움의 승패가 정치에 달려 있다는 대목은 정확한 지적이 아닐 수 없다. 그러면서 정치가 백성을 이겨야 하고, 존속 가능한 정치가 중요하다고 지적했다. 정치가 백성을 이긴다는 말은 정책으로 백성을 설득하여 백성이 기꺼이 인정하고 받아들이는 정치를 뜻한다. 즉 그런 정치라야 존속할 수 있다는 것이다. 그 구체적인 방법으로 인재의 재능을 제대로 헤아려 선택하여 그에 맡게 일을 주라고 했다.

통치가 백성에게 먹히려면 공을 세운 사람에게 반드시 그에 합당한 상을 내려야 한다고 강조한다. 그것이 백성이 군주에게 요구하는 기본이다. 군대의 장수가 갖추어야 리더십 항목으로 삼수(三隧)·사의(四義)·오행(五行)·십수(十守)를 거론하면서 특히 독견(獨見)과 독지(獨知)를 든다. 독견이란 남이 보지 못하는 것을 보는 것이고, 독지란 남이 알지 못하는 것을 아는 것으로 직관과 통찰과 통한다. 이 삼수·사의·오행·십수와 독견·독지 대목은 오늘날 리더나 리더가 될 만한 인재를 가늠할 때 참고할 충분한 가치가 있다.

참고로 이 대목을 하나의 표로 정리해둔다.

리더십 내용	리더십 내용	비고
삼수(三隧)	물리적 장소	큰 대세를 파악
	지형(地形)을 익힌다.	지금의 형세를 분석
	인정(人情)을 살핀다.	인간의 본질을 간파
사의(四義)	나라 안정에 힘쓰되 부하에게 책임 지우지 않는다.	소명감과 희생정신
	임금을 위해 자신을 돌보지 않는다.	충성심
	어려움을 보면 죽음을 두려워 안는다.	솔선수범
	의심을 버리고 죄를 피하지 않는다.	강력한 책임의식
오행(五行)	부드럽지만 굽히지 않는다.	상황에 대처할 때의 자질
	강하지만 부러지지 않는다.	
	어질어 거스르지 않는다.	
	미더워 속이지 않는다.	
	용감하되 능멸하지 않는다.	
십수(十守)	흐려지지 않는 맑은 정신	평소 갖추고 있어야 할 기본자세 열 가지
	드러나지 않지만 원대한 계책	
	변치 않는 굳은 지조	
	가릴 수 없는 밝은 지혜	
	재물에 초연한 마음	
	물질에 빠지지 않는 지조	
	넘치지 않는 변론	
	방술(미신) 따위에 따르지 않음	
	억지로 기쁘게 할 수 없음	
	억지로 노하게 할 수 없음	
독견(獨見)	남이 보지 못하는 것을 보는 식견과 직관	독창성과 창의력을 요구
독지(獨知)	남이 알지 못하는 것을 아는 통찰력	

_망할 정치를 하는 자는
비록 크더라도 망하고 만다[32]

사람을 잘 선택하고 재능을 헤아려, 관직을 그의 임무에 넘치게 주어 그 일을 하게 해놓고, 정령(政令)을 고하고 명령을 겹쳐 내려 그로 하여금 표범에 발톱과 이빨을 붙인 듯이, 비조(飛鳥)에 여섯 개의 날개를 단 듯이 부려먹는다. 그러나 이 모두가 승리를 돕는 도구는 될지라도 반드시 이기는 요소가 되지는 않는다.

싸움의 승패는 본래 정치에 있다. 정치가 백성을 이기면 아랫사람들이 윗사람을 좇아 병사들은 강해지고, 백성이 정치를 이기면 아랫사람들이 윗사람을 배반하기 때문에 병사들은 약해진다. 그러므로 덕의(德義)가 천하의 백성을 회유할 수 있고, 사업이 천하의 위험에 합당할 수 있으며, 선거(選擧)가 현인의 마음을 얻을 수 있고, 모려(謀慮)가 강약의 세를 알 수 있으면 이는 필승의 근본이다. 땅이 넓고 사람이 많다고 해서 강하다고 할 수 없고, 단단한 갑옷이나 날카로운 병기도 이길 수가 있으며, 높은 성과 깊은 연못도 견고하다고 할 수 없고, 엄한 명령과 번거로운 형벌도 위엄을 떨치기에는 부족하다. 존속시키는 정치를 하는 자는 비록 작다 해도 반드시 존속되고, 망할 정치를 하는 자는 비록 크다 해도 반드시 망한다.

---

32. 《회남자》 〈병략훈(兵略訓)〉의 일부 내용을 인용했다. 번역은 이석호 역, 《회남자》 (세계사, 1992)를 참고로 하여 쉽게 다듬고 고쳤다.

임금으로서 백성에게 요구하는 것에는 두 가지가 있다. 임금을 위해 수고할 것을 요구하고, 임금을 위해 죽을 것을 요구하는 것이다. 그리고 백성도 임금에게 요구하는 것이 세 가지가 있다. 주린 자를 먹이고, 수고한 자는 쉬게 하며, 공이 있는 자에게 덕을 베푸는 것이다. 백성이 임금의 두 가지 요구를 다 들어주었는데도 임금이 백성의 세 가지 소망을 들어주지 않으면, 나라가 크고 백성이 많다 해도 병사는 오히려 약하다. 만약 수고하는 자는 반드시 즐거움을 얻고, 애쓰는 자는 반드시 이익을 얻으며, 목을 베는 공을 세운 자는 반드시 생활이 안전하고, 나랏일로 죽은 자는 그 후손에게 반드시 상을 주어, 이 네 가지를 백성들이 믿게 된다면, 임금은 구름 속의 새도 잡고, 깊은 못의 물고기도 낚시질하며, 거문고를 뜯고 종우(鐘竽)를 울리고, 육박(六博)을 던지고 투호놀이를 해도 병사가 오히려 강하고 명령이 잘 선다. 그러므로 윗사람이 우리를 만하면 아랫사람을 부릴 수 있고, 덕이 사모할 만하면 위엄이 서는 것이다.

장수(리더)가 된 자는 반드시 삼수(三隧) · 사의(四義) · 오행(五行) · 십수(十守)를 알아야 한다. 삼수란 위로 천도를 알고, 아래로 지형을 익히며, 인정을 살피는 것이다. 사의란 나라를 평안하게 하되 병졸들에게 책임 지우지 않고, 임금을 위해서 자신을 돌보지 않으며, 어려움을 보고서 죽음을 두려워하지 않고, 의심을 버리고 죄를 피하지 않는 것이다. 오행이란 부드럽지만 굽히지 않고, 강하지만 부러지지 않으며, 어질어서 거스르지 않고, 미덥게 하여 속이지 않으며, 용감하되 능멸하지 않는 것이다. 십수란 정신이 맑아 흐려지지 않고, 뜻이 원대하여 드러나지 않으며, 지조가 굳어 변하지 않고, 지혜가 밝아 가릴 수 없으며, 재물을 탐내지 않고, 물욕에 빠지지 않으며, 변론에 넘치지 않고, 방술에 따르지 않으며, 기쁘게 할 수도 없고 노엽게 할 수도 없는 것이다. 이를 가리켜 까마득한 데 이른 것이라 한다.

장수는 반드시 독견(獨見)·독지(獨知)가 있어야 한다. 독견이란 남이 보지 못하는 것을 보는 것이고, 독지란 남이 알지 못하는 것을 아는 것이다. 남이 보지 못하는 것을 보는 것을 명(明)이라 하고, 남이 알지 못하는 것을 아는 것을 신(神)이라 한다. 신명이 있으면 먼저 이긴다. 먼저 이기는 자가 지키면 적이 공격해 들어오지 못하고, 싸우면 적이 이기지 못하며 공격해오지 않을 것이니 이것이 허실(虛實)이다. 상하에 틈이 있어 장교와 관리가 서로 친하지 않으며, 기대하는 바가 곧지 않아 병졸에게 불복하는 마음이 생기는 것이 허다. 임금은 밝고, 장수는 어질며, 상하가 한마음으로 의기투합하는 것은 실이다. 물을 불에다 던지는 것처럼 맞는 곳은 꺼지고 부딪치는 곳은 옮겨가니, 견고한 것과 유약한 것이 서로 통하지 않고 서로 버티는 쪽이 이기는 것을 허실이라 한다. 잘 싸우는 자는 적은 데 있지 않고, 잘 지키는 자도 적은 데 있지 않다. 승리는 위엄을 얻는 데 있고, 패배는 기를 잃는 데 있다. 길하면 싸우고 허하면 달아나며, 성하면 강하고 쇠하면 망한다.

2. 사람이 속이는 것은
   금수에 비할 바가 아니다

〈인간훈〉은 인간의 득실, 존망, 길흉 등이 주요 내용이다. 따라서 화와 복을 초래하는 언행을 비롯한 처신에서 주의할 점을 비롯하여 사람을 살필 때 주의해야 할 점 등이 생생한 사례와 함께 제시되고 있다. 특히 폐부를 찌르는 격언과 같은 명언들이 잇따라 나오고 있다. 여기에서는 간략하게 핵심을 찌르는 명구들 위주로 인용해 두었다.

세상사 모든 일이 아주 사소한 일에서 그 성공과 실패가 판가름 난다. 그 사소함에는 사물과 사람을 대하는 인간의 기본자세가 포함되어 있기 때문이다. 그래서 사마천은 '견미지저(見微知著)'라 했다. '미세한 것을 보고 앞으로 드러날 일을 안다'는 뜻이다. 또 '술왕사(述往事), 지래자(知來者)'라고도 했다. '지난 일을 기술하여 다가올 일을 안다'는 역사의 미래 예견력에 대한 통찰이었다.

그 사람을 알고 싶으면 그 사람의 과거를 봐라. 과거를 보면 현재가 보이고, 현재가 보이면 미래도 짐작할 수 있다. 따라서 〈인간훈〉에서 언급하고 있는 능력이나 자질에 어울리지 않는 권력과 부를 누리는 것에 대한 경고를 함께 참고하여 사람을 가리면 보다 실질적인 결과를 얻을 수 있을 것이다. 끝으로 〈인간훈〉은 인간을 꼭 제대로 살펴봐야 하는 까닭은 인간이 진상과 진실을 숨기고 속이기 때문이라며 이렇게 결론짓고 있다.

"사람이 거짓으로 서로 속이는 것은 금수의 속임수에 비할 바가 아니다. 물체가 비슷하여 그럴 것 같아도 겉으로 논할 수 없는 것이 많으니 알기가 어렵다. 그러므로 살피지 않으면 안 된다."

_재주가 적으면서
지위가 높으면 위험해진다[33]

말이 일단 입에서 나오면 남에게 그 말의 전달을 멈추게 할 수 없고, 행동이 가까운 곳에서 나타나면 멀리 퍼지는 것을 금할 수 없다. 일은 이루기는 어렵고 실패하기는 쉬우며, 이름은 날리기는 어렵고 망치기는 쉽다. 천리나 되는 방죽도 개미구멍 때문에 무너지고, 백 길이나 되는 집도 굴뚝 틈의 연기 때문에 타버린다.

천하에는 세 가지 위험이 있다. 덕이 적은 데도 총애를 많이 받는 것이 첫째 위험이고, 재주가 적은 데도 지위가 높은 것이 둘째 위험이며, 큰 공이 없는 데도 후한 녹을 받는 것이 셋째 위험이다. 어진 자는 욕심 때문에 생명을 다치지 않고, 지혜로운 자는 이익 때문에 의리를 해치지 않는다. 따라서 성인의 생각은 길고, 어리석은 자의 생각은 짧다. 충신은 임금의 덕을 높이기에 힘쓰고, 아첨

---

33. 인간훈(人間訓)의 부분 부분에서 인용했다.

하는 신하는 임금의 땅을 넓히기에 힘쓴다.

정당한 일이 아니면 인정하지 말고, 정당한 명목이 아니면 나아가지 말며, 까닭 없이 이름 날리는 것을 좋아하지 말고, 공도 없이 부귀하게 살지 말라. 남의 명목으로 나아가는 자는 폐하고, 남의 일로 인정받는 자는 패하며, 공도 없이 큰 이익을 본 자는 언젠가는 해를 입는다.

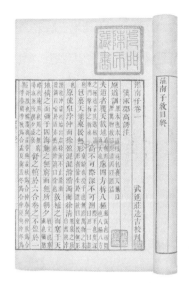

《회남자》의 첫 편인 〈원도훈(原道訓)〉의 맨 앞부분이다.

높은 나무에 올라가 사방을 바라보는 것과 같아 비록 상쾌하기는 해도 질풍이 닥쳐오면 두려워한다. 근심이 몸에 닥쳐온 뒤에야 걱정하는 것은, 여섯 마리의 천리마가 이를 쫓아가도 미치지 못한다. 그러므로 충신이 임금을 섬기는 데는 공을 헤아려 상을 받지 구차하게 얻지 않으며, 힘을 쌓아 관직을 받되 작록을 탐내지 않는다. 그가 할 수 있는 것은 받아 사양하지 않고, 그가 할 수 없는 것은 주어도 기뻐하지 않는다. 할 수 있는 것을 사양하는 것은 숨기는 것이고, 할 수 없는 것을 바라는 것은 미혹된 것이다. 할 수 없는 것을 사양하고 할 수 있는 것을 받으면 잘못될 일이 없고, 당하지 못할 임무가 없다.

성인은 일을 할 때 근심하지 않고, 그 되어 가는 과정만 살필 뿐이다. 만인이 종을 울려 음률에 맞출 수는 없어도 진실로 음을 아는 한 사람만 얻으면 그것으로 족하다. 유세자의 변론도 이와 같아 진실로 그 술수만 얻었으면 그만이지 많은 말이 필요 없다. 수레가 천리를 잘 굴러가는 까닭은 그 요체가 세 마디 굴대의 빗장에 달린 것이다. 사람을 억지로 시켜서 부릴 수 없고, 사람을 억지로 못하게 해서 금할 수 없는 까닭은 시키는 것이 이치에 맞지 않기 때문이다.

사물을 알기 어려운 까닭은 끝을 감추고 자취를 없애며, 사적인 것을 공적으로 내세우고, 사악함을 정당한 것이라 하며 사람의 마음을 현혹시키기 때문이다. 사람이 속에 품고 있는 것과 겉으로 나타내는 것이 부절(符節)을 맞추듯이 맞는다면 천하에 나라를 망치고 집을 망치는 자는 없을 것이다. 여우가 꿩을 잡을 때는 반드시 먼저 몸을 낮추고, 귀를 접고서 꿩이 오기를 기다린다. 그러면 꿩은 여우를 보고도 안심하기 때문에 여우는 꿩이 다가오자마자 잡을 수 있다. 그러나 만일 여우가 눈을 부라리고 꼬리를 세우면서 반드시 잡아먹을 형세를 보이면, 꿩도 놀라고 꺼려하여 멀리 날아가서 여우의 공격을 피할 줄 안다. 사람이 거짓으로 서로 속이는 것은 금수의 속임수에 비할 바가 아니다. 물체가 비슷하여 그럴 것 같아도 겉으로 논할 수 없는 것이 많으니 알기가 어렵다. 그러므로 살피지 않으면 안 된다.

4
인간의 속마음을
헤아리기란 하늘을
예측하기보다 어렵다

|

《장자(莊子)》의 '식인구법(識人九法)'

공자가 초나라를 여행하고 있을 때 초나라의 기인 접여(接輿)라는 사람이 공자가 묵고 있는 집 앞을 서성거리면서 다음과 같은 노래를 불렀단다(《장자》 〈내편〉, 제4 〈인간세〉 '접여의 노래').

지금 이 세상,
법에 걸리지 않고 삶을 보전하기만 해도 다행인 세상.
행복은 가볍기가 깃털 같아 잡히지도 않고,
재앙은 무겁기가 땅덩이 같아 피할 길이 없네.
그만두어야 하리, 그만두어야 하리!
이런 세상에서 사람에게 바른 행위 가르치려는 일따월랑.
위태로워라, 위태로워라!

장자의 인간관은 냉소적이다. 다만 〈열어구〉 편 공자의 이름을 빌린 아홉 가지 식별법은 다른 편들과 성격과 내용이 다르다. 인재 식별을 위한 방법론으로 참고할 가치가 충분해 보인다. 장자의 초상화다.

인간의 무모함으로 빚어지는 어처구니없는 결과들, 그리고 그것을 근절시키겠다는 비장함과 결의에 찬 목소리들, 거기에 말도 안 되는 장밋빛 미래를 약속하는 정치가의 철딱서니 없는 경거망동……, 누군가의 눈에 보이는 세상은 그야말로 '가관(可觀)'이다.

장자(莊子, 기원전 약 369~기원전 280)의 언어에는 위 시에서도 보다시피 은유와 비유로 가득 찬 빈정거림이 돋보인다. 사유방식이란 면에서는 상대주의를 절대화하여 신비한 궤변주의로 바꾸고 있다. 물론 《장자》의 매력이 또한 바로 여기에 있다.

장자는 인간의 마음이 외부와 끊임없이 접촉하고 어울리는 탓에 헛된 환상에 사로잡히고, 그에 따라 여러 종류의 인간이 나타난다고 한다. 다소 추상적이고 난해하긴 해도 부질없이 외계에 끌리지 말고 자연의 섭리에 따라 살라는 충고는 의미심장하다.

그런데 《장자》〈열어구(列禦寇)〉 편을 보면 장자의 기본 사상과는 상당히 차이가 나는 사람을 인식하는 아홉 가지 방법이 제시되어 있어 눈길을 끈다. '식인구법(識人九法)' 또는 '구징지설(九徵之說)'로 부르는 이 방법은 인재를 어떻게 식별할 것이며, 인재를 어떻게 관찰할 것인가에 대한 정교한 분석이자 논리로 깊은 인상을 준다.

《장자》에서 이 대목은 공자가 말하는 것으로 나온다. 《논어》〈위정〉 편을 보면 "행동을 보고, 그 까닭을 살피고, 어떤 일에 만족하는지를 살피면 그 사람을 충분히 평가할 수 있다. 어찌 자신을 감출 수 있겠는가"라는 공자의 말이 나온다. 공자 역시 사람에 대한 평가에 고심했던 흔적이 역력한데, 《장자》의 이 부분은 아마 《논어》의 관련 대목을 근거로 장자 이후 장자 계통에 속하는 사람이 공자의 이름을 빌려 좀 더 상세히 풀이한 것이 아닐까 한다.

이 대목은 먼저 사람의 속마음을 헤아리는 일이 얼마나 어려운가를 강조한 다음, 그 속마음을 살피기 위한 아홉 가지 방법을 제시하고 있다. 문장이 길지는 않지만, 그 안에 담긴 속뜻이 꽤 의미심장하기 때문에 항목을 나누고 그에 해당하는 역사 사례 및 해설을 덧붙이는 방식으로 이 문장을 심도 있게 분석하고자 한다. 먼저 사람의 속마음을 헤아리기가 얼마나 힘든 일인가에 대한 원문의 부분을 옮겨 본다. 편의상 번호를 붙여 읽기를 도왔다.

"모든 사람의 마음은 산과 강보다 위험하며, 하늘을 알기보다 헤아리기 어렵다. 하늘은 봄가을의 따뜻함과 서늘함, 여름과 겨울의 더위와 추위, 아침저녁의 밝음과 어두움 등 일정함을 보이지만, 사람은 두터운 겉모습으로 감추고, 마음 씀씀이를 깊이 숨긴다.

그래서 겉모습은 1. 단정한 듯하나 마음이 게으른 자가 있고,

2. 무슨 일에든 뛰어난 듯하나 실은 어리석은 자가 있고, 3. 신중해 보이지만 조급한 자가 있고, 4. 확고한 듯하나 야무지지 못한 자가 있고, 5. 마음이 꽤 넓은 듯 보이지만 실은 옹졸한 자가 있다.

그러므로 바른 도리를 좇을 때는 마치 타는 목마름으로 물을 찾듯이 맹렬한 자도 자신의 뜻대로 되지 않으면 그 바른 도리를 내팽개치기를 마치 불에 델까봐 겁이 나 불에서 도망치듯 잽싸다."

그리고 바로 이어 아홉 가지의 식별법을 제시한 다음 "이 아홉 가지를 시험하여 결과가 나오면 인간의 우열은 절로 가려진다"라고 끝을 맺고 있다. 이 부분 역시 일련번호를 붙여 원문과 함께 해석 및 해설을 더했다.

1. 원사지이관기충(遠使之而觀其忠)

"먼 곳에 심부름을 보내 그 사람이 충성하는가를 관찰하라."

사람이 통제권에서 멀어지면 몸과 마음이 풀어지기 쉽다. 거기에 권력과 재부를 가져다줄 수 있는 자리라면 여러 가지 유혹에 흔들리기 더 쉽다. 이렇게 해서 탐관오리로 빠져 나라와 백성들에게 해를 끼치는 자들이 많이 생겨났다. 중앙에 반기를 든 지방 세력들이 역사상 얼마나 많았는가를 보면 넉넉히 알 수 있다.

이렇게 해서 변절하고 타락한 자들은 리더 앞에서는 열심히 일하는 척하지만, 리더가 보지 않으면 일은커녕 사욕을 채우는 데만 열을 올린다. 따라서 먼 곳으로 보내 그 충성심을 살피려면 그에 대한 감시와 감찰이 함께 따라야 할 것이다.

당나라 헌종(憲宗)은 환관들의 추대로 즉위했다. 이 때문에 환관이 나랏일에 간여하는 일이 비일비재했다. 이에 강직한 지방관 이강(李絳)은 글을 올려 환관의 행태를 강력하게 규탄했다. 글을 본 헌종은 "어찌 이렇게 지나칠 수 있나"라며 크게 화를 냈다. 이강은 자신의 뜻을 굽히지 않으며, 자신이 환관들과 일면식도 없는 관계지만 주상과 백성을 위해 이렇게 말하지 않으면 사직에 하나 도움이 될 것이 없다고 했다. 이강의 진심을 알게 된 헌종은 이강을 불러 크게 칭찬하며 위로했다. 헌종은 환관의 추대로 황제가 되었지만, 이강의 직언을 받아들인 예에서 보다시피 비교적 통치를 안정적으로 이끌었다. 이로써 쇠퇴해가던 당나라에 반짝 중흥의 기운이 돌았다.

2. 근사지이관기경(近使之而觀其敬)

"가까이에 불러들여 써 보고 언제까지 공경함을 잃지 않을지를 관찰하라."

이런 일화가 전해온다.

스스로를 국수로 칭할 정도로 바둑을 좋아하고 잘 두었던 고

관대작이 있었다. 그런데 식객들 중 바둑 실력이 그보다 뛰어난 사람이 있었다. 하루는 두 사람이 대국을 가졌는데 고관대작은 진땀을 흘리며 끙끙댈 정도로 이 식객에게 눌리고 있었다. 식은땀을 흘리며 전전긍긍하는 모습을 본 식객은 속으로 쾌재를 부르며 일부러 악수를 두어 주인의 실수를 유도한 다음 통쾌(?)하게 승리를 거두었다. 그러면서 고함을 지르며 기뻐 날뛰었다.

평소 통 크게 식객들을 대하고 너그럽게 사람을 대하던 주인은 이 바둑에서의 한 차례 패배에 상당한 자극을 받았다. 주인은 다시는 그 식객과 바둑을 두지 않았을 뿐만 아니라 일부러 그를 멀리했기 때문이다. 식객은 영문도 모른 채 찬밥 신세로 전락하여 그저 많은 식객 중 한 사람으로 경력을 끝냈다.

식객은 주인을 가까이 모시면서 취해야 할 가장 기본적인 처세법을 잊었다. 더욱이 이 식객은 남에게 이기길 좋아하는 성격이었고, 이를 누르지 못하고 이기기 위해 꼼수까지 써가며 드러내 놓고 승리에 집착했다. 나아가 승리의 기쁨에 들떠 주인의 심기를 아랑곳하지 않는 무모함까지 드러냈다. 요컨대 주인의 자존심을 크게 다치게 한 것이다.

한 사람의 내면을 제대로 살피기 위한 여러 방법 가운데 하나로 리더의 신변 가까이에 두라는 이 방법은 상당히 의미가 깊다. 구체적으로는 그 사람을 자주 오래 가까이에서 구속 없이 함께 해보라는 것이다.

사람은 누구나 자존심을 갖고 있고, 또 정도는 다르지만 상대에게 이기고 싶어 하는 심리도 있다. 따라서 인간관계에서는 언제 어디서건 상대방의 자존심을 중시할 줄 알아야 한다. 상대의 자존심을 중시하려면 자신의 심기를 단속할 줄 알아야 한다. 리더가 되었건, 참모가 되었건 이런 인간의 속성에 대한 통찰이 필요하다. 참모는 자신의 자존심과 승부욕 등을 통제할 줄 알아야 하고, 리더는 참모가 이런 통제력을 갖추고 있는지를 정확하게 간파해야 한다.

3. 번사지이관기능(煩使之而觀其能)

"번거로운 일을 시켜 봐서 그 능력을 관찰하라."

상황이 복잡할 때 그 사람을 보내 처리하게 하여 그 능력을 보라는 것이다. 오늘날 리더가 성공하기 위한 여러 조건 가운데 가장 중요한 요소가 '인재'라는 점은 누구나 인정한다. 그렇다면 유능한 인재를 알아보는 것이 관건이다. 그렇다면 그 인재의 유능함 여부를 살펴야 하고, 구체적으로는 복잡하고 번거로운 일을 맡겨 그 능력을 볼 필요가 있다. 단, 맡기는 일이 실제와는 동떨어진 엉뚱하거나 황당무계한 것이어서는 안 된다. 그것은 시험이 아니라 인재를 괴롭히는 일이기 때문이다.

4. 졸능문언이관기지(卒能問焉而觀其知)

"갑자기 질문을 던져 바로 답할 수 있을 만큼 박식한지를 관찰하라."

오늘날 우리는 지식이 해방된 시대를 살고 있다. 과거에 비해 지식의 중요성과 비중이 훨씬 떨어졌다. 그럼에도 불구하고 인간과 사물에 대한 기본 지식은 여전히 필수적이다. 나아가 엄청난 양의 지식을 간결하게 요약하여 그 핵심을 파악하는 지적 능력은 더욱더 필요해졌다. 이 항목은 바로 이 점을 지적하고 있다.

지식은 양도 중요하지만, 질은 더더욱 중요하다. 전혀 준비가 안 된 상황에서 갑자기 문제를 제기하여 인재의 지식과 학식 및 임기응변을 관찰하는 시험은 매우 유효하다. 단, 이 방법이 제대로 작용하려면 던지는 질문이 상황과 문제의 핵심을 제대로 찔러야 하며, 인재의 능력을 정확하게 탐지할 수 있는 수준 높은 것이어야 한다.

5. 급여지기이관기신(急與之期而觀其信)

"급한 약속을 해서 그것을 지킬 수 있는가를 관찰하라."

전국시대의 개혁가 상앙(商鞅)은 진나라로 건너와 개혁을 주도

했다. 진나라의 상황을 살핀 상앙은 "법이 제대로 지켜지지 않는 것은 위에서부터 법을 어기기 때문"이라는 결론을 내리고, 이 때문에 백성들이 법 집행을 믿지 않는다고 보았다. 이것이 결국 개혁의 성패와 직결된다고 인식했다. 이에 상앙은 백성들의 믿음을 얻기 위해 성 남문 앞에 나무 기둥을 세워 놓고 '이 기둥을 북문으로 옮기는 사람에게는 300냥을 상으로 준다'고 했다. 당초 백성들은 이를 비웃었다. 하루 뒤 상앙은 상금을 더 올렸다. 그러다 한 젊은이가 일삼아 기둥을 북문으로 옮겼다. 기다리고 있던 상앙은 그 자리에서 상금을 주었다. 이 소식은 빠르게 전국으로 퍼져 나갔다. 그 결과 진나라 백성들은 정부의 법 집행에 신뢰를 갖게 되었고, 개혁은 빠른 속도로 큰 성과를 거두었다.

현실 생활에서 '믿음과 약속'을 지키고 상대로부터 '믿음과 약속'을 얻기란 생각만큼 쉽지 않다. 직원·친구·동료에게 먼저 약속해놓고 금세 잊어버리는 일이 적지 않다. 하물며 급한 일이 주어졌을 때 이를 지켜나가는 일은 더더욱 쉽지 않다. 따라서 이것으로 사람을 식별하라는 위의 방법은 드물고 귀하다.

6. 위지이재이관기인(委之以財而觀其仁)

"재산 관리를 맡겨 이익에 눈이 팔려 사람의 도리를 지키는지 여부를 관찰하라."

예나 지금이나 돈 문제는 예민한 부분이다. 인간이 이기적인 동물이기 때문에 더욱 그렇다. 황금만능의 풍조가 판을 치는 오늘날에는 더더욱 그렇다. 이 때문에 인재를 시험하고 판단할 때 돈과 관련한 일을 맡겨 그 청렴 여부를 살피는 일은 매우 효과적인 방법이 될 수 있다. 예로부터 "청백리는 백성의 그림자(모범)요, 탐관오리는 백성의 적이다"라고 했다.

명나라 때 관리 하나가 뇌물을 받아 챙기다가 발각되자 우물에 몸을 던져 자살했다. 황제 주원장(朱元璋)이 이 일을 보고 받은 뒤 신하들에게 "저자가 돈이 가져다주는 이익만 알았지 그 해로움은 몰랐구나. 그저 이익만 사랑하고 자신의 몸은 사랑할 줄 몰랐으니 이보다 더한 어리석음이 어디 있나"라고 했다.

돈의 유혹에 빠지지 않으려면 작은 일에도 조심하고 삼가야 하지만 동시에 담이 커야 한다. 그래야 작은 유혹이나 뇌물 공세를 당당히 공개하고 자신의 입장을 확실하게 인식시킬 수 있다.

'파리와 모기는 깨지지 않은 달걀은 물지 않는다'는 속어가 있다. 아무런 까닭 없이 어떤 일이 발생하지 않는다는 뜻이다. 그 몸이 바르고 당당하면 나쁜 기운은 저절로 달아나고, 마음에 탐욕이 없으면 뇌물을 먹이려는 자들이 술수를 부리지 못한다.

7. 고지이위이관기절(告之以危而觀其節)

"내가 위기에 처했다고 알려 언제까지 절개를 지키는가를 관찰하라."

어려울 때 진정한 친구가 보인다고 했다. 사마천은 "집안이 가난해지면 현명한 아내가 생각나고, 나라가 어려워지면 좋은 재상이 생각난다"라고 했다. 사람의 의지와 진가는 어렵고 위험한 상황에 처했을 때 제대로 드러나는 법이다.

나라와 백성이 위기에 빠졌을 때 목숨을 걸고 뛰어들었던 지사들의 절개를 역사가 잊지 않는 까닭도 그 절개가 개인의 명예를 위한 것이 아닌 수많은 사람을 위한 공심(公心)과 희생정신의 발현이었기 때문이다. 이런 사람들이 세상을 옳고 바른쪽으로 이끄는 것이다. 이런 인재를 세상은 필요로 한다.

반면 친구와 백성과 나라가 위기에 처했을 때 이를 외면하거나 나아가 일신의 영달을 위해 친구와 백성과 나라를 팔아먹는 자들이 있다. 역사는 이런 자들을 간신, 매국노 등으로 부르며 침을 뱉는다. 그런데 우리 주위에는 위기 때 절개를 지키는 사람보다 절개를 헌신짝 버리듯 내팽개치는 자들이 더 많다. 권력과 돈의 유혹에 빠져 친구를 해치고, 동포를 죽이고, 나라를 파는 자들도 많았다. 사람을 판별하는 방법의 하나로 그의 절개를 살피는 일은 대단히 중요하다.

북송 시대의 개혁 정치가 범중엄(范仲淹, 989~1052)은 〈악양루기(岳陽樓記)〉라는 시에서 "천하의 근심을 먼저 걱정하고, 천하가 즐거워진 다음 즐거워하리라"라는 명언을 남겼다. 이 대목은 '중국 정신'의 일부가 되어 중국 문명의 찬란한 보배와 같은 정신 유산이라는 평을 듣는다. 이 때문에 송나라 때의 대학자 주희(朱熹)는 범중엄을 유사 이래 천하 최고의 일류급 인물이라고 칭찬한 바 있다. 또 현재 14억 중국을 이끌어 가고 있는 시진핑 국가 주석은 범중엄의 이 구절을 종종 인용하여 젊은 학생들에게 이런 정신을 인생의 이상적 목표와 정치적 포부로 삼으라고 권하고 있다.

정의감으로 무장한 굳센 절개는 젊은 시절부터 단련하지 않으면 쉽게 갖추기 힘든 자질이다. 평소 역사 속의 사례들을 통해 자신의 심지를 단단히 굳히는 공부가 필요하다.

8. 취지이주이관기태(醉之以酒而觀其態)

"술에 취하게 해서 술 때문에 절도를 잃지 않는가를 관찰하라."

술은 사람의 몸과 마음을 풀어놓게 만드는 마법의 액체다. 이 때문에 일부러 술자리를 만들어 상대를 취하게 한 다음 그 사람의 실언 등 실수를 유도하는 일도 많았다. 역대로 술자리 때문에 신세를 망친 사람은 부지기수였고, 술자리로 천하의 운명이 바뀐 경우까지 있었다. 예를 들어 초한쟁패 당시 홍문(鴻門)에서 벌어진

술자리에서 항우는 유방을 얼마든지 죽일 수 있었지만 그렇게 하지 못했다. 결국, 다 잡았던 천하의 패권을 잃고 자결하고 말았다.

일부러 만든 술자리는 서로의 수가 오가는 자리이기도 하다. 상대의 표정, 언행, 특성, 심리 등을 파악하는 좋은 기회이기 때문이다. 하지만 술자리는 기본적으로 서로를 이해하고 좋은 관계로

송 태종은 술이 사람에게 미치는 영향을 잘 알았던 군주였다. 그래서 신하들의 사소한 실수를 추궁하지 않았다.

진전시키는 발전적인 자리가 되어야 한다. 술에 취해서 범한 작은 실수를 꼬투리 잡아 상대를 공격하거나 무시해서는 안 된다. 큰 실수나 추행 같은 치명적인 언행이 아니라면 충분히 이해하고 넘길 수 있어야 하고, 오히려 그 사람을 더 잘 알고 이해하는 기회로 삼아야 할 것이다.

송 태종 때의 일이다. 공수정(孔守正)이란 신하가 하루는 태종을 모시고 술을 마셨다. 기분이 좋아 술을 많이 마신 공수정은 태종 앞에서 왕영(王榮)과 변방을 지킨 공을 서로 다투었다. 말싸움이 지나쳐 큰 소리가 났고, 결국 신하의 예를 잃는 지경에 이르렀다. 태종을 모시던 자가 두 사람을 엄한 벌로 다스려야 한다고 했지만, 태종은 두 사람을 집으로 돌려보냈다. 이튿날 술에서 깬 두 사람은 황급히 입궐하여 태종에게 사죄했다. 이에 태종은 "짐

도 취해서 무슨 일이 있었는지 기억이 나지 않소이다"라며 웃어 넘겼다.

술에 취하게 해서 그 사람의 언행을 살피는 것은 인재를 감별하는 좋은 방법의 하나이긴 하지만, 어디까지 그 사람의 자질을 살펴야지 일부러 약점을 잡거나 실수하게 만들겠다는 의도로 자리를 만들어서는 안 된다.

9. 잡지이처이관기색(雜之以處而觀其色)

"혼잡한 상황에 넣어서 여색에 빠지지 않는가를 관찰하라."

지금은 당연히 일부러 사용해서는 안 되는 방법이다. 물론 그 사람의 생활 모습을 통해 이런 점들이 발견되고 확인된다면 관계 유지를 심각하게 고려해야 한다.

예로부터 이런 말이 전해온다. '영웅도 미인의 관문을 넘기 어렵다.' 사람이 살면서 여러 관문을 맞이한다. 금전의 관문, 권력의 관문, 여색의 관문이 그중 대표적인 관문들이다. 이런 관문들을 돌파할 수 있느냐 여부는 한 사람의 자질을 평가하는 기본적인 기준이 될 수 있다. 물론 여색의 관문이 정상적인 남녀관계를 반대하는 것은 결코 아니다.

5

그 사람의
과거 평소 때의 언행을
잘 살펴라

|

이극(李克)의 실용적 인간관

전국시대 초기 중원의 강대국 위(魏)나라는 문후
(文侯, 기원전 472~기원전 396)라는 명군을 맞이하여 국력을 더욱 키워
나갔다. 문후는 정치·경제 전문가 이극(李克)을 비롯하여 행정 전
문가 서문표(西門豹), 군사 전문가 오기(吳起) 등 기라성 같은 인재
를 전격 발탁하여 위나라를 개혁했고, 위나라는 전국 초기 초강대
국으로 급부상했다.

전국시대 각국은 너 나 할 것 없이 개혁 경쟁에 뛰어들었다. 국
가의 존망이 걸린 약육강식의 시대적 상황에서 개혁은 불가피했
다. 이른바 '법과 제도를 완전히 바꾸는' '변법 개혁(變法改革)'으로
대변되는 치열한 경쟁의 시대가 열린 것이다.

변법 개혁은 주로 정치가들이 주도했다. 그런데 이극은 전국시

대 변법개혁을 주도한 인물들 중 독특한 위치에 있다. 다른 개혁가들과는 달리 경제 전문가였기 때문이다. 그런데 모든 개혁조치를 실행하기 위한 원칙으로 이극은 '법치(法治)'를 내세웠고, 이를 이론으로 다듬어 《법경(法經)》으로 구체화했다.

이극에 대한 자료는 아주 드물다. 그저 기원전 5세기 말엽 진(晉) 나라에서 고급 관리를 지냈고, 진(晉)나라가 한(韓)·조(趙)·위(魏)로 분열된 뒤로는 위나라에서 고급 관리 노릇을 계속했다는 정도다.

경제개혁을 기조로 한 그의 개혁 정치는 두 가지로 압축된다. 우선 그는 쌀값이 너무 높으면 소비자에게 피해가 돌아가고, 반대로 쌀값이 너무 낮으면 농민에게 피해가 돌아간다고 지적하면서 '평적법(平糴法)'을 창안했다. 이 법은 쌀값을 어느 정도 선에서 통제하여 소비자와 농민 모두를 만족시키는 것이었다. 다음으로 그는 토지를 최대한 활용할 것을 주장했다. 이는 자연조건으로서 토지가 갖는 잠재력에 인간의 주관적 능동성을 보태어 개발한다면 최대의 효율을 끌어낼 수 있다고 본 것이다. 인간의 작용을 중시한 이극의 경제 모략과 개혁 정치로 위나라는 전국시대 초기 강국으로 등장할 수 있었다.

경제 전문가였던 이극의 정치가로서의 면모는 단편적이었지만, 상당히 강렬하게 전한다. 그중 하나로 사람, 특히 인재를 판별하는 방법을 제시한 대목이 있어 이를 소개한다. 《사기》〈위세가〉의 관련 부분을 중심으로 정리해 보았다.

_나를 추천한 것이 사사로움 때문이었습니까?

언젠가 문후는 이극과 함께 통치에 관한 이야기를 하면서 "선생께서 일찍이 말씀하시길 '집안이 어려워지면 좋은 아내가 생각나고, 나라가 어지러워지면 좋은 재상이 생각난다'라고 하셨는데 지금 우리 위나라 재상감으로 위성자(魏成子)와 적황(翟璜) 두 사람 중에 누가 적합하겠습니까"라며 자문을 구했다. 이에 이극은 이렇게 답했다.

"그 문제는 결코 어려운 문제가 아닙니다. 주군께서 마음을 정하지 못하는 것은 두 사람을 자세히 관찰하지 않았기 때문일 따름입니다. 다음 다섯 가지 측면을 통해 두 사람을 판단해 보십시오.
첫째, 평소에 어떤 사람과 친한가를 보십시오(거시기소친居視其所親).
둘째, 부유할 때 어떤 사람과 왕래하는가를 보십시오(부시기소여富視其所與).
셋째, 잘나갈 때 어떤 사람을 추천하는가를 보십시오(달시기소거達視其所擧).
넷째, 역경에 처했을 때 어떤 일을 하는가를 보십시오(궁시기소불위窮視其所不爲).
다섯째, 빈곤할 때 무엇을 하지 않는가를 보십시오(빈시기소불취

貧視其所不取).

이 다섯 가지 방면을 잘 살피시면 재능과 인품을 갖춘 인재를 얼마든지 찾으실 수 있습니다."

문후는 기뻐하며 "내가 누구를 재상에 임명해야 할지 마음을 정했소"라고 했다. 자리를 물러난 이극은 집으로 가지 않고 적황의 집으로 갔다. 적황은 궁금증을 참지 못하고 재상 문제를 꺼냈다. 이극은 담담하게 "위성자가 될 것 같습니다"라고 말했다. 그러자 적황의 표정이 바뀌더니 화를 내며 이렇게 항의했다.

"솔직히 말해 내가 위성자만 못한 것이 무엇이오? 서하(西河)의 지방 장관을 누구 추천했습니까? 또 왕께서 업(鄴) 지방의 치안과 수리 문제를 걱정하시기에 제가 서문표(西門豹)를 추천했지요. 왕께서 중산(中山)을 정벌하실 때는 악양자(樂羊子)를 장수로 추천했고, 중산을 정복한 뒤 관리할 사람이 마땅치 않아 그대를 추천하지 않았습니까? 또 왕자께 좋은 스승이 없어 제가 굴후부(屈侯鮒)를 추천했습니다. 대체 내가 위성자에 비해 어디가 모랍니까?"

적황의 거친 항의에도 이극은 조금도 당황하지 않고 문후가 재상에 대해 자문한 과정을 다 밝힌 다음 이렇게 말했다.

"당신이 그 당시 나를 추천한 것이 사사로이 당파를 지어 높은 자리와 후한 녹봉을 얻기 위해서였습니까? 이런 점에서 당신은 위성자와 비교가 안 됩니다. 위성자가 추천한 복자하(卜子夏), 전자방(田子方), 단간목(段干木) 이 세 분은 주군께서 스승으로 모시는 분들이고, 당신이 추천한 다섯 사람은 그저 주군의 신하들일 뿐입니다."

이극의 반박에 적황은 고개를 떨구며 "내가 정말 모자란 소인배입니다. 말도 안 되는 것으로 선생을 욕보였습니다. 선생의 제자가 되어 가르침을 받들고자 합니다"라며 사죄했다.

이극은 재상감을 묻는 문후에게 정면으로 답을 주지 않고 다섯 가지의 객관적 기준을 던져 문후 스스로 결정하게 했다. 적황의 항의에 대해서는 먼저 재상 추천의 전 과정을 알려서 자신에게는 사심이 없음을 밝힌 다음, 이번에는 자신의 관점을 전혀 감추지 않고 곧이곧대로 따져 물음으로써 적황의 승복을 끌어냈다.

이 사례는 상황에 따라 상대에 따라 논점과 논리, 그리고 방법을 달리하여 좋은 결과를 끌어낸 이극의 언변이 우선 돋보인다. 물론 그가 제시하고 있는 다

법률 전문가이기도 했던 이극은 법률 정비를 통해 위나라를 강국으로 도약시켰다. 사진은 법조문을 들고 있는 이극의 석상이다.

섯 가지의 인재 식별법은 지금 상황에서도 얼마든지 적용해 볼 수 있는 대단히 실용적인 관점이다. 그리고 거기에는 나라를 위해 좋은 인재를 추천하고자 했던 사심 없는 이극의 공사 분별의 자세가 단단히 버티고 있음도 잊지 말아야 하겠다.

_인재 식별법 14개 조항

일찍이 약 2,400년 전 이극은 인재를 식별하는 방법으로 위의 다섯 가지를 제시하여 이 방면에서 선구적인 이론을 제기했다. 우리는 앞서 강태공, 여불위, 장자 부분에서도 이와 비슷한 방법들을 알아본 바 있고, 앞으로 유소(劉劭)와 제갈량(諸葛亮) 등의 인재관을 통해서도 이 부분을 다시 생각해볼 기회가 있을 것이다. 그에 앞서 참고로 관련한 방법들을 전체적으로 정리하여 아래 열네 개의 항목으로 제시해둔다.

1. 벼슬살이 등 잘나갈 때 그가 무엇을 존경하는 사람인가를 보아라.
2. 귀하고 권력이 있을 때 그가 어떤 사람을 기용하는가를 보아라.
3. 부유할 때 그가 어떤 사람을 대우하는지를 보아라.
4. 그의 말을 듣고 그가 어떻게 하는가를 보아라.
5. 한가할 때 그가 무엇을 좋아하는가를 보아라.

6. 그와 친해진 다음 그의 언어가 단정한지 여부를 보아라.

7. 그가 뜻을 얻지 못하고 있을 때 그가 무엇을 받아들이냐를 보아라.

8. 가난하고 낮은 자리에 있을 때 무엇을 하지 않는가를 보아라.

9. 그가 좋아하는 것으로 그가 평소의 태도를 유지하느냐 여부를 보아라.

10. 즐겁고 기쁠 때 함부로 자신을 풀어놓는가를 보아라.

11. 화를 나게 만들어 스스로를 통제할 수 있는가를 보아라.

12. 겁을 먹게 만들어 스스로를 버틸 수 있는가를 보아라.

13. 슬프게 만들어 자제할 수 있는가를 보아라.

14. 곤란하고 힘들게 만들어 그 의지를 바꾸는가를 보아라.

이상 열네 가지 항목 중에는 이극이 제기한 다섯 가지 방법론 대부분이 포함되어 있다. 앞으로 검토할 유소와 제갈량의 인재관도 비슷하다. 이런 이론과 항목들을 종합하여 14항목으로 정리한 것이다. 외워두고 상황에 맞추어 적용해보면 유용하지 않을까 한다. 여력이 있으면 다른 사람들의 관련 항목들과 상호 비교하여 논리와 관점을 더욱 강화하면 금상첨화(錦上添花)일 것이다.

6

살펴서
알고 막아야 하는
간사한 자들

|

《모략고(謀略庫)》의 실용적 인간관

　　《모략고》는 1990년대 중국에서 발간된 꽤 비중 있는 책으로, 《모략가》와 《모략론》을 합쳐 '모략 총서 3부곡'을 구성한다. 특히 《모략고》는 수정본, 속집, 속2집까지 나온 베스트셀러였고, 서양에까지 알려져 번역된 종합적인 지혜 총서라 할 수 있다. (국내에서는 필자가 1993년 《모략고》를 《모략》이란 제목으로, 2004년과 2016년에 《모략가》와 증보판 《모략가》를 번역하여 출간한 바 있다. 2021년에는 모략 총서 3부곡 마지막 작품인 《모략론》 출간을 기다리고 있다.)

　　《모략고》는 경쟁 사회에서 살아남기 위해서는 정확하고 적절한 전략이 갈수록 절실한 시대적 요구에 부응하기 위한 한 방편으로 옛사람들의 지혜를 정리·종합하고 이를 오늘날 상황으로 적용시킨 사례들을 수천 항목으로 나누어 제시하고 있다.

여기에는 《모략고》(수정본)의 '간신을 살피는 기술'이라는 '찰간지술(察奸之術)' 항목, 《모략고》(속집)의 '크게 간사한 자는 충성스러워 보인다'라는 '대간사충(大奸似忠)' 항목, 《모략고》(속2집)의 '사람을 아는 기술'이라는 '식인지술(識人之術)' 항목을 옮기고 해설을 덧붙였다.

'찰간술'은 주로 《한비자》의 '찰간술'을 중심으로 그 내용과 의미를 파악하고 있다. '대사간충' 항목은 '속마음이 음험한

이른바 '모략 총서'로 불리는 '모략학' 관련 원서들이다. 모략은 "눈앞의 문제나 장기적인 문제에 대해 그 나름의 사고를 거쳐 나온 해결책과 방안", 즉 '인간의 사유'를 통해 정리되어 나온 어떤 문제에 대한 해결책 내지는 방안으로 정의된다. '모략학'은 새로운 학문의 하나로 이런 모략 현상을 연구한다.

사람일수록 겉으로 보기에는 충성스러워 보인다'라는 것으로 다양한 역사 사례를 통해 이에 대한 방지법을 제기하고 있다. 세 번째 '식인술' 항목은 아랫사람을 기용할 때 그 사람을 가리는 복잡한 심리적 과정을 분석하고, 아울러 옛사람들의 논리를 관련 자료로 제시하고 있다. 또 참고로 서양의 '관리(管理) 심리학'에서 말하는 관리와 관계된 네 가지 가설, 즉 네 유형의 사람을 소개한다.

사람을 살필 때는 주관적 분석에만 한정되어서는 안 되며, 상대의 입장에서 그 동기를 찾아야 한다. 이것이 상대를 간파하고 그 상대를 부리는 방법의 본질이다. 사람을 알고 사람을 살피는 일

은 매우 복잡하고 심오하다. 여기에 소개된 세 편의 글은 이러한 점을 간략하지만 요령 있게 잘 보여준다.

　사람을 안다는 것은 대단히 심오한 학문이다. 각 조직의 리더는 사람에 따라, 일에 따라 본질적이고 전면적으로 '사람을 알아야' 한다. 이렇게 해야만 비로소 활기 있게 조치를 취해 조직 관리의 목적을 달성할 수 있다.

1. 찰간술(察奸術)[34]

　'간사한 자를 식별해 내는' '찰간술'은 《한비자》〈내저설〉에 보인다. 이 책은 군주의 통치술을 주제로 한 것이기 때문에 어떻게 하면 신하들의 속마음을 꿰뚫어 볼 수 있는가에 대해 많은 지면을 할애하고 있다.

　《한비자》의 '찰간술'에는 '관청법(觀聽法)'·'일청법(一聽法)'·'협지법(挾智法)'·'도언법(倒言法)'·'반찰법(反察法)' 등이 있다. 그 의미와 내용을 하나하나 살펴본다.

1. 관청법(觀聽法) : '관청'이란 말 그대로 보고 듣는 것이다. 단편적인 한 가지 사실에만 근거하지 않고 종합적이며 전면적인 판단을 내리는 것을 말한다. 보고 들은 것을 서로 참고하고 비교하여 증

---

34. 《모략고》(광서인민출판사, 1992, 수정본) 〈통어모략편(統御謀略篇)〉 중 '찰간지술(察奸之術)' 조항.

명하지 않고는 진상을 제대로 알거나 이해할 수 없다. 사람들은 왕왕 습관적으로 자신이 좋아하는 것은 기꺼이 받아들이고, 싫어하는 일은 물리친다. 만약 '보는' 것이 사람을 유쾌하게 하면 이 일에 대한 부정적 평가는 '들으려' 하지 않는다. 또한, 만약 '듣는' 것이 사람을 기쁘게 하면 이 일에 대한 열악한 현실에 대해서는 '보려' 하지 않는다. 군주의 이런 약점을 간파한 간신은 왕왕 달콤한 말로 군주가 좋아하는 것만 보고 듣게 한다. 따라서 만족스러운 말을 듣게 되면 반드시 다수의 의견에 귀를 기울여야 한다. 이는 봉건 군주에 대해서 뿐만 아니라 오늘날 정보의 진위를 판단하는 기본적인 사유 자세이기도 하다.

2. **일청법**(一聽法) : '일청'이란 일일이 들어본다는 뜻이다. 그리하여 집단 속에 드러나지 않고 감추어져 있는 '재능도 없이 머리 숫자만 채우고 있는' 자들을 간파해 내는 것을 가리킨다. '일일이 들어보지 않으면 지혜로운 자와 우둔한 자를 구분할 수 없다.' 만약 개인의 의견을 하나하나 들어보지 않는다면 여러 사람들 틈에 이리저리 섞여 있는 개인의 능력을 알아낼 수 없다. 《한비자》에서는 이와 관련하여 다음과 같은 우화를 예로 들고 있다.

제나라 선왕(宣王)은 우(竽, 피리 비슷한 악기의 일종) 연주를 몹시 좋아했는데 특히 합주를 좋아해서 궁중에는 300명이나 되는 합주단이 있었다. 남곽(南郭)이란 처사는 자칭 우 연주의 명수라며 늘 합주에 참여하여 많은 봉급을 받았다. 선왕이 죽고 민왕(緡王)이

뒤를 이었다. 그런데 새로운 왕은 합주를 좋아하지 않고 한 사람 한 사람 독주를 시켰다. 이 소식을 들은 남곽 처사는 '걸음아 날 살려라' 줄행랑을 쳤다.

이 방법은 꼭 '각 개인의 의견을 청취하는' 데만 국한되지 않고 개별적으로 교묘하게 응용되기도 한다. 이 방법은 또 확실하지 않은 애매한 태도로 책임을 회피하려는 자에게 책임을 추궁하여 그 진심을 간파하는 데도 활용된다.

3. 협지법(挾智法) : '협지'란 알고 있으면서도 짐짓 모르는 체한다는 뜻이다. 즉, 모르는 척하면서 상대를 시험하는 것이다. 이와 관련해서는 이런 에피소드가 있다.

한(韓) 소후(昭侯)가 하루는 가위로 손톱을 자르다 일부러 잘린 손톱이 없어졌다며 "손톱이 없어진 것은 불길한 징조니 어떻게든 찾아내라"라고 엄명을 내렸다. 그러자 측근들은 온 방 안을 다 뒤지기 시작했다. 손톱이 있을 리가 있는가? "없어질 리가 있나? 내가 찾아보지"라며 소후가 직접 찾아 나서려 하자 한 측근이 몰래 자기 손톱을 잘라 내밀며 "찾았습니다. 여기"라고 외쳤다. 소후는 이런 방법으로 누가 거짓말을 하는지 알아냈다.

《한비자》에서는 간신을 찾아내는 이 '협지법'을 "모르는 척 물어보면 알지도 못하는 자가 나타나고, 어떤 사물을 깊게 알면 감추어져 있던 것들이 모두 변한다"라고 설명하고 있다. 다시 말해 "알고 있는 것을 모르는 것처럼 감추고 물어보면 모르던 사실도 알게 되며, 한 가지 일을 세세히 탐지하면 감추어져 있던 것들이 드러난다." 상대에게 내가 이미 알고 있다는 사실을 눈치채게 하면 상대는 곧 그에 상응하는 대책을 세운다. 모르는 척해야 비로소 경계하지 않고 그 참모습을 드러내게 된다. 하물며 일체의 면목을 다 드러낸다면 끝내는 우롱을 당하기 마련이다.

4. 도언법(倒言法) : 이 방법은 황당한 말로 상대를 시험하는 것이다. '도(倒)'자는 '뒤바뀌었다'라는 뜻으로, '도언'이라 하면 그 말을 뒤집어한다는 뜻이다. 사실과 상반된 얘기를 해서 상대방의 심리를 꿰뚫는 방법이다. 이런 고사가 있다.

연나라에 상국의 자리에까지 오른 자지(子之)란 인물이 있었다. 한번은 그가 부하들과 얘기를 나누다 불쑥 "방금 문 입구에서 뛰어나간 것이 백마 아닌가"라고 물었다. 물론 이 말은 거짓이었다. "아닙니다. 아무 말도 뛰어나가지 않았습니다." 모두들 이구동성으로 보지 못했다고 했다. 그런데 그중 한 사람이 문밖으로 뛰어나갔다가 돌아와서는 "분명 백마 한 필이 뛰어나갔습니다"라고 보고하는 것이 아닌가? 자지는 이렇게 해서 자기 주위에서 누가 진실치 못한가를 알아냈다. 이 방식은 요즘 말로 하자면 '올가미를 쳐놓고 시험한다'라고 할 수 있다. 떳떳한 방법은 아니지만, 특수한 상황에서는 충분히 고려해볼 수 있는 방법이다.

5. 반찰법(反察法) : 상반된 입장에서 동기를 찾는 것을 뜻하는 말

이다. 어떤 사건이 발생했을 때 그 일의 주된 작용(역할)은 그 일로 누가 이득을 보느냐 하는 것이다. 누군가 피해를 봐야 하는 상황에서 그 일로 득을 보는 자의 행위를 살피는 것이다. 이와 관련해서 이런 고사가 있다.

한(韓)의 희후(喜侯)가 목욕을 하다가 욕조에서 작은 돌을 발견했다. 희후는 시종을 불러 "욕실을 담당하고 있는 자를 파면하면 그 후임자가 있겠느냐"라고 물었다. "예, 있습니다." "그자를 불러오너라." 희후는 그자를 심하게 나무랐다. "어째서 욕조에 돌이 있느냐." 그러자 그자가 말했다. "담당관이 파면되면 제가 그 자리를 맡으리라는 생각에서 돌을 넣었습니다……."

주관적 분석에만 한정되어서는 안 되며, 상대의 입장에서 그 동기를 찾는 것, 이것이 상대를 간파하고 그 상대를 부리는 방법이다.

고대사회에서 통치자와 부하, 통치 집단 내부인들 사이는 서로 이용하고, 서로 시기하고, 서로 알력하는 관계였다. 통치자는 자신의 이익을 위해 타인의 심리를 통찰하는 많은 방법과 방식으로서의 모략을 창조해왔다. 물론 이런 모략을 이해할 때는 그 시대적 한계성에 대해서도 충분히 주의를 기울여야 할 것이다.

2. 대간사충(大奸似忠)[35]

'대간사충'이란 속마음은 아주 음험한 사람이 겉으로 보기에는 충성스러워 보인다는 말이다. 이 표현은 송나라 때 사람 소박(邵博)의《문견후록(聞見後錄)》권23의 "크게 간사한 자는 충성스러워 보이고 겉으로 보기에 소박하지만, 그 안에 교묘한 기술을 숨기고 있다"라는 대목에서 나왔다.

동서고금을 통해 큰 간신일수록 충성스러워 보이는 자들이 결코 적지 않았다. 춘추시대 최초의 패자 노릇을 했던 제나라 환공(桓公)의 측근으로 수조(豎刁)·역아(易牙)·개방(開方) 이 세 사람이 유명했다. 이들은 모두 남에게는 차마 말할 수 없는 정치적 목적을 숨기고 갖은 궁리를 다해 권력을 잡으려 했던 인물들이었다. 세 사람 모두 아부·뇌물·부추김·감언이설 등 온갖 수단과 방법으로 환공의 환심과 신임을 얻으려 했다.

수조는 환공을 옆에서 보살피려고 자진해서 자신의 성기를 잘랐다. 그는 직책상의 이점을 한껏 활용해서 늘 환공의 활동을 유심히 관찰하여, 환공의 생활 습관과 각종 기호를 완전히 알아내서는, 사사건건 환공이 바라는 것, 좋아하는 것, 하고 싶은 일을 처리했다. 환공은 이런 수조의 마음 씀씀이를 칭찬했다.

역아는 요리에 아주 능했다. 그는 먼저 환공의 애첩 장위(長衛)

---

35. 위의 책(속집)〈간사모략〉편 중 '대간사충(大奸似忠)' 조항.

의 총애를 얻은 다음 환공에게 접근하여 신임을 얻은 인물이었다. 언젠가 한번은 환공이 농담으로 사람 고기를 먹어 본 적이 없다며, 사람 고기 맛은 어떤지 모르겠다는 말을 했다. 이를 들은 역아는 세 살 난 자기 친아들을 삶아서 그 고기를 환공에게 갖다 바쳤다. 환공은 역아가 자신을 위해 친자식까지도 희생했다며, 자신을 사랑하는 마음이 친자식을 사랑하는 마음보다 더 갸륵하다며 칭찬을 아끼지 않았다. 그 뒤로 역아는 환공의 총애를 한 몸에 받았다.

개방은 환공이 여자를 밝힌다는 사실을 알고는 위(衛)나라 의공(懿公)의 딸이 아름답다며 환공에게 추천했다. 이에 환공은 의공의 두 딸을 차례로 첩으로 삼았고, 따라서 개방도 환공의 총애를 받게 되었다. 이자는 자기 아버지가 죽었는데 집으로 돌아가 상을 치르지도 않았다.

제나라 환공은 수조·역아·개방에게 홀려 혼탁한 생활에 빠졌다. 결국은 자신도 굶어 죽는 비극적인 죽음을 당하는 화를 자초했다. 죽기 직전에 크게 후회했지만 때는 이미 늦었다.

중국 항일전쟁 시기인 1941년 세상을 깜짝 놀라게 한 환남사변(皖南事變)이 있었다. 당시 중국 공산당 동남국 서기이자 신사군(新四軍) 부군장이었던 항영(項英)은 달콤한 잠에 빠져 있다가 평소 지극히 신임하던 부관 유후총(劉厚總)에게 잔인하게 총살당했다. 항영이 유후총에 베푼 은혜는 태산과 같았고, 유후총도 평소 항영에게 바짝 붙어 다니며 오로지 충성스러운 말만 내뱉었다. 항영은 유후총이 돈 때문에 자신을 죽이고 적에게 투항하리라고는 꿈에도 생각하지 못했고, 절대 믿지 못했다.

이런 면에서 보자면 '(모택동毛澤東 주석의) 어록을 손에서 놓지 않고 만세를 입에 달고 살면서 늘 좋은 말만 하다가 등 뒤에서 독수를 날린' 임표(林彪)는 현대 중국 역사에서 '큰 간신은 충성스럽게 보인다'라는 표본을 집대성한 자라 할 만하다.

역사상 무수한 사례가 알려주고 있다. 가장 무서운 적은 흔히 자기 옆에 있는 가장 믿고 가장 가까운 사람, 즉 '충성스러워 보이는 크게 간사한 자'이다. 역사상 많은 통치자가 이런 자들을 믿고 의지하다가, 또 이들의 꼬드김과 부추김에 빠져 사치와 방탕, 온갖 놀이에 빠져 나랏일을 돌보지 않았다. 또 이들의 모함에 넘어가 충직하고 뛰어난 인재를 해치며 나라와 백성을 잘못된 길로 이끌었다. 그리고는 결국 자신의 몸을 망친 것은 물론 나라까지 망하게 했다.

충성스러워 보이는 큰 간신들의 특징은 '웃음 속에 비수를 숨기고', '입으로는 달콤한 말을 내뱉지만, 뱃속에는 검을 감추고 있다.' 요직에 앉아 많은 정보를 장악하게 되면 일쑤 음모의 수단으로 사사로운 욕심을 채운다. 사실 이런 자들을 가리고 방지하는 일은 결코 쉽지 않다. 이런 자들을 제대로 간파하려면 일정한 통찰력이 필요하다. 먼저 겉 다르고 속 다른 이런 위선의 비정상적인 사람들과는 일정한 거리를 두고 경계하면서 시간을 들여 살피고 시험해야 한다.

역사상 이런 자들의 본색을 꿰뚫어 본 선지자들은 가까이 있는 사람들의 감정과 정서를 제대로 살피지 못하면 무슨 속내를 갖고 있는지 헤아릴 수 없다고 했다. 제나라 환공 때 재상이었던 관중은 생전에 역아를 비롯한 그 세 사람의 정체를 정확하게 간파하고 환공에게 다음과 같은 경고를 남긴 바 있다.

"자식을 사랑하는 것은 인지상정입니다. 그런데 역아라는 자는 자식을 삶았으니 무슨 일인들 못하겠습니까? 주군이 마음에 있기나 하겠습니까?"

"부모를 사랑하는 마음 역시 인지상정입니다. 그런데 개방이란 자는 아버지에게 그렇게 했습니다. 그러니 주군이 눈에나 보이겠습니까?"

"자기 몸을 아끼는 것 역시 인지상정입니다. 그런데 수조라는 자는 자신의 성기를 잘랐습니다. 그러니 주군이 안중에나 있겠습니까?"

관중은 세 사람의 정체와 진면목을 정확하게 간파했고, 이들의 목적이 어디에 있는가를 환히 들여다보았다. 문제는 권력자였던 환공에게 이런 안목이 없었다.

겉으로 충성스러워 보이는 이런 자들을 막으려면 당사자가 감언이설이나 달콤한 말에 빠져서는 안 된다. 유언비어, 중상모략, 아첨의 말 등에 휘둘리지 말고 용감한 직언에 귀를 기울이는 한편, 자신의 잘못을 스스로 비판하면서 올바른 비판을 공개적으로 격려해야 한다. 이처럼 좋은 민주적 분위기와 환경을 확실하게 조성하여 '대간사충' 같은 자들이 생존할 수 있는 여지를 없애야 한다.

3. 식인술(識人術)[36]

사람을 제대로 인식하는 방법으로서 '식인술'은 관리자가 사람을 기용하거나 사람 됨됨이를 살피거나 어떤 사람이 간사한 자인지 아닌지를 살피거나 간에 아랫사람에 대한 전면적인 이해를 위해서 절대 필요하다. 이는 또 대단히 복잡한 과정이다. 가장 중요한 것은 그 말을 듣고, 그 행동을 보며, 그 기색을 살피는 것이다. 그러나 이런 감각과 지각은 왕왕 단편적이고 정확하지 못하다. 그 이유는 우선 사람을 인식하려는 당사자 자신에게 '규율성(規律性)'이라는 인상 편차가 나타나기 때문인데 이런 편차에는 주로 다음 몇 가지 종류가 있다.

1. **첫인상 효과** : 최초로 얻은 정보가 인상 형성에 가장 크게 작용한다.

---

36. 위의 책(속2집) 〈통어모략〉 편 중 '식인지술(識人之術)' 조항

2. **마지막 인상 효과** : 최후의 인상이 사람에 대한 인지에 강력한 영향을 미친다.

3. **후광효과** : 부분적인 정보가 전체적인 인상을 결정한다. '사랑하면 마마 자국도 보조개로 보인다'고나 할까?

4. **고정관념 효과** : 자기도 모르게 존재하는, 어떤 고정화된 사고방식이 사람에 대한 이해 및 평가에 영향을 미친다.

5. **투사효과** : 사람에 대한 인상이 형성될 때 늘 타인과 자기의 경향을 같다고 가정하여 자기의 특성을 타인에게 투사한다.

6. **사회적으로 새겨진 인상** : 사회적으로 어떤 사물 또는 인물에 대해 나타나는 비교적 고정적이고 개괄적인 사고방식을 말한다.

다음으로 선발을 기대하는 사람에게는 대개 '인상을 꾸미려는' 경향이 있다는 점이다. 즉 적당한 차림, 말투, 표정, 자세, 동작 등을 통해 의식적으로 자신의 이미지를 만들어낸다. 이를 '위장'이라고도 부르는데 심하면 '울음으로 호소하거나' '비위를 맞추기 위해 아첨을 떨기도 한다.'

따라서 사람을 어떻게 아느냐 하는 문제는 관리자에게 일정한 전술과 모략을 반드시 갖출 것을 요구한다. 이와 관련하여 역사상 이름난 인물들의 '식인술'을 알아보는 일이 도움이 될 것이다 (이에 대해서는 따로 상세히 분석했으므로 간략하게 요지만 나열했다.).

✚ 제갈량의 식인술

1. 시비에 대한 판단을 통해 그 사람이 뜻하는 바를 이해한다.

2. 연속된 질문을 통해 진실한 태도와 개성 및 특성을 살핀다.

3. 어떤 일이나 상황에 대한 꾀를 물어 지식 수준을 가늠한다.

4. 술에 취하게 만들어 그 본성을 알아본다.

✚ 이극(李克)의 식현술(識賢術)

1. 불우한 때에 어떤 사람과 가까이 지내는가를 살펴 그 사람
   의 됨됨이를 안다.

2. 부유한 때에 돈을 어떻게 쓰는가를 살펴 그 품행을 이
   해한다.

3. 높은 자리에 있을 때 어떤 사람을 추천하는가를 살펴 그의
   공사심(公私心)을 안다.

4. 가난한 때에 어떤 일을 하는가를 살펴 그 뜻을 안다.

5. 곤경에 처했을 때에 어떤 처세와 태도를 취하는가를 살펴 정
   직 여부를 알아본다.

✚ 손무(孫武)의 관인술(觀人術)

1. 밤에 고함을 질러대는 것은 언제 공격을 당할지 모른다는
   두려움을 감추기 위한 것이다.

2. 적진에 깃발이 이리저리 날리는 것은 내부에 다툼이 일어났
   음을 나타내는 것이다.

3. 지휘관이 까닭 없이 부하에게 성을 내는 것은 해결할 수 없는 어떤 압력에 직면했다는 것이다.
4. 부하의 얼굴색을 살피지 않을 수 없다는 것은 관민 관계에 틈이 벌어지고 위기상황이 나타났음을 뜻한다.
5. 상벌을 남용하는 것은 통제 불능에 빠졌음을 나타낸다.
6. 포악하게 군 다음 부하들을 두려워하는 것은 통치자의 능력이 시원찮다는 표시다.
7. 겉으로는 겸손한 척하면서 몰래 준비하는 것은 공격해 들어올 조짐이고, 겉으로는 강경하게 쳐들어올 것처럼 하는 것은 기회를 틈타 물러가겠다는 표시다.

그러나 이 정도로는 완전하지 못하다. '인간의 본질은 단순히 한 개인의 고유한 추상물이 결코 아니다. 실제로 그것은 모든 사회관계의 결합'이기 때문이다. 따라서 사람을 알려면 그 사람이

'모략학'에는 인간의 본질을 통찰하고, 인재를 가려내는 다양한 방법을 제시하고 있다. 사진은 《모략고》의 국내 번역서인 《모략》(전 3권)이다.

사회에서 차지하고 있는 지위 및 사회관계의 수준에서 알아보아야 한다. 서양의 관리 심리학에서는 관리와 관계된 네 가지 가설을 제기하고 있다.

1. **경제형** : 사람들은 모두 최대의 경제이익을 쟁취하려 하며, 일은 보수를 얻기 위한 것으로 여긴다.

2. **사회형** : 인간이 가장 중시해야 할 것은 주변 사람과 좋은 관계를 맺으며 일하는 것이라고 생각한다.

3. **자아실현형** : 잠재력이 충분히 발휘되고 재능이 충분히 발휘될 때 비로소 최대의 만족을 느낄 수 있다고 본다.

4. **복잡형** : 경제형이건 사회형이건 또는 자아실현형이건 각자 합리적인 면이 있지만, 모든 사람에게 적용되지는 않는다고 본다. 왜냐하면 인간은 복잡하기 때문이다. 사람마다 다르며 개인 그 자체는 나이, 시간, 장소에 따라 서로 다르게 나타나고, 필요성과 잠재력은 나이가 들어감에 따라, 지식이 늘어남에 따라, 지위가 달라짐에 따라, 또 인간과 인간의 관계가 변함에 따라 모두 달라지기 때문이다.

제3부

리더의 판단
세태와 인간의 변질을 식별하는 법

1
은밀한 족속들을
식별하는 비결

|

증국번(曾國藩)의 처세삼절(曾國藩處世三絶)

　'세상에서 가장 위험한 동물은 바로 인간'이라는 말이 있다. 또 세상에서 가장 큰 미스터리는 유에프오(UFO)도, 버뮤다 삼각지대도 아닌 인간 자체에 관한 미스터리라는 말이 있다. 또 이런 말들도 있다. 호랑이를 그릴 때 껍질을 그리기는 쉬워도 뼈는 그리기 어렵고, 사람을 알려고 할 때 겉모습은 금세 알아도 마음은 모른다. 세상에 모든 어려운 일 가운데 가장 어려운 일이 사람을 아는 '식인(識人)', 사람을 쓰는 '용인(用人)', 사람을 관리하는 '관인(管人)'이다.

　역사상의 중대하고 심각한 음모는 모두 사람을 몰랐던 것에서 시작되었고, 사회상 가장 비극적인 사건 모두 사람을 잘못 기용한 것에서 비롯되었다. 일이 잘되는 것도 사람을 쓰는 데 있고, 일을 그르치는 것도 사람을 쓰는 데 달려 있다. 일을 성사시키는 것도 사람을 아는 데 있고, 일이 잘못되는 것도 사람을 아는 데 있다.

증국번은 중국 역사상 사람을 가장 잘 썼다는 평가를 받고 있다. 특히 참모들을 적재적소에 기용하는데 남다른 능력을 보였다. '식인', '용인', '관인' 세 방면에서 통찰력 넘치는 많은 문장과 실천 경험을 남겼다.

우리의 현실에는 충직하고 강직한 이른바 정인군자도 많지만, 말과 행동이 다르고 겉과 속이 다른 소인배들은 더 많다. 따라서 이런 소인배 쭉정이들을 걸러내려면 그 언행의 겉과 속을 투철하게 살펴야 한다. 가상을 걷어내고 속내를 환하게 드러낼 줄 알아야 한다. 이에 '은밀한 족속들'이라 부를 수 있는 소인배와 아부꾼을 식별하는 비결(?)을 비롯하여 가상(假象)을 꿰뚫고 진정한 사람을 가려내는 안목, 이간술의 식별, 기용해서는 안 되는 네 종류의 족속 등에 관한 이야기를 나누어 보고자 한다.[37]

_각종 소인배를 어떻게 식별할까?

첫째, 소인배의 세 가지 심리에 대해 알아야 한다. 대부분의 소

---

37. 이 부분은 '식인', '용인', '관인'의 세 방면 모두에서 남다른 안목과 실천력을 보였던 청나라 말기의 정치가이자 군사가이며 최고 지식인으로 평가받는 증국번(曾國藩)의 논리와 주장을 참고했다. 관련한 참고서는 商謀子 編著, 《食人, 用人, 管人 − 曾國藩處世三絶》, 中國盲文出版社, 2003년.

인배는 심리적으로 세상이 평온하고 안정되어 있는 것을 바라지 않는다. 비바람이 불고 풀과 나무가 뽑혀야 흥분해서 날뛰는데, 대체 아래 몇 가지 심리 상태를 보인다.

1. 엽기적 심리다. 허무맹랑하고 사실과 동떨어진 과장된 정보를 좋아하는 자들이다. 마치 진짜와 가짜를 구별하지 못하고 무엇이든 마구 수집하는 수집가와 비슷하다. 이런 자들은 어떤 화제에도 죄다 흥미를 느끼고 관심을 보인다. 자기에게 다가오는 것은 모두 보물처럼 귀하게 여기며 물리칠 줄 모른다. 기이한 것에 지나치게 호기심을 보이고, 기이한 이야기를 들으면 흥분하여 홀려 버린다. 그리고는 이런 것들을 부풀리고 가짜와 거짓을 보태 유언비어를 퍼뜨리고, 심지어 이런 것들로 다른 사람을 헐뜯는다.

2. 무엇이든 입증받으려는 심리다. 자기 주위에서 발생하는 일들에 대해 늘 반신반의하여 주저하고 결정하지 못한다. 그러면서 자신의 생각이 증명받길 희망한다. 그래서 이와 관련된 이야기나 소식 및 정보를 들으면 바로 진실로 믿어 버린다. 그리고는 이를 부풀려 자신의 능력이라도 되는 듯 과시한다.

3. 같은 것, 다수를 따르려는 추종 심리다. 많은 사람이 큰 흐름에 추종하길 좋아한다. 모험에 따른 부담이 두려워서가 아니라 자신의 특별한 개성을 나타내길 원치 않기 때문이다. 말하자면 '모난 돌이 정 맞는' 일을 피하자는 것이다. 이러다 보면 '대부분의 사람들이 믿으니 나도 당연히 믿어야 한다'라

는 타성에 젖는다. 당연히 다른 사람과 같아야지, 이렇게 편하게 생각하는 것이다. 모두 취해 있는데 나만 깨어 있으면 되겠어? 함께 마음껏 취해야지. 이런 심리 상태이다. 이런 자들은 옳은지 그른지, 정의로운지 사악한지를 따지지 않고 시류에 편승하여 일신의 영달만 미친 듯 추구한다.

둘째, 소인배의 세 갈래 심사(心思)를 인식해야 한다.

1. 소인배들은 귀에 솔깃한 정보를 좋아한다. 어떤 배우가 미스터리하게 죽었다느니, 어떤 유명인이 몇 번째 결혼을 했다느니, 비행기 추락으로 몇 명이 죽었다느니, 기차 폭발로 몇 시간이나 운행이 중단되었는지, 총을 든 몇 명의 범인이 도주하여 어디로 갔는지, 어디 은행이 털렸는데 범인이 단서를 하나도 남기지 않았다는데, 대도시에 전염병이 유행하여 얼마나 죽고 어디까지 전염되었으며, 며칠 안에 우리 시에도 유행할 것이라는 등등과 잡다한 소식에 매달린다.

2. 소인배들은 각종 옐로 저널리즘(Yellow Journalism)에 환장한다. 특히 자기 주변 사람이 관련된 이런 뉴스에는 더 열광한다. 사실 보통 사람들은 누가 몇 번째 부인을 맞이했느니 하는 이따위 뉴스에는 관심을 두지 않는다.

3. 소인배들은 자신의 이익과 관련이 있다고 생각하는 자잘한 뉴스를 좋아한다. 중국에서 이런 일이 있었다. 한 여성이 버스를 타고 가다가 몇 사람이 들릴 듯 말 듯한 소리로 무엇인가

를 속삭이고 있었다. 그런데 그중 한 여자가 자신을 자꾸 흘 끗거렸다. 이 여성은 이들이 무슨 이야기를 하는지 듣기 위해 귀를 쫑긋 세웠다. 그런데 그중 일부는 자기 남편에 대한 이 야기 같았다. 그러면서 또 자기를 힐끔힐끔 쳐다보았다. 여성 은 집으로 돌아와 남편과 한바탕 부부 싸움을 벌였다. 다음 날 부부는 서로의 뒤를 캐기 시작했고 결국 헤어졌다. 소인 배들의 심리가 이와 비슷하다. 자기 이해관계가 걸렸다고 생 각하면 아무리 사소한 일이라도 극도의 관심을 보이고, 조 금이라도 손해가 난다고 판단하면 마구 달려들어 헐뜯고 공 격한다.

_아첨꾼들을 어떻게 식별할까?

이런 웃지 못할 우스갯소리가 있다. 지옥의 염라대왕이 어느 날 갑자기 무슨 생각이 들었는지 저승사자를 불러 "인간 세상에 내려 가서 입만 살아 말을 번지르르하게 하는 자들을 다 잡아들여라. 그자들을 기름 가마솥에 넣고 튀겨 죽이겠다"라고 했다. 그러면서 그런 자들 때문에 인간들이 착한 본성을 잃고 나쁜 길로 빠져들 고, 착한 사람들이 피해를 보고 있다며 호통까지 쳤다.

저승사자는 단숨에 염라부를 떠나 인간 세상에 내려갔다. 그런 데 내려간 지 몇 시간도 되지 않아 저승사자가 다시 염라부로 돌 아왔다. 염라대왕은 깜짝 놀라며 "어찌 이리 빨리 돌아왔느냐?

잡아 오기는 했느냐"며 다그쳤다. 저승사자는 "제가 감히 명을 어길 수 있겠습니다. 인간 세상에 내려갔더니 대왕께서 말씀하신 그런 자들이 너무 많아 손만 뻗치면 바로바로 잡혔습니다. 그래서 아무나 한 놈만 잡아 왔으니 심문해 보십시오"라고 답했다.

염라대왕이 그자를 심문하기 시작하는데, 순간 부주의로 방귀를 뀌었다. 그 냄새가 지옥 전체를 진동시켰다. 그런데 그자는 염라대왕 곁으로 쪼르르 달려가서는 무릎을 꿇으며 아주 공손한 태도로 "아이고! 대왕의 방귀가 이렇게도 아름답고 오묘할 수가 있답니까? 그 소리는 귀를 즐겁게 하는 음악 소리 같고, 그 냄새는 사향이나 꽃향기보다 더 향기롭습니다"라며 알랑방귀를 뀌었다.

염라대왕은 이 아부에 넋이 나가 "허! 네놈이 이 옥체의 존귀함을 제대로 알고 있구나. 기특한 놈이니 살려주마. 저승사자는 이놈을 내전으로 데리고 가서 잘 대접하거라"라며 껄껄 웃었다. 저승사자를 따라 내전으로 가면서 이자는 이번에는 저승사자에게 이렇게 아부를 해댔다. "사자님의 외모가 범상치 않습니다. 머리 위의 두 뿔은 마치 달처럼 아름답게 빛이 나고, 번쩍이는 눈은 푸른 하늘의 유성과도 같습니다." 이 사탕발림에 저승사자도 꼴딱 넘어가서는 "대왕께서 너를 대접하고 하셨는데 준비하려면 시간이 좀 걸리니 먼저 우리 집에서 차 한잔하면서 기다리자"며 싱글벙글 좋아 어쩔 줄 몰라 했다.

아부꾼이나 아첨꾼으로 불리는 자들이 바로 이렇다. 지옥에 가서도 그 본색을 버리지 못하고 염라대왕과 저승사자에게 아양을 떨어낸 저런 자와 하등 다를 것이 없다. 그 달콤한 사탕발림에 넘어가면 저런 자를 마치 자신의 모든 것을 다 해결해줄 수 있는 '희망의 나무'처럼 여긴다.

이런 자들의 특징을 가장 잘 대변하는 네 글자 두 가지가 있다. 바로 '웃음 속에 비수를 감추고 있다'라는 '소리장도(笑裏藏刀)'와 '입으로 달콤한 말을 내뱉지만, 뱃속에는 검이 들어 있다'라는 '구밀복검(口蜜腹劍)'이다. '소리장도'는 북송 시대의 구양수(歐陽修)와 송기(宋祁) 등이 편찬한 《신당서》의 다음 대목에 보인다.

"이의부(李義府)는 생김새가 부드럽고 공손하여 사람과 얘기할 때는 늘 웃는 얼굴이다. 그러나 음흉스러운 도적 같은 심보가 감추어져 있었다. 자기의 뜻에 어긋나는 자는 모조리 중상모략으로 해를 입혔다. 당시 사람들은 그에게 '웃음 속에 비수를 감추고 있다'라는 뜻에서 '소중도(笑中刀)'라는 별명을 붙였다. 또 부드러움으로 사물에 해를 가한다 해서 '인묘(人猫)'라고도 했다."

'소리장도' 이의부는 당나라 태종 때 정책을 제안하여 문하성(門下省) 전의(典儀)라는 벼슬에 발탁되었다. 고종 때는 중서사인(中書舍人)으로 승진했고, 측천무후 때 오면 중서시랑참지정사(中書侍郎參知政事)라는 고위 관직에 올랐다. 657년에는 중서령(中書令) 겸

우재상(右宰相)이 되어 허경종(許敬宗) 등과 함께 정국을 주도했고, 여재(呂才) 등에게 위임하여 《민족지(民族志)》를 다시 개정하게 함으로써 기득권 귀족을 억압하기도 한 인물이었다.

《신당서》의 이의부에 대한 평가를 좀 더 살펴보면 대체로 이렇다. 이의부는 겉으로는 온순하고 선해 보이며, 사람과 얘기를 나눌 때는 얼굴에서 미소가 떠나지 않았다. 그러나 내심은 음흉하고 악랄하여, 자기 마음에 차지 않는 사람은 모두 무슨 수를 써서라도 중상모략해서 해를 입혔다.

이런 일이 있었다. 이의부가 감옥에 아주 예쁜 여자가 갇혀 있다는 소문을 듣고는, 감옥을 관장하는 관리 필정의(畢正義)를 감언이설로 꼬드겨 그 여자를 석방하게 하고는 그 여자를 자신이 차지해 버렸다. 그 뒤 누군가가 이 일로 필정의를 고발하자, 안면을 싹 바꾸어 필정의가 자살하도록 압박했으며, 고발한 사람도 모함하여 변방으로 좌천시켰다. 그래서 당나라 때의 시인 백거이(白居易)는 '성난 눈 속에 불이 타오르고, 조용히 웃는 웃음 속에 칼이 숨겨져 있다'라는 시까지 남겼다.

한편 '구밀복검'은 당나라 현종(玄宗) 때의 정치가로 이임보(李林甫, ?~752)란 인물에게 붙은 수식어다. 이임보는 황제와 같은 집안으로 병부상서(兵部尙書) 겸 중서령(中書令)이란 재상 자리를 꿰차고 하늘을 찌를 권세를 누렸다. 글도 제법 하고 그림도 잘 그렸다. 재능과 기예도 상당했다. 게다가 아첨하는 재주가 남달라 현종을 비롯하여 현종의 심복 환관 및 총애하는 비빈들의 비위를 잘 맞

모든 소인배가 다 간신은 아니지만, 간신들은 예외 없이 소인배다. 아첨꾼도 마찬가지다. 이들 모두가 간신은 아니나 예외 없이 소인배이다. 아첨꾼의 가장 크고 공통된 특징은 말은 사탕처럼 달콤하지만, 그 안에 독이 들어 있다는 것이다. 이의부는 그 전형의 한 예에 지나지 않는다. 사진은 드라마 속의 이의부 모습이다.

추었다. 그는 이런 특별한 재능으로 무려 19년 이상 조정의 최고 자리인 재상 자리를 지켰다. 일반 사람과 접촉할 때도 겉으로 늘 쉽게 친해질 수 있는 태도를 보이고, 말도 듣기 좋은 말만 골라서 했기 때문에 사람들은 정말 그가 참으로 보기 드문 충신이자 훌륭한 재상이라고 여겼다. 그러나 실상은 진짜 음험하고 교활하기 짝이 없는 인물이었다.

《자치통감(資治通鑑)》당 현종 천보(天寶) 원년인 742년의 기록을 보면 이런 일이 나온다. 이임보는 재상으로 재능이나 공이 자기보다 높거나 황상에게 총애를 받는 사람으로서 그 세력이 자기에 접근하는 자가 있으면 갖은 방법으로 그를 제거했다. 겉으로는 그와 친하게 지내며 달콤한 말만 하지만 뒤에 가서는 그를 모함했다. 세상 사람들은 이임보를 두고 '구밀복검', 즉 '말은 달콤하지만, 뱃속에는 칼을 숨기고 있다'라고 쑤군거렸다. 이로써 '구밀복검'은 이임보의 별칭이 되었다.

이임보는 재주는 있었지만, 학문이 천박했고 공부도 하지 않았다. 한번은 이임보가 공석이 된 호부시랑 자리에 소경(蕭炅)이란 자를 추천했는데, 이자도 이임보와 비슷해서 공부를 싫어했다. 중서시랑 앞에서 '복랍(伏臘)'을 '복렵'으로 읽는 바람에 웃음거리가 되었다. 당시 중서시랑이었던 엄정지(嚴挺之)는 이 일을 재상 장구령(張九齡)에게 보고하며 "조정의 장관으로 어찌 '복렵시랑(伏臘侍郞)'을 앉힌단 말입니까? 장차 천하의 웃음거리가 되게 생겼습니다, 그려"라며 끌을 찼다. 이 일로 이임보에게는 '복렵시랑'이란 별칭이 하나 더 추가되었다(이 일로 엄정지는 훗날 이임보의 모함으로 좌천되었다.).

'구밀복검'은 '구유밀(口有蜜), 복유검(腹有劍)', '말은 달콤한 꿀처럼 듣기 좋게 하지만, 뱃속에는 사람을 죽이려는 음모를 가득 품고 있다'라는 문장을 줄인 유명한 사자성어이다. 이와 비슷한 성어들로는 위의 '소리장도', '겉과 속이 다르다'라는 뜻의 '표리부동(表裏不同)', '양 머리를 간판으로 세워 놓고 개고기를 판다'는 뜻으로 선전과 내용이 일치하지 않음을 비유하는 '양두구육(羊頭狗肉)' 등이 있다. 모두 음험한 자들의 특징이자 공통점이다. 역사상 간신들은 죄다 이런 특징을 갖고 있었다.

아첨꾼이 모두 다 간신은 아니겠지만, 간신들은 예외 없이 아첨꾼이다. 이는 역사가 생생하게 입증한다. 내 주위에 어떤 사람이 있는지 잘 살필 일이다.

_어떻게 가상(假象)을 꿰뚫고
 진정한 인재를 식별하나?

옛사람은 '세상사 어렵기로는 사람을 아는 일만 한 것이 없다'라고 했다. 인재를 판별하는 일이 가장 어렵다는 뜻이기도 하다.

왜냐하면 '사이비(似而非)' 때문이다. 인간이 그만큼 복잡하다는 말이다. 사이비는 겉으로 드러나는 말과 행동이 진심이나 실상과 다르기 때문에 나타난다. 일부러 진심이나 실상과 다르게 말하고 행동하는 것을 '가상'이라 한다. 바로 이 가상 때문에 사람을 제대로 보지 못하고 그릇된 길로 빠지는 것이다. 또 이 때문에 진정한 인재를 식별하지 못한다.

물론 인간이 완전한 존재가 아니기에 인식의 오차 구역은 불가피하다. 하지만 불가피하다고 해서 그 오차를 그대로 방치하거나 더 키워서는 결코 안 될 일이다. 끊임없이 자신의 판단력을 단련시켜 오차 구역을 좁히고, 나아가 오차 자체를 극복해야 한다. 사람에 대한 인식의 오차 구역을 극복하기 위해서는 정확하고 올바른 방법으로 사람을 대하고 인식하고 판단해야 한다. '노력보다 중요한 것이 방법'이라는 격언도 있듯이, 역대로 수많은 선현이 제시한 정확하고 깊이 있는 인간 식별법을 공부하고, 이를 현실에 맞게 창조적으로 바꾸어 확고한 자신만의 기준으로 장착해야 할 것이다.

인간은 단순하지 않다. 한 면만 가진 단편적인 존재가 아니다. 아주 복잡하고 다면적인 존재다. 얼마든지 겉 다르고 속 다를 수 있다. 선의에 따른 이중성 내지는 다중성도 얼마든지 가능한 존재가 인간이다. 문제는 나쁜 마음을 먹고, 자기 욕심만을 위해 가상으로 상대를 홀리고 속이는 자들이다. 그래서 인간에 대한 확고한 자신만의 인식 기준과 식별법, 즉 정확한 안목을 가지고 있어야 한다는 것이다. 조직을 이끄는 리더는 말할 것 없고, 나라를 위해 일할 공복을 선택하는 책임과 의무를 지닌 보통의 시민들도 이런 안목을 가져야 한다. 그래야 나의 미래, 우리의 미래, 나라의 장래가 최소한 보장될 수 있다.

사람을 알고 진짜 인재를 식별하기 어려운 까닭은 여러 종류의 인간이 일목요연하게 구별되어 있는 것이 아니라 한데 뒤섞여 있기 때문이다. 가상과 사이비가 나타나는 것도 이 때문이다. 자신의 진면목과 정체를 감추거나 위장하여 뒤섞여 들어갈 수 있기 때문이다. 이를 가려내려면 그 사람의 언행에 감추어져 있거나 함축되어 있는 또 다른 의중 내지는 의도를 간파할 줄 알아야 한다. 참고로 겉모습과 실상이 다른 경우들을 나열해둔다.

강직하고 호탕해 보이지만 실은 각박한 자들이 있다. 부드럽고 약해 보이지만 실은 충실한 사람이 있다. 겉으로 보기에는 아주 청렴해 보이지만, 실제로는 전혀 그렇지 않은 사람이 있다. 거리낌 없이 말을 잘하고 능력이 넘치는 것처럼 보이지만, 실제로는 무능한 자가 있다. 세상에 모르는 것 없는 박학다식한 사람처럼 보이지만, 실은 빈껍데기에 어떤 재능도 없는 자들이 적지 않다. 반응이 느리고 학식도 없어 보이지만, 실은 박학하고 학문이 깊은 사람도 있다. 입으로 툭하면 정의와 공정을 내세우지만, 뒤에서는 오로지 사리사욕을 위해 불공정을 일삼는 자들도 적지 않다. 사악한 진짜 모습을 감추고 겉으로 강직과 정직을 크게 외치는 자들이 있다.

진짜 속에 가짜가, 가장 속에 진면목이 숨어 있다. 이것 안에 저것이, 저것 안에 이것이 섞여 있다. 또 이름 없는 사람들 속에 진짜 인재가 있다. 돌 안에서 빛나는 옥이 숨어 있다. 이는 세상의 보편적 현상이자 이치이다. 따라서 앞서 누누이 강조한 바와 같이 이 현상의 이면을 통찰할 줄 알아야 한다.

_소인배, 아첨꾼,
사이비의 이간술(離間術)을 어떻게 식별할까?

소인배를 비롯하여 아첨꾼과 사이비를 제대로 가려내기 위해서는 그들의 술수를 간파할 줄 알아야 한다. 소인배의 공통된 술수들 중 하나로 사람들의 관계를 갈라놓는 '이간술'이란 것이 있다. 이에 이런 자들의 술수, 특히 이간술의 특징 등을 분석해본다.

이간술은 일종의 함정이다. 이간시키려는 주체(들)와 객체(들)를 대상으로 옳고 그름을 마구 뒤섞어 갈등과 모순을 부추겨 이들의 단결을 파괴하고자 한다. 그리고 그를 통해 자신의 욕심을 채운다.

이간술은 사회생활에서 여러 가지 형태로 나타나는데 다음과 같은 것들이 있다. 없는 조건을 창조하여 동료 사이, 상사와 부하 사이, 나아가 국민과 정부 사이의 오해를 부추긴다. 여기저기 떠들고 다니며 사이를 더욱더 갈라놓는다. 황당한 말을 지어내어 모순을 부추겨 단결을 파괴한다. 이간술은 겉으로는 여러 가지 형태로 나타나지만, 그 안의 본질은 단 하나, 사람 관계를 악용하여 오로지 내 이익을 챙기자는 것이다.

이런 이간술에는 다음과 같은 특징들이 있다.

첫째, 목적성(目的性)이다. 어떤 이간술이 되었건 명확한 목적성을 갖고 있다. 이 목적성의 정확한 정체를 파악해야 이간의 모든 행위를 드러낼 수 있는 실제적인 의의가 있다. 이간술을 부리는 자의 목적은 실제로 자기 이익의 실현이라는 기초 위에서 수립된다. 이간은 개인의 어떤 이익을 얻기 위해서이기도 하고, 개인의 어떤 심리를 만족시키기 위해서이기도 하다. 때로는 집단의 이익을 위한 것이기도 하다. 그러나 어느 쪽이 되었건 목적의 종착지는 사욕(私慾)이다. 이간술을 부리는 자의 목적은 이간 과정 그 자체에 있는 것이 아니라 이간 이후의 결과에 있다.

둘째, 은폐성(隱蔽性)이다. 이간자의 목적은 행위의 은폐성을 결정한다. 이간술이 실행되면 이간시키려는 대상에 대한 이간자의 침해 행위도 함께 시작된다. 이런 침해 행위는 공교롭게 이간시키려는 대상자와의 마찰력을 빌려서 진행된다. 하물며 일단 이간이 성공하면 이간 대상은 심각한 손해를 입기 마련이다. 따라서 이간 대상이 진실을 절대 알아서는 안 된다. 그래야만 이간의 목적을 이룰 수 있기 때문이다. 따라서 은폐성은 이간의 처음과 끝을 관통한다.

셋째, 사기성(詐欺性)이다. 이간의 은폐성은 이간 수단의 사기성을 결정한다. 이간은 누군가의 이해를 침해하는 행위이다. 또 이간 대상의 마찰력을 빌려 실시되어야 하고, 단 하나의 허점도 없이 은폐되어야 한다. 당연히 정당하고 공개적인 수단으로는 안 된다. 따라서 이간자는 가상을 날조하여 이간 대상을 속여 착각을 일으키게 하고, 잘못된 판단을 내리게 하여 자신도 모르는 사이에 함정에 빠지게 만들어야 한다.

이간술이 은폐와 사기라는 특징을 갖고 있지만 얼마든지 간파할 수 있다. 이간술을 간파하려면 대체로 다음 세 가지 측면에서 분석을 진행하면 된다.

먼저 연계분석이다. 이간의 목적을 이루려면 이간 대상자와 이런저런, 또는 공개적이든 비공개든 관계를 가져야만 한다. 관계가 없으면 이간 대상자와의 사이에서 발생하는 마찰력의 힘을 빌릴 수 없다. 따라서 관계가 없으면 아무리 남다른 이간술도 실행될 수가 없다. 따라서 누가 갑자기 다가와 관계를 가지려 한다면 그 누구는 이간술을 펼칠 가능성이 있는 자이다.

다음으로 이익 분석이다. 일반적으로 말해 이간술은 통상 이익의 충돌과 함께 실행된다. 이간자는 이간 대상과 모순과 갈등을 빚은 뒤 직간접으로 이익을 챙긴다. 따라서 인간관계의 충돌을 만들어내려는, 또는 만들어낸 자의 이해득실을 분석하면 이간자의 진면목을 간파하는 데 유리하다.

끝으로 비정상에 대한 분석이다. 어떤 이간술이든, 또 그것이 아무리 기가 막힌 이간술이든 시행되면 비정상적인 흔적을 남기기 마련이다. 따라서 비정상적인 행위를 진지하게 분석하고, 나아가 녹화 테이프를 되감듯이 충돌이 일어난 과정을 반추하면 이간술을 간파하는 데 도움이 된다.

요컨대 이간술의 간파는 그 행위에서 나타나는 특징을 종합적으로 분석하는 기초 위에 수립되어야지 무조건 의심하거나 쉽게 마음이 흔들려서는 안 된다.

_중용해서는 안 되는
네 가지 족속들

자리에 어울리지 않는 리더와 공직자 및 기업 직원들의 행태는 여러 가지로 나타난다. 업무상의 능력 외에 가장 주요한 것이 사람을 대하고 일을 처리하는 능력이다. 인재를 기용하는 자리에 있는 리더와 상사는 당연히 너그러운 포용력을 갖추어야 하지만 그것도 한도와 한계가 있다.

모든 조직의 리더는 기업 내의 조화로운 인간관계를 통해 높은 효율의 작업 분위기가 창조되길 희망한다. 그러나 구성원들 중에는 도저히 용인할 수 없는 다음과 같은 결점을 가진 자들이 어디에나 있다.

자신을 대단한 사람이라고 착각하여 여기저기 떠들고 다니는 부류, 자신을 드러낼 기회를 주면 상사조차 깔아뭉개는 부류, 상사를 존중하기는커녕 상사를 우스갯소리 감으로 삼는 부류, 외부인 앞에서 상사의 입장과 생각을 전혀 고려하지 않는 부류, 개인적인 문제 때문에 상사를 도발하고 추태를 부리는 부류 등등이다. 이런 조직원들은 용인해서는 안 된다. 좀 더 구체적으로 아래에 제시하는 네 유형의 부하 직원들은 내쳐야 한다.

첫째, 일도 하지 않고 말도 하지 않는 유형. 이런 유형의 직원은 어떤 일을 맡겨 정해진 기간에 보고하게 하면 형식만 갖추고 무성의하게 간신히 기일을 맞춘다. 관련한 다른 업무 상황에 대해 물으면 어떻게 하는 줄 몰랐다면서 자신이 맡은 이 일이 얼마나 어려운가를 장황하게 늘어놓으며 변명에 급급하다. 이런 자는 바로 내보내야 한다. 어떤 일을 할 줄 모르는 것은 문제가 아니다. 문제는 일을 이해하지도 못하고, 또 묻지 않는다는 것이다. 무능의 전형이다.

둘째, 말은 하는데 일은 할 줄 모르는 유형. 이 유형에 속하는 자는 무슨 일이든 다 해낼 것처럼 청산유수로 장담을 늘어놓는다. 나아가 자신이 과거에 어떤 일을 어떻게 얼마나 잘 해냈는가를 자랑한다. 그러나 막상 실제로 일을 맡기면 끙끙거리다가 남에게 미루거나 포기한다. 《삼국지》에 나오는 마속(馬謖)이 이런 유형의 전형이고, 우리 주위를 잘 살펴보면 이런 유형이 부지기수다.

정치 지망생들 중에 특히 많다.

셋째, 일을 하긴 하지만 그 일을 제대로 이해하지 못하는 유형. 서류상으로는 모르는 것이 없지만 그와 관련한 실제 작업을 이해하지 못해 사사건건 실무자와 충돌하는 유형을 가리킨다. 이 때문에 늘 일이 늦어지고 분위기는 갈수록 험악해진다. 얼른 내보내야 할 사람이다.

넷째, 이해는 하지만 제대로 표현하지 못하는 유형. 일을 이해하고, 일을 하고도 그 요점을 표현하거나 정확한 보고서를 만들어내지 못하는 사람이 있다. 이런 유형은 나쁜 사람은 아니지만 중요한 일을 맡겨서는 안 된다. 특히, 고객사를 비롯하여 대외적으로 사업을 설명하거나 홍보하는 일은 더더욱 맡겨서는 안 된다. 정치를 한다는 자들 중에 의외로 이런 자들이 많다.

2

궁색할 때
그 행위를 보라

|

종합 인재론의 고전, 유소의 《인물지(人物志)》

     유소(劉劭, 생몰 미상)는 삼국시대 위(魏)나라 한단(邯鄲) 출신의 사상가이자 정치가이다. 자는 공재(孔才)라 했다. 여러 방면의 책들을 두루 섭렵한 박학다식하고 통찰력이 뛰어난 인재였다. 벼슬로는 건안 연간(196~220)에 태자를 보필하는 태자사인(太子舍人)과 비서랑(秘書郞)을 역임했다. 그 뒤 위 명제(明帝) 때(227~239)는 진류(陳留) 태수를 지냈으며 관내후(關內侯)로 책봉되었다.

    유소는 황제의 명을 받고 관리들의 성과를 시험하는 〈도관고과(都官考課)〉 72조를 썼다. 남긴 저서로는 《법론(法論)》과 자신의 학문·경험·실천 등을 종합한 대표작 《인물지》가 있다. 당시 유소가 처했던 사회적 지위와 축적된 풍부한 사회 자료는 유소로 하여금 인재 문제에 대해 깊이 사색하게 만들었고, 그 결과 《인물

지》라는 귀중하고 풍성한 학술
적 성과를 창출할 수 있었다.

《인물지》는 인재를 포함하여
사람을 식별하고 기용하는 방
법론을 상당히 구체적으로 기술
하고 있다. 특히 사람을 볼 때
나타나는 오류와 허점, 편견과
착각 등 이른바 '인식의 오차
구역'도 빼놓지 않고 지적하고
있는 점은 지금 보아도 매우 돋
보인다. 여러 면에서 단연 선구

《인물지》는 중국 역사상 최초의 종합적이고 체
계적인 인물론이라 할 수 있다.

이자 본격적이고 체계적인 인물론이라 할 수 있다. 이 때문에《인
물지》를 사람을 살피는 분야의 경전이라는 뜻의《관인경(觀人經)》
이란 별칭으로 부르며 높이 평가하기도 한다. 물론 지금 보면 삼
국 분쟁기라는 시대적 특성에서 오는 한계가 없지는 않지만 1,700
년 전의 이론이란 점을 감안한다면 대단한 책이 아닐 수 없다.

유소의《인물지》는 총 세 권에 〈구징(九徵)〉, 〈체별(體別)〉, 〈유업
(流業)〉, 〈재리(材理)〉, 〈재능(材能)〉, 〈이해(利害)〉, 〈접식(接識)〉, 〈영웅
(英雄)〉, 〈팔관(八觀)〉, 〈칠류(七謬)〉, 〈효난(效難)〉, 〈석쟁(釋爭)〉의 12
편으로 나뉘어 있다. 각 편 요지의 현대적 의미를 간략하게 소개
해둔다.

1. **구징(九徵)** : 유소가 인재를 살펴 식별하고 인물을 품평하는 기본 원리 아홉 가지를 말한다. 징(徵)은 무엇인가를 가지고, 즉 아홉 가지를 통해 안다는 뜻으로 이해할 수 있다. 이 아홉 가지란 겉으로 표현되어 나오는 신(神)·정(精)·근(筋)·골(骨)·기(氣)·색(色)·의(儀)·용(容)·언(言)을 가리킨다. 오늘날로 보자면 정신·육체·기운·표정·용모·언어 등을 가리킨다. 이 아홉 가지로 사람의 내재적 성격의 특징을 안다는 것이다.

2. **체별(體別)** : 노자(老子)는 "사람을 아는 것을 지혜라 하고, 스스로를 아는 것을 현명이라 한다. 남을 이기는 자를 힘 있다 하고, 스스로를 이기는 자를 강하다 한다"라고 했다. 사람의 일생에서 가장 강한 상대는 다름 아닌 자신이다. 누구든 자신을 인식하고 자신을 이해하는 일은 대단히 어렵다. 하물며 자신의 장단점을 인식한 다음 한 걸음 더 나아가 장점은 살리고 단점을 피하며, 자신을 긍정하고, 결점을 바로잡고, 자신의 개선하는 일은 더욱더 어렵다. '체별'은 사람과 인재는 각각 서로 다른 개성을 갖고 있다는 뜻으로 이해하면 된다.

3. **유업(流業)** : 오늘날 남다른 능력을 지닌 탁월한 리더들이 흔히 큰 권력을 꽉 움켜쥐고 크건 작건 매사를 혼자 처리하려 한다. 한 사람의 능력이 아무리 강하더라도 그 정력은 한계가 있을 수밖에 없다. 따라서 모든 일을 어떻게 다 잘 처리할

수 있겠는가? 성공하는 리더는 권력을 내려놓고 인재들로 하여금 자신의 재능을 한껏 발휘하게 하여 모든 일을 원만하게 처리한다. '유업'은 직업에 따라 인격의 유형이 달리 적용된다는 뜻을 갖고 있다.

4. **재리(材理)** : 세상에 한 나무에 똑같은 잎사귀가 둘 있을 수 없고, 완전히 똑같은 두 사람이 있을 수 없다. 재능은 다 다르고 세상사 이치도 달라야 흥미가 있다. 사람은 누구나 자기만의 장점과 단점을 갖고 있다. 출발점이 다르면 얻어내는 결론도 다르다. 거칠고 쓸모없는 것은 걸러내고, 그 정수만 취할 수 있어야 진실되고 객관적인 결론을 얻을 수 있다. '재리'는 수양과 세상사 이치와 상식이 결합되어야 한다는 점을 가리킨다.

5. **재능(才能)** : 사람을 아는 목적은 사람을 쓰기 위해서이다. 그러나 사람을 제대로 기용하지 못하면 그 목적을 달성하지 못할 뿐만 아니라 더 큰 인재 낭비를 초래한다. 큰 재목을 작은 곳에 쓰는 것은 안타깝고 아쉬운 일이며, 작은 재목을 큰일에 쓰는 위험천만이다. 사람을 알아 제대로 임용하고, 장점은 살리고 단점을 피하여 그 역량에 맞게 자리를 주어 그 재능을 다하게 해야 한다.

6. **이해(利害)** : 쓸모가 있느냐, 쓸모가 없느냐는 상대적이다. 사람은 그 재능과 바탕이 다 달라 장점도 있고, 단점도 있다. 인재가 정치를 하거나 관직에 나아가고자 할 때 유리한 측면도 있지만 불리한 면도 있을 수 있다. 인재가 모든 일에 다 자신의 능력을 발휘하는 것은 아니기 때문이다.

7. **접식(接識)** : 사람을 아는 일은 중요하지만 동시에 어려운 일이다. 마음은 같아도 외모는 다 다르고, 외모는 비슷해도 그 내심은 큰 차이가 난다. 옛사람들은 늘 '유능함은 알 수 없고, 사람은 알기 쉽지 않다'라고 탄식했다. '접식'은 사람을 아는 과정에서 발행하는 장애나 오인 등을 깨라고 말한다.

8. **영웅(英雄)** : 유소의 영웅관인 '영재(英才)'와 '웅재(雄才)'로 표현되는데 '영'이나 '웅'의 소질과 관계되어 있다. 이 영웅관은 오늘날처럼 경쟁이 격렬한 사회에서도 여전히 실용적인 면을 갖고 있다. 그는 리더에게 덕과 재주를 겸비하고 문무를 함께 갖춘 '겸재(兼才)'는 소수이므로 사람을 인식할 때 완전무결에 집착하지 말라고 경고한다.

9. **팔관(八觀)** : 유소의 인재관에서 핵심을 이루는 부분이다. 여덟 가지 관찰법 '팔관'은 인재의 성품을 감정하는 방법으로 성정의 변화에 근거하여 다각도로, 종합적으로 진실한 상황을 살

피라고 권한다. 인성에는 바른 것과 그렇지 못한 것이 섞여 있음에 주의하라는 것이다.

예를 들어 일반적으로 너그럽고 어진 성품은 자애로움에서 나온다고 생각하지만, 사실 자애롭다고 다 너그럽고 인자한 것은 아니다. 이런 상황이 나타나는 원인은 개인의 사욕과 성격상의 약점 때문이다. 이로써 추론하자면 성품의 소질이 재능보다 훨씬 더 중요하다. 소질에 큰 결함이 있으면 재능은 자신과 남을 해치는 것이 된다. 리더는 재능을 중시하는 것 외에 인재의 도덕 수양이란 문제에도 주의해야 한다.

10. 칠류(七謬) : 사람을 감정할 때 나타날 수 있는 일곱 가지 오류, 즉 '칠류'가 있다. 한 사람의 명예를 살필 때 나타나는 편견의 오류, 사물을 대할 때 나타나는 좋고 싫음의 오류, 마음을 가늠할 때 나타나는 크고 작음의 오류, 소질을 품평할 때 나타나는 설익고 조숙함의 오류, 인재의 유형을 가릴 때 나타나는 동일성의 오류, 인재의 재능을 논할 때 나타나는 긍부정의 오류, 기발한 인재를 살필 때 나타나는 진정 기이한 인재인가 빈 인재인가 헷갈리는 판단의 오류가 그것이다.(이 부분은 바로 다음 글에서 따로 분석해 보았다.)

11. 효난(效難) : 세상에서 가장 힘든 일 가운데 하나가 물살을

거슬러 가는 것이고, 세상 사람으로 독특한 식견보다 귀한 것은 없다고 한다. 사업에서 무엇인가를 성취하려는 사람으로 인재를 선발할 때 나이나 선후배 따위를 따지지 않는다. 멀리 내다보는 리더는 늘 젊은 사람에 주목한다. 외모로 사람을 취하거나 완벽한 사람에 집착하는 것에 반대한다. '효난'은 인재를 취할 때의 어려운 점을 말한다.

12. **석쟁**(釋爭) : '석쟁'은 다투지 말라는 뜻이다. 인간관계를 처리할 때 반드시 지켜야 할 원칙은 서로 공격하지 않고 다투지 않는 것이다. 이를 실천하려면 먼저 공격하지 않고 다투지 않음으로써 얻을 수 있는 이익과 다툼으로 초래되는 피해를 인식해야 한다. 겸손과 양보는 번영과 진보의 지금이다. 싸워 이기는 것은 파괴와 폐쇄라는 험한 길이자 소인배의 험한 길이다. 따라서 한 걸음도 떼기 힘들다.

이상 12편을 통해 유소는 인재 연구의 의의, 인재 식별, 인재 등용, 인재 심리 등과 같은 문제에 대해 심도 있는 논의를 진행하고 있다. 이에 대해 좀 더 상세히 알아보자.

첫째, 인재 연구의 의의에 관해서다. 유소는 《인물지》 서문에서 "성현(리더)의 미덕은 지혜에 있고, 지혜의 귀중함은 사람(인재)을 알아 기용하는 데 있다"라고 말한다. 성현의 미덕, 지혜, 사람을 알고, 사람을 쓰는 문제가 단계적으로 정리되어 있음을 볼 수 있다. 유소는 사람을 알아야 그 사람에게 맞는 여러 가지 일을 맡길 수 있고, 나아가서는 나라를 다스리고 안정시키는 대업을 이룰 수 있다고 본다. 고대 군왕과 성인들의 일화를 사례로 들면서 그들 모두가 인재를 구하는 데 힘을 다했고, 성공적으로 인재를 기용했다고 말한다.

유소는 물질의 근원으로부터 출발하여 사람의 성격 및 겉으로 드러나는 것들에 관해 탐구하고, 토론하고 있다. 그는 혈기를 가진 동물이면 모두 음양이란 원소를 가지고 있는바, 금·목·수·화·토 5행으로 그 형태가 구성된다고 했다. 인간 역시 만물의 영장으로서 이런 원소로 구성되었다. 이런 원소들의 조성 상황이 조화를 이루고 중화되어야만 한 인간의 총명함이 비로소 기초를 얻게 되는 것이다. 이런 해석은 지금 보면 비과학적으로 엄밀하지 못하지만, 유소가 물질의 존재와 구성이란 각도에서 인간의 본질과 인재의 품성을 연구한 것은 소박한 유물주의적 관점으로 1,700년 전이라는 시차를 감안한다면 아주 진보적인 인식이 아닐 수 없다.

유소는 이를 기초로 하여 겉으로 드러나는 인간의 표현 방식을 신(神)·정(精)·근(筋)·골(骨)·기(氣)·색(色)·의(儀)·용(容)·언(言)의 9개 방면으로 나누었는데 이것이 바로 〈구징〉이다. 이를 오늘날로 보자면 겉으로 나타나는 한 사람의 모습을 정신·육신·기운·안색·용모·언어로 나누어 살핀 것이다. 그리고 이로부터 생겨나는 인간의 서로 다른 행위와 전문적 장점을 연구하고, 이를 통해 인재를 식별하는 〈팔관〉과 〈칠류〉를 제기한다. 이런 논리적 방법은 상당히 과학적이며, 유물론적 방법과 부합한다는 평이다.

둘째, 인재를 어떻게 식별할 것인가 하는 문제다. 유소는 우선 사람을 겸덕(兼德), 겸재(兼材), 편재(偏材)의 세 가지 유형으로 크게 분류했다. 말하자면 덕행이 고상한 사람, 덕과 재능을 겸비한 사람, 덕행이 나쁜 사람으로 나눈 것이다. 이 중 덕과 재능을 겸비한 사람이 가장 고상하다고 분명하게 밝히고 있으며, 동시에 다른 유형의 사람에게도 그 나름의 장점과 용도가 있다고 보았다. 그리고 이어서 인재를 아래와 같이 총 열두 부류로 개괄하면서 그들 모두가 나름대로 작용을 발휘할 수 있다고 했다.

1. 청절가(淸節家) : 덕이 고상하다.
2. 법가(法家) : 법 제정에 능하다.
3. 술가(術家) : 기지가 넘치고 임기응변에 능하다.
4. 국체(國體) : 여러 능력을 두루 겸비하고 있다.
5. 기능(器能) : 사무를 처리할 수 있다.
6. 장부(藏否) : 시비 판단을 잘한다.
7. 기량(伎倆) : 기예에 능하다.
8. 지의(智意) : 의문 풀이에 능하다.
9. 문장(文章) : 저술에 능하다.
10. 유학(儒學) : 수양에 독실하다.

11. 구변(口辯) : 대응을 잘한다.

12. 웅걸(雄傑) : 대담하여 군대를 맡길 수 있다.

그렇다면 한 사람의 재능과 장점을 어떻게 가려내는가? 이와 관련하여 유소는 〈팔관〉이란 방법을 제기하고 있는데 이미 우리가 이미 앞에서 살펴본 강태공, 이극 등의 방법을 좀 더 심화시킨 것이라 할 수 있다.

첫째, 그가 어떤 사람들을 돕고 어떤 사람을 착취하느냐를 관찰하여 그 사회적 지위를 이해한다.

둘째, 희로애락 같은 감정 변화를 통해 그 사람의 고유한 품격을 이해한다.

셋째, 기질을 관찰하여 장래의 사업과 명성을 추단한다.

넷째, 그 사람의 동기를 관찰하여 공정한 비판인가 아니면 허물을 공격하는 것인가를 이해한다.

다섯째, 그가 경애하는 것을 관찰하여 그 감정의 소통과 막힘을 이해한다.

여섯째, 동기를 살펴 그 사람이 뜻하는 방향과 취향을 이해한다.

일곱째, 장단점과 우열 두 방면을 함께 살핀다.

여덟째, 총명한 정도를 살펴 그의 식견을 요해한다.

'팔관'의 조항들이 서로 중복되는 점이 없는 것은 아니지만 조리가 분명한 것만은 틀림없다. 둘째 조항의 감정의 변화를 통해 한 사람의 성격이 갖는 본질을 파악해야 한다는 것, 일곱째 조항의 장단점과 우열을 함께 봐야 한다는 것은 대단히 발전적 관점이자 변증법적 사상의 면모를 보이고 있다. 넷째 조항인 동기를 살펴 그 사람의 비판이 공정한가 여부를 살피라는 말은 오늘날 흔히 말하는 선거 등에서 일쑤 나타나는 '네거티브'에 대한 판단을 바로 가리키는 것 같다.

유소는 이 '팔관' 외에도 '오시'를 제기하고 있다. '팔관'의 '관(觀)'이 크게 본다는 뜻이라면, '오시'의 '시(視)'는 구체적으로 상세하게 관찰하는 것을 뜻한다. '오시'란 다음과 같다.

첫째, 평소에 심신이 안정되어 있는가를 본다.

둘째, 잘나갈 때 그 행하는 바를 본다.

셋째, 부귀할 때 누구와 어울리는 지를 본다.

넷째, 궁색할 때 그 행위를 본다.

다섯째, 가난할 때 무엇을 취하는가 본다

이 중 넷째의 '궁(窮)'이란 앞길이 막막하다는 뜻이다. 이럴 때 사람은 이런저런 실수를 쉽게 범하기 때문에 그 언행을 잘 살피면 그 사람의 진면목을 간파할 수 있다. '오시'는 인재가 다양한 환경 속에서 어떻게 처신하는지를 살펴야 한다는 뜻을 포함하고 있으며, 이는 '팔관'에 비해 한 단계 심화한 인식이다.

그렇다면 '팔관'과 '오시'만으로 충분히 인재를 식별할 수 있는가? 유소의 대답은 부정적이다. 그는 관찰 과정에서 흔히 일어날 수 있는 편차와 착각을 일곱 개 조항으로 종합했는데, 그것이 바로 '칠류'다. 유소는 관찰자가 편견을 가지면 재능의 높고 낮음, 품성의 우열, 인재 완성의 빠르고 늦음 등에 대해 편차가 생긴다고 보았다. 예컨대 인재를 표창하고 질책할 때 나타나는 가상(겉으로 드러난 반응)에 대해 상세하게 논의하면서 어떤 자는 은혜와 매수로 집권자를 기쁘게 함으로써 좋은 명성을 얻으며, 어떤 자는 도움을 받을 수 없는 곤궁한 처지라 그 재능이 억압당하는 경우가 있다고 지적한다.

인재 식별은 아주 복잡한 일이다. 유소 역시 이 일이 아주 어렵다고 말한다. 그는 재목 만 명 중에서 좋은 재질을 가진 한 사람을 만나기 어렵다고 말했다. 그는 자신의 이론이 완벽하다고 생각하지 않고 실제를 강구한 아주 신중한 인물이었다.

셋째, 어떻게 인재를 등용할 것인가 하는 문제다. 군주와 신하 속에서 인재는 무엇으로 구별하는가? 유소는 그 관건은 군주는 재질이 있는 사람을 식별하여 제대로 등용하고, 신하는 구체적인 재능을 잘 발휘하는 데 있다고 했다. 그래서 유소는 이렇게 말한다.

"신하(인재)는 자신을 등용하는 데에 능하고 군주(리더)는 다른 사람을 등용하는 데에 능하며, 신하는 말을 하는 것에 능하고 군주는 말을 듣는 것에 능하며, 신하는 행동에 능하고 군주는 상벌에 능하다."

여기서 유소는 군주와 집권자에 대해 사람을 제대로 등용할 줄 알고, 경청할 줄 알고, 적절하게 상벌을 내릴 줄 알아야 한다고 요구하고 있는데, 이는 오늘날로 말하자면 리더의 리더십이자 인재의 재능에 속한다.

군주는 어떻게 인재를 등용하는가? 유소는 당연히 재능에 따라 등용해야 한다고 말한다.

"사람마다 재질이 다르고 재능도 서로 다르다. 따라서 능력에 따라 관직을 주어야 하되 신중하지 않으면 안 된다."

이와 관련하여 유소는 상당히 의미심장한 예를 하나 들고 있다. 사람들은 흔히 소를 삶는 가마에 닭을 삶아서는 안 되고, 큰 재능을 가진 사람은 작은 일을 해서는 안 된다고 생각한다. 그러나 실제로는 소를 삶는 가마에 닭을 삶을 수 있으며, 큰 인재도 작은 일을 할 수 있다. 물론 이는 상황 논리라 할 수 있고, 인재 등용이란 각도에서 문제를 본다면 큰 재목을 사소한 곳에 쓰는 일종의 낭비라 할 것이다.

유소는 《인물지》에서 전문적으로 〈영웅〉이란 편을 남겼다. 그는 '영(英)'과 '웅(雄)'을 두 가지 개념으로 분류하여 "총명한 것을 영, 담력이 뛰어난 것을 웅"이라 한다고 했다. 남달리 총명하여 '영'의 자질을 갖고 있으면서도 '웅'의 담력이 없다면 총명함은 실현될 수 없고, 그 반대로 담력만 크고 총명함이 없다면 그 '웅'은 맹목적 용맹으로 큰일을 해낼 수 없다. 따라서 사람을 등용할 때는 반드시 '영'과 '웅' 두 가지 소질을 결합하고 조화시켜야 한다.

유소는 한나라 초기의 일화를 예로 들면서 장량(張良)을 이렇게 분석했다.

"총명하고 계책에 뛰어나며, 영명하고 식견이 넓고 기지가 출중한" '영'이라고 할 수 있고, 한신(韓信)은 "힘이 세고 용맹하게 행동하며 지혜롭게 일을 판단하는" '웅'이라고 할 수 있다고 했다. "때문에 '영'은 승상이 될 수 있었고, '웅'은 장군이 될 수 있었던 것이다."

그러면서 '영'과 '웅' 두 자질을 모두 겸비한 걸출한 인물이라면 유방(劉邦)과 항우(項羽)를 들 수 있다고 했다.

넷째, 인재 심리에 대한 연구다. 《인물지》는 사람의 성격으로부터 출발하여 서로 다른 품격과 심리를 분석했고, 다양한 취향에서 출발하여 사람의 사회적 행위를 분석하고 있어 인재 심리학 저서로서도 손색이 없다. '팔관'의 한 대목에서 유소는 인간의 감정에는 다음과 같은 '육기(六機)'가 있다고 했다.

1. 욕망이 만족되면 기뻐하고
2. 재능을 발휘하지 못하면 분노하고,
3. 자기 자랑을 하면 혐오를 자아내고,

4. 겸손한 태도로 가르침을 청하면 기뻐하고,

5. 다른 사람의 단점을 사방에 퍼뜨리면 성내게 되며,

6. 자만에 빠져 자신의 장점으로 다른 사람의 단점을 공격하면 더 큰 원한을 사게 되고 심지어는 타인에게 살기를 품게 만든다.

따라서 사람을 등용하는 자는 인재의 심리를 잘 파악하여 그들의 기분을 유쾌하게 해야만 재능을 충분히 발휘할 수 있다.

또한, 유소는 인재 간의 다툼과 시기나 질투 문제에 대해서도 연구했는데, 지금 보아도 대단히 정확하고 충분히 경청해야 할 대목이다. 유소는 군자라면 자신에게 엄격하고 남에게는 관대하되 경쟁심과 질투심을 가져서는 안 된다고 말한다. 자신의 공로와 재능을 뻐기고 다니는 것은 다른 사람을 능멸하는 것이 된다. 그러면 앞서가는 사람은 해치고, 공을 세운 사람은 비방하고, 패배한 사람을 보면 다행이라고 여기는 풍토가 조성될 것이다.

서로 질투하고 단점을 들추는 일은 상대의 입을 빌려 자신을 헐뜯는 것과 다를 바 없으며, 남의 손을 빌려 자신의 뺨을 때리는 것이나 마찬가지다. 남들이 자신을 깔본다고 생각하거나 남이 나보다 낫다고 원망하는 사람도 있다. 사실 이런 심리는 일종의 비관으로 쓸데없는 짓이다. 자신이 정말 천박하다면 남이 자신을 경시하는 것은 사실이므로 억울할 것이 없다. 반대로 재능이 있는데 남이 몰라주는 것이라면 그것은 자기 잘못이 아니다. 남이 자기보

인재들 사이의 시기와 질투는 인재 자신을 망칠 뿐만 아니라 조직, 나아가 나라에도 큰 영향을 줄 수 있다. 시기와 질투는 죽음도 불사할 정도로 인간의 욕망 가운데 가장 강력하고 오래가는 감정이기 때문이다. 그림은 양보와 사죄로 맺어진 인상여와 염파의 우정 '문경지교(刎頸之交)'를 그린 것이다.

다 수준이 높고 앞서 있다면, 그것은 자신의 능력과 실력이 높은 수준에 오르지 못했다는 증거이니 질투하고 원망할 필요가 어디 있는가? 유능한 인재 두 사람 사이에 모순과 갈등이 생길 경우, 양보하는 사람이 한결 현명한 사람이다.

　관련하여 좋은 역사 사례가 있다. 전국시대 조나라를 대표하는 두 명의 대신이었던 염파(廉頗)와 인상여(藺相如)가 자리를 다툰 적이 있다. 그러나 인상여는 수레를 돌려 염파를 피함으로써 넓은 마음을 보여주었다. 동한 시대의 대장군 구순(寇恂)이 넓은 아량을 발휘하여 가복(賈復)과 다투지 않음으로써 가복을 감동시켰다. 따라서 진정한 인재는 가슴이 넓어 타인을 용납할 수 있고 겸손하게 양보도 할 수 있는 사람이다. 이와 같은 유소의 분석은 대단히 철저하고 날카롭다.

전체적으로 유소의 《인물지》는 인품의 좋고 나쁨과 재능의 우열을 상당히 체계적이고 과학적이면서 깊이 있게 논의했다는 평가를 받고 있다. 이 때문에 이 책은 자신을 수양하려는 사람들과 인재를 발탁하고 기용하는 관리들이 실제로 참고했다고 한다. 《인물지》는 고대 중국에서 인재와 관련한 유일한 전문서다. 이론에만 주로 치우쳐 분쟁기였던 삼국시대의 정치 형세와 왕성했던 인재 상황 등에 대해 소홀한 면이 없지는 않지만, 이런 저서가 출현했다는 사실은 번성했던 삼국의 인재 문제를 의식 형태라는 측면에서 반영하고 있다고 할 수 있다. 요컨대 《인물지》는 당시로는 대단히 정련된 인재론이자 개괄이었고, 그중 상당 부분이 현대사회에서도 얼마든지 적용할 수 있는 가치가 충분하다.

3

인식(認識)의
오차구역(誤差區域)을
극복하라

|

인재를 식별할 때 나타날 수 있는 일곱 가지 오류에 대한 분석

앞서 소개한 바 있는 중국 역사상 최초의 종합적
이고 체계적인 인물론 저서인 《인물지》 12편 중에는 '칠류(七謬)'가
있다. '칠류'는 사람을 알고자 할 때 쉽게 나타나는 일곱 가지의
오류를 말한다. 이를 현대적 용어로 일곱 가지 '인식의 오차 구역'
정도로 풀이할 수 있다. 유소는 이런 오류의 종류와 그것이 나타
나는 원인과 그 폐단을 지적하고 있다.

순서대로 이 일곱 가지의 오류를 소개하고 그 원인을 분석
해본다.

1. 한 사람의 명성을 살필 때 공평성을 잃어버릴 수 있다.
2. 사람이나 사물을 접할 때 자신의 좋고 싫음의 차이 때문에

곤혹스러움을 느낄 수 있다.

3. 누군가의 심리를 헤아리려 할 때 상황의 크고 작음을 분별하지 못하는 착오를 범할 수 있다.

4. 사람의 소질을 품평할 때 성숙한 지, 대기만성인지를 구별하기 어렵다.

5. 인재의 유형을 판별할 때 자신과 같은 유형에 속하면 그로 인해 판단에 영향을 받을 수 있다.

6. 타인의 재능을 논평할 때 키울 것이냐, 누를 것이냐의 두 가지 상반된 현상이 나타날 수 있다.

7. 기이하고 기발할 인재를 관찰하면서 왕왕 그 인재가 정말 뛰어난 것인지, 아니면 속 빈 강정 같은 것인지 분별하는 것을 소홀히 할 때가 있다.

이상과 같은 오류가 발생하는 근본적인 원인은 따져보면 대체로 다음 몇 가지가 있다.

1. 귀만 믿고 눈을 믿지 않기 때문이다. 이런 경우 누가 뭐라고 하면 스스로 따지거나 분석해 보지 않고 그냥 무턱대고 믿게 된다.

2. 개인의 주관적 애증이 끼어들어 객관적으로 냉정하게 평가를 내리지 못하기 때문이다. 일반적으로 사람들은 자기와 같은

유형의 사람을 좋아하는 반면 자신과 다른 유형의 사람은 싫어한다.

3. 표면적 현상만 보고 깊게 이해하려 하지 않기 때문이다.

4. 단편적으로만 관찰하고 전면적으로 분석하지 않기 때문이다.

5. 정지된 상태로 문제를 대하고 사물의 변화 발전을 고려하지 않기 때문이다.

6. 개인적 은혜나 원한 때문에 개인에 대한 평가를 일부러 과장하거나 깎아내리기 때문이다.

7. 자기만의 관념과 좁은 시야에 얽매여 특별한 재능을 가진 사람이나 자신을 뛰어넘는 인재를 이해할 수 없기 때문이다.

'칠류' 중 첫 번째 오류인 '한 사람의 명성을 살필 때 공평성을 잃고' 편견에 빠지는 오류에 내해 좀 더 살펴본다. 우리가 사람을 인식할 때 그 사람에 관한 소문, 즉 유명세 따위에 잘못 이끌려 사실과 맞지 않는 오차를 빚는 경우가 많다. 이는 엄연한 현실이고, 가장 흔히 보는 첫 번째 오류이기도 하다.

잘 모르는 낯선 사람을 이해하고자 할 때 우리가 가장 흔히 사용하는 방법은 사방팔방으로 이 사람의 상황을 수소문하는 것이다. 그러나 이렇게 얻은 정보는 참고할 수 있을 뿐이지 100퍼센트 믿을 수 없다. 이런 정보는 우리가 사람을 인식하고자 할 때 인식의 오차 구역을 만들어내기 때문이다.

이런 오류를 피하기 위해 우리는 '관찰'과 '시험'이라는 두 방면에 더 많이 신경을 써야 한다. '관찰'은 증거를 조사하는 것으로 이런저런 정보를 들은 뒤 진지하게 더 많이 더 깊게 조사하여 사실 여부를 밝혀 그 진상을 확정하는 것이다. '시험'은 말 그대로 일을 맡겨 그 능력의 여부를 헤아리는 것이다. 이렇게 해야 인재를 제대로 가려낼 수 있다.

두 번째 오류인 '사람이나 사물을 접할 때 자신의 좋고 싫음의 차이 때문에 느끼는 곤혹스러움'도 한번 분석해 보자. 사람은 누구나 선량한 사람을 좋아하고 사악한 사람을 미워한다. 그러나 인성의 좋고 나쁨은 주관적 관점 때문에 오도될 수 있어 착한 사람을 나쁜 사람으로, 나쁜 사람을 착한 사람으로 인식하기도 한다. 또 누구나 장단점을 갖고 있는데 때로는 사악한 사람의 장점에 혹해서 그에게 호감을 갖기도 한다. 반대로 선량한 사람의 단점에 집착하여 그를 무시하고 내버리기도 한다.

유소가 제시한 이 '칠류'는 오늘날에도 여전히 곳곳에 존재한다. 각계각층의 리더를 포함한 우리 모두는 사람을 인식할 때 발생하는 어려움의 원인과 그 과정에서 의식적으로든 무의식적으로든 흔히 오류를 범할 수 있다는 사실을 이해하고, 교훈을 기꺼이 받아들여야만 망망대해 속에 떠다니는 인재를 감별해내서 나와 사회에 유용한 인재로 활용할 수 있다.

문무를 갖춘 이런 인재를 얻으면 개인의 사업은 물론 국가는 호랑이에 날개를 달게 된다. 이를 역사는 너무 잘 보여준다. 어느 시대가 되었건, 어느 나라가 되었건, 어떤 리더가 되었건 인재를 잘 살펴 기용해야만 번영했고, 소인배가 뜻을 얻으면 쇠퇴하거나 망했다는 사실을! 만약, 내 조직과 내 나라가 침체에 빠지고 인심이 흩어져 있다면 사람을 식별하고 인재를 기용하는 방면에 문제가 없는지 철저하게 점검해야 한다.

4

시기와 질투를
극력 피하라

|

사람에 대한 착각을 방지하는 방법

앞서 우리는 《인물지》 12편의 하나인 사람을 알
고 식별할 때 발생할 수 있는 일곱 가지 오류, 즉 '칠류(七謬)'에 대
해 분석해 보았다. 여기서는 오늘날 상황에 맞게 이 문제를 좀 더
다루어 보기로 한다.

옛말에 '사람을 썼으면 의심하지 말고, 의심되면 쓰지 말라'고
했다. 충직과 성실은 사람을 쓰는 근본이고, 그 사람을 임용했으
면 믿어야 한다. 완벽함을 추구해서는 안 된다. 그렇게 하면 사람
을 잃기 쉽고, 효과를 거두기도 어렵다.

그럼에도 불구하고 무작정 사람을 믿어서는 안 된다. 겉으로
드러나는 모습만 가지고 섣불리 판단하여 선입견이나 편견을 가
져서도 안 된다. 여기서는 사람과 인재를 식별함에 있어서 저지르

기 쉬운 착각이나 착오에 대해 알아보고 그 방지법을 함께 생각하고자 한다.

1. 외모로 사람을 판단해서는 안 된다

공자는 제자들 중 못난 외모 때문에 자우(子羽)를 잘못 보았고, 화려한 말솜씨 때문에 재여(宰予)를 잘못 보았다고 스스로 반성한 적이 있다. 성인으로 추앙받는 공자조차 외모로 사람을 판단하는 우를 범했던 것이다.

한 사람의 겉모습만 보아서는 그 본질을 제대로 살필 수 없다. 사람의 외모로는 그 능력을 헤아릴 수 없다. 외모가 보잘것없고, 심지어 매우 못생겼어도 천하의 뛰어난 인재일 수 있고, 반대로 누가 보아도 수려한 외모를 자랑하는 사람도 '금옥기외(金玉其外), 패서기중(敗絮其中)' 같은, 즉 '껍데기는 금옥이나 속은 말라비틀어진 솜덩이'와 같을 수 있다. 외모로만 사람을 취하면 실제로 재능이 뛰어난 진짜 인재를 놓치는 결과를 낳을 수 있다.

외모와 표정 등으로 그 사람이 이해하려는 것은 '사람을 아는' '식인(識人)' 방법의 보조 수단일 뿐이다. 따라서 그것을 절대화하여 '식인'을 외모로만 사람을 취하는 것으로 변질시키면 인재를 잘못 알아볼 뿐만 아니라 인재를 잃는다. 외모로 사람을 평가하거나 판단하지 말라는 인식은 오늘날 보편적 인식이다. 그럼에도 불구하고 여전히 많은 사람이 외모에 홀려 사람을 잘못 보거

외모는 사람의 마음의 눈을 가린다. 따라서 육신의 눈에 들어오는 외모에 현혹되어서는 안 된다. 안영은 난쟁이에 못난 외모를 갖고도 제나라는 물론 국제적으로 명성을 떨쳤다.

나 판단하는 어리석음을 저지르고 있다. 경계해야 할 일이다.

역사상 폭군의 대명사로 꼽히는 하나라의 걸(桀) 임금과 은나라의 주(紂) 임금은 보무(步武)도 당당한 뛰어난 외모의 군주들이었다. 이들은 남의 말을 듣지 않을 정도로 아는 것이 많았고, 자신의 잘못을 얼마든지 덮을 만큼 말재주도 뛰어났다. 힘도 남달랐다. 그러나 이들은 호사와 방탕한 생활에 온갖 폭력적 수단으로 백성들의 삶을 해쳤고, 결국 자신과 나라를 망쳤다.

이와는 반대로 춘추시대 초나라의 재상 손숙오(孫叔敖)는 듬성듬성한 머리카락에 왼팔이 오른팔보다 긴 5척 단신의 추남이었다. 그런데도 그는 수십 년 동안 장왕(莊王)을 보좌하여 장왕을 당대 최고의 군주로 거듭나게 했고, 초나라를 강대국으로 성장시켰다. 역시 춘추시대 제나라의 명재상 안영(晏嬰)도 다른 사람들이 비웃을 정도로 난쟁이에 가까운 단신에 못생긴 추남이었지만, 국제 외교 무대에서 강대국을 상대하여 제나라의 자존심을 거뜬히 지켜냈다.

사람의 외모는 그 사람의 선악이나 능력과는 필연적 관계가 없다. 못생겼어도 얼마든지 덕과 능력을 갖춘 군자인 사람이 있고, 옥처럼 아름답게 생긴 사람도 덕이 없고 재주 없는 소인일 수 있다. 1995년 중국 〈동방시보(東方時報)〉는 고등학교 시험에서 우수한 성적에도 불구하고 외모가 못생겼다고 하여 탈락한 한 학생의 사연이 보도되어 전국을 들끓게 한 적이 있다. 21세기를 앞두고 있던 중국에서 이런 황당한 일이 버젓이 벌어져 많은 사람을 착잡하게 만들었다. 우리 주위에 이런 그릇된 현상은 없는지 구석구석 살필 일이다.

2. 독단(獨斷)과 전횡(專橫)은 금물이다

리더는 많은 사람의 의견을 앞장서서 구해야지 독단과 전횡은 절대 금물이다. 리더의 능력을 가늠하는 관건은 인재들을 제대로 안배하여 그들의 능력을 자극하는 한편 좋은 의견을 언제 어디서든 경청할 수 있느냐에 달려 있다. 리더십이 부족한 리더를 보면 매사에 남의 말에 귀를 기울이지 않는 공통점을 보인다. 타인의 의견을 경청하는 능력은 성공하는 리더의 두드러진 특징이다.

앞서 예를 든 폭군의 대명사 걸과 주 임금의 공통점 역시 다른 사람의 말에 전혀 귀를 기울이지 않고 독단과 전횡을 일삼았다. 심지어 주 임금은 자신을 비판하는 백성들을 향해 자신을 태양에 비유하며 '태양이 사라질 수 있겠냐'고 큰소리를 쳤다. 그러자 백성들은 '저놈의 태양은 언제나 없어지려나! 내가 저놈의 해와 함께

은나라의 마지막 임금 주는 뛰어난 외모와 남다른 지식과 말재주, 힘을 다 갖춘 인걸이었다. 하지만 자신에게 도취되어 독단과 전횡을 일삼다 자신과 나라를 망쳤다.

죽으리라'라며 저주를 퍼부었다.

독단(獨斷)은 독재(獨裁)를 낳고, 독재는 독점(獨占)을 낳는다. 이 '삼독(三獨)'은 그대로 '삼독(三毒)'으로 바뀌어 리더 자신과 조직을 망친다. 사람과 인재를 파악할 때도 이 독단과 전횡은 절대 경계해야 한다. 가능한 한 많은 사람의 의견에 귀를 기울여 다양한 견해를 교차 대조한 다음 이를 다시 자신의 생각과 판단에 대조하여 최선의 결론을 얻어야 한다.

3. 시기와 질투심은 안 된다

전국시대 위나라의 장수 방연(龐涓)은 스승 귀곡자(鬼谷子) 밑에서 동문수학한 손빈(孫臏)의 재능을 몹시 시기하고 질투했다. 그래서 끝내는 손빈을 모함하여 그를 불구로 만들었다. 다리를 잘린 손빈은 아무것도 모른 채 그래도 자신의 목숨을 살려준 방연에게 감사하며 병법서를 써주려 했다. 그러다 방연의 흉계를 알게 되었고, 미치광이를 가장하여 위나라를 탈출하여 조국 제나라로 왔다.

손빈은 제나라 군대에 자문 역할인 군사(軍師)가 되었고, 20년 가까이 복수의 칼날을 갈았다. 손빈은 계릉(桂陵) 전투에서 방연을 한 차례 물리치면서 방연의 전술과 심리를 완벽하게 파악했다. 이어 마릉(馬陵) 전투에서 절묘한 유인술로 끝내 방연을 사지로 몰았고, 방연은 스스로 목숨을 끊었다. 그런데 죽는 순간까지도 방연은 "내가 오늘 이 촌놈을 유명하게 만들어 주는구나"라며 손빈을 질투했다.

시기와 질투는 인간의 본능에 가깝다. 건전한 정신을 가진 사람은 이런 시기와 질투를 자기 발전의 자극으로 삼는다. 그러나 소인배는 자기보다 뛰어난 인재에 대해 시기하고 질투하는 것은 물론 음모 따위로 해치기까지 한다.

지나친 질투심은 어느 경우를 막론하고 자신과 다른 사람에게 해롭다. 따라서 해롭기만 한 이 정서를 자기 마음속에서 제거해야 하는데, 다음 몇 가지 방면에서 노력하면 효과를 거둘 수 있다.

첫째, 시기와 질투의 위험과 해로움을 인정하라. 시기나 질투는 백해무익한 심리다. 이런 감정에 휘말리면 스스로 한 걸음도 앞으로 나아가지 못할 뿐만 아니라 주위 사람들의 손가락질을 받는다. 리더라면 더더욱 이런 감정을 제거해야 한다.

둘째, 사사로운 생각을 극복하라. 현실적으로 자기 가족이나 개인적으로 가까운 사람에게는 질투를 느끼지 않는다. 이들의 성취와 성공을 크게 받아들인다. 그런데 회사 동료들에 대해서는 그렇지 못하다. 조금이라도 자신을 앞지르면 시기하고 질투한다. 이는 가족이나 친인척은 '자기 사람'으로 간주하는 사사로운 생각

시기와 질투를 극복하기란 매우 어렵다. 그러나 분명한 사실은 이를 극복한 사람만이 성공했다는 것이다. 방연은 죽는 순간까지 손빈을 질투했다. 그림은 방연이 최후를 맞이한 마릉 전투의 모습이다.

때문이다. 사사로운 생각을 극복하면 자신과 남에게도 유익하고 시기와 질투심을 없애는 기초가 된다.

셋째, 자신을 인식하라. 마음에 질투가 존재한다는 것은 스스로가 먼저 그렇게 생각했기 때문이다. 아무리 감추려 해도 질투의 표현은 이런 심리를 반영한다. 이에 대해 질투심이 생기면 스스로를 정확하게 평가할 줄 알아야 한다. 그런 다음 자신의 장점을 한껏 발휘하고 분수에 맞게 노력한다면 성과를 거둘 수 있다. 또 자기보다 훨씬 뛰어난 재능을 가진 사람, 그래서 현재 자신의 힘으로는 뛰어넘을 수 없는 인재를 허심탄회하게 인정할 줄도 알아야 한다. 자신과 다른 사람에 대한 정확한 평가는 심리적으로 질투나 시기와 싸워 이기는 무기다.

넷째, 입장을 바꿔 놓고 생각해봐라. 중국 속담에 '마음과 마음을 비교한다'라는 것이 이 이치다. 심리학에서는 이를 '심리의 위치를 바꾼다'라고 한다. 질투심이 자신도 모르게 생기면 "만약 내가 성공했을 때 다른 사람들의 이런 질투심을 어떻게 받아들이고 견딜까"를 생각하라. 이렇게 입장을 바꿔 보는 사유는 고민스러운 질투 심리에서 벗어나는 데 매우 도움을 준다.

철학가 베이컨(Francis Bacon)은 "인류의 모든 욕망 중에서 질투심이야말로 가장 완강하고 오래가는 감정일 것이다"라고 했다. 시기나 질투심과의 싸움은 분명 힘겨운 싸움이다. 이를 극복하는 힘은 절대 외부의 도움을 받을 수 없고 오로지 자신의 마음으로 조정해야 한다. 이런 정서는 자신을 해친다는 사실을 정확하게 볼 줄 알아야 한다. 질투와 시기는 고민의 근원이다.

4. 쩨쩨하게 굴지 말라

'담이 작은 사람은 장군이 될 수 없다'라는 속담을 '쩨쩨하면 지도자가 될 수 없다'라는 말로 바꾸어 쓰는 경우가 많다. 충분히 일리 있는 말이다. 리더나 회사가 쩨쩨하면 사기가 떨어지고, 나아가 충성심도 떨어진다. 출퇴근 시간을 지나치게 따지거나, 회사 기물을 사용하면서 자기 돈을 내게 하는 등과 같이 쩨쩨하게 굴면 조직에 대한 향심력(向心力)은 점점 사라지고 이심력(離心力)만 커질 뿐이다.

담대한 리더 주위에는 사람들이 몰리고, 언제나 그와 어울리려 한다. 리더가 자리에 없어도 맡은 바 일을 기꺼이 한다. 반면 속이 좁고 쩨쩨한 리더 밑에서 일하는 사람은 그가 자리에 없으면 일도 게을리하고 삼삼오오 몰려서 그를 흉본다. 심하면 술판까지 벌이며 리더를 성토한다.

5. 가볍게 사람을 믿지 말라

이런 일이 있었다. 갑은 친구의 소개로 자칭 타칭 '천재'로 불리는 젊은이를 소개받았다. '친구는 소개장에 절대 신임할 수 있는 인재로 나를 믿는 만큼 이 사람을 믿을 수 있을 것'이라고 호언장담했다. 갑은 이 '천재'를 회사에서 가장 중요한 기획부서에 배정하여 회사 전반의 기획을 맡겼다. 갑은 얼마 뒤 해외 출장을 떠났고 한 달 뒤 회사로 돌아왔다.

회사로 돌아온 갑은 기획부서의 일이 올 스톱(all stop) 상태가 되어 있고, '천재'는 말도 없이 회사를 나갔다는 사실을 확인할 수 있었다. 이 '천재'는 어떤 기획도 내지 않았고, 기존의 기획서를 읽고도 이해하지 못하는 '천재(?)'였던 것이다. 갑은 탄식에 탄식을 내뱉었다.

이 사례는 인재를 판단할 때 반드시 전면적으로 살펴야 한다는 교훈을 남겼다. 인상만으로, 막연한 추천으로 사람을 기용했다가는 크게 낭패를 보고 회사는 큰 손해를 입는다. 사실 갑은 친구의 추천만 믿고 대충 사람을 보고 뽑았던 것이다. 갑이 사람을 기용하기에 앞서 아래 일곱 가지 인재 판단의 방법에 근거했더라면 그런 결과를 나오지 않았을 것이다.

1. 주도면밀한 기획은 은은한 웃음 속에서 싹이 트고, 멀고 깊은 계산은 차분한 자태 속에서 그 모습을 드러낸다고 했다.

여유와 차분한 자세, 멀리 깊게 내다보는 안목이 있는지 잘 살펴야 한다.

2. 계산했으면 그 결과 내놓아야 한다. 또 바로 눈앞의 일에 대해서도 계산해야 하고, 미래에 대한 계산도 있어야 한다. 물질적 이익도 계산해야 하고, 정신적 효과, 예를 들어 우정, 신용, 사업 확장 이후의 계기 등등에 대해서도 계산해야 한다. 기업의 이익과 사회적 이익을 함께 계산할 줄 알아야 한다. 요컨대 한 문제의 여러 방면을 계산해야 한다.

3. 내 쪽의 이익도 계산하고 상대와 합작자의 이해도 계산해야 한다. 상대에게 돌아갈 좋은 점, 특히 투자자와 합동 경영자에게 돌아갈 좋은 점을 잘 계산해야 한다.

4. 큰 곳에 착안하고 작은 곳에서 착수한다. 깨를 볶았으면 수박도 품을 수 있어야 한다.

5. 용감하게 책임진다. 사람들은 해명에는 관심이 없다. 약속한 시간에 물건을 넘겨야지 해명은 소용없다. 마찬가지로 제시간에 물건을 넘기지 못하면 어떤 해명도 쓸모가 없다.

6. 영원히 더 잘해야 한다. 성숙한 인재는 모든 일에 정성을 다하고 하는 일마다 더 잘 해낸다.

7. 무슨 일을 하든 마음을 써야 한다. 성공한 사람은 진지한 태도로 모든 일을 대한다. 경쟁이 격렬한 비즈니스에서는 어떤 일이든 마음을 써야 할 가치가 있다.

5

사사로운 감정 개입이
조직과 나라를
병들게 한다

|

장거정의 인재 기용 원칙론 '육무(六毋)'

장거정(張巨正, 1525~1582)은 명 왕조 중엽에 경제
개혁에 힘을 기울여 탁월한 업적을 남겼던 명재상이다. 목종(穆宗)
이 갑자기 죽고 이제 겨우 여섯 살 난 태자 주익균(朱翊鈞)이 즉위
하니 이가 신종(神宗, 1563~1620)이다(신종은 임진왜란 때 조선에 구원병을
보낸 황제이며, 북경 외곽에 그의 무덤인 정릉定陵이 발굴되어 일반인들이 참관
할 수 있다.). 장거정은 고명대신(顧命大臣)으로서 어린 태자를 보좌하
면서 공평한 원칙으로 인재를 중시하고 기용한 사례를 남겼다.

장거정은 개혁가로 유명했지만, 최고통치자인 황제의 자질이 나
라 전반에 얼마나 중대한 영향을 미치는가를 절감했다. 이에 황제
교육에 자신의 열정을 다 바친 인물이기도 했다. 신종 황제를 체
계적으로 교육시키기 위해 그는 모든 교과 과정을 자신이 직접 짜

서 엄격하게 실행했음은 물론, 나이 50이 넘어 걷기 힘들 정도로 쇠약해진 몸을 이끌고 끊임없이 교과 과정과 내용을 수정하고 보완했다.

이러한 교육과정을 통해 신종과 내궁은 모두 장거정의 단속을 받게 되었고, 신종의 일거수일투족이 모두 장거정의 안배에 따라 움직이게 되었다. 신종은 절대적 황권의 유혹으로부터 어느 정도 거리를 둘 정도로 자신을 통제할 수 있었고, 신종을 그릇된 방향으로 이끌 여지가 다분했던 환관들에 대한 제약도 가능해졌다. 이는 결국 전면적인 개혁 정치를 위한 철저한 사전 포석이었고, 암울했던 명 왕조 전체에 한 줄기 빛을 드리우는 역할을 할 수 있었다.

장거정은 명 왕조의 모든 재상들 중에서 유일하게 책임감 강하고, 원대한 식견을 갖춘 박력 있는 정치가였다. 그는 자기 개인의 부귀영화에 만족하지 않고 명 정부의 부패를 개혁하려는 야심을 가졌던 인물이었다. 그의 개혁 정치는 부패할 대로 부패한 명나라 통치 계급의 극렬한 저항으로 실패했지만, 그가 남긴 업적과 경험은 역사의 귀중한 자산으로 남아 있다. 특히 인재와 관련한 그의 주장은 지금 보아도 참신한 면이 적지 않다.

장거정은 "시대는 그 시대가 필요로 하는 인재를 낳았다. 권력을 쥔 자가 매번 사사로운 욕심을 개입시켜 편견을 가지니 인재가 마구 뒤섞여 적절한 대접을 받지 못했다. 그래 놓고도 인재가 모자란다고 아우성을 치니 한참 잘못된 것이로다"라는 인식을 갖고 있었다. 인재에 대한 편견과 자신의 이익만을 앞세워 인재를 마구 기용함으로써 인재가 제대로 기용되지 못하는 혼란을 초래해놓고 도리어 세상에 인재가 부족하다고 볼멘소리를 하는 사회적 병폐를 지적한 것이다.

그렇다면 어떻게 해야 이런 편차를 바로 잡을 수 있는가? 공평한 마음을 가지고 인재를 선발한다는 원칙을 정해야 한다. 혈연·지연·학연 따위를 따지지 말고, 과거에 저지른 잘못에 집착하지 말고, 나라를 위해 힘을 쏟아 도움을 줄 수만 있다면 과감하게 추천하여 기용해야 한다. 이렇게 함으로써 안으로는 개인의 감정에 따라 사람을 좋아하거나 미워하지 않고, 밖으로는 명예를 경시하거나 훼손시키는 말을 삼가는 공평한 분위기가 조성될 수 있다.

이와 관련하여 장거정은 다음과 같은 '하지 말아야 할 여섯 가지 원칙', 즉 '육무(六毋)'를 제안하고 있다.

첫째, '그 사람과 관련된 헛된 명성에 귀를 기울이지 말라.' 헛소문이나 과장된 평가를 믿지 말고 실제적으로 그 사람의 재능과 성적을 살펴야 한다.

둘째, '자격만 따지지 말라.' 경력이나 자격에만 국한되지 말고 실제적인 재능과 생기가 있는가를 보아야 하며, 특히 발전할 수 있는 잠재력을 가진 젊은이를 소홀히 해서는 안 된다.

셋째, '여론에 동요되지 말라.' 여론의 좋고 나쁨에 따라 가볍게 흔들려서는 안 되고 실질적으로 잘 따져서 기용 여부를 결정해야 한다.

넷째, '개인적 감정을 개입시키지 말라.' 인재를 평가할 때 개인의 좋고 싫은 감정을 한 데 섞어서는 안 된다.

다섯째, '한 가지 일로 그 사람 전체를 뭉뚱그려 판단하지 말라.' 한 가지 일, 또는 한때의 성공과 실패로 그 사람을 평가하려하지 말고 전체와 발전을 보도록 해야 한다.

여섯째, '허물 하나로 그 사람의 큰 절개를 가리지 말라.' 완전한 사람은 없다. 누구든 실수를 피하기는 어렵다. 작은 잘못 하나 때문에 전체를 부정해서는 안 된다.

이상 '육무' 중에는 과거 사람들의 경험담도 일부 있지만 '개인적 감정을 개입시키지 말라'는 부분은 과거 인재론자들에 비해 진전된 논의다. 인간 감정의 애증이 인재에 대한 평가와 임용에 영향을 주기 쉽기 때문이다.

장거정은 이런 점들에 주의하면서 실제 상황에 운용했다. 장거정이 조운(漕運)과 물길을 다스리는 일을 맡고 있을 때 반계훈(潘季訓)이라는 수리 전문가를 알게 되었다. 반계훈은 일찍이 황하(黃河)를 다스린 적이 있는데, 그 견해가 다른 관리들과 달라 권세가들에게 미움을 사서 탄핵을 받고 사직한 바 있다.

1578년, 장거정은 황하와 회하(淮河) 지역의 수리를 다시 한 번 대규모로 정돈하기로 결정했다. 그는 과거 반계훈이 주장한 방안과 성패의 교훈을 분석하여 반계훈이 이 사업의 적임자라고 판단

명 왕조 약 270년은 대부분 암울했다. 그러나 장거정이 개혁에 나섰던 10여 년은 마치 한 줄기 빛과 같았다. 그만큼 그의 정치가 돋보였다. 그의 인재관도 어둠 속에서 피어난 한 떨기 꽃이었다.

했다. 그리하여 탄핵이라는 반계훈의 경력을 따지지 않고 그를 우도어사 겸 공부좌시랑으로 추천했다.

정거정은 실질적인 권한을 가지고 황제의 명의로 반계훈에게 치수 사업을 전적으로 맡겼다. 또 80만 냥에 해당하는 현금과 실물을 주면서 재량껏 쓰게 했는데, 사용처에 대해 일절 개입하지 않았다. 장거정은 해직당한 반계훈에게 중책을 맡겼을 뿐만 아니라 경비 사용에 대한 재량권까지 완전히 위임했다. 전폭적인 신임은 반계훈이 아무 걱정 없이 마음껏 재능을 발휘하게 하는 든든한 힘으로 작용했다. 치수에 대한 전문적 지식과 정황을 잘 알고 있었던 반계훈은 이 사업을 대성공으로 이끌었다.

인재와 관련하여 장거정이 제기한 '육무' 이론은 얼핏 그저 그런 원칙론처럼 보인다. 그러나 실제 상황에서 이 원칙을 흔들림 없이 고수하며 인재를 추천하고 기용하기란 쉽지 않다. 각종 정보가 거의 완전하게 공개되고 있는 오늘날에 있어서도 이 원칙을 지켜가며 인재를 기용하는 경우를 만나기 힘들다. 특히 '개인적 감정'이란 인간 고유의 한계를 돌파하여 공평무사하게 인재를 기용하기란 정말 어려운 일처럼 보인다. 이론과 실천을 통해 '육무' 이론의 가치를 확인하게 해준 장거정의 경험이 그래서 귀중한 것이다.

6

사람을 아는 데도
난이도가 있다

|

충절의 화신 제갈량의 인재 식별론

1. 한 인물에 대한
역사적 평가의 환원점과 제갈량

역사상 인물 평가의 기준은 많은 변화를 겪는다. 시대적 상황
과 의식 수준의 차이에 따라 적지 않은 편차가 있다. 그러나 모든
인물 평가에는 '궁극적 환원점'이란 것이 있다. 그것은 그 인물이
어떻게 살았느냐와 직결된다. 이런저런 결점과 실패에도 불구하고
한 인간이 인생 전반에 걸쳐 어떤 철학과 소신을 지니고, 그것을
지키기 위해 얼마나 애를 썼느냐가 평가의 한 축이 될 것이고, 그
가 견지했던 철학과 소신이 옳은 길이었느냐 여부가 또 다른 한
축이 된다. 옳고 그름은 도덕과 윤리의 차원에 놓이며, 그 구체적

내용은 도덕과 윤리의 질을 결정한다.

이는 매우 예민하고 애매한 기준 같아 보이지만 실제로는 아주 단순 명료하다. 윤리와 도덕은 인간에 내재한 악을 제어하는 최소한의 제방이자 최후의 보루이기 때문이다. 그리고 그가 그 과정에서 보인 언행과 실적은 그 윤리와 도덕을 평가하는 가장 실질적인 잣대가 된다. 요컨대 그 사람의 과거가 평가의 알파(α, 맨 처음)요, 오메가(Ω, 맨 끝)이다. 다시 말해 한 사람의 평가는 어떤 방법과 원칙을 들이대든 간에 궁극적으로 그의 과거 언행과 업적으로 돌아가서 이루어진다는 것이다.

한 인물이 평생 거짓말하지 않으려고 노력하며 살았고, 대체로 그것을 지켰다고 해도 그가 다른 방면에서 남다른 업적을 남기지 못했다면 역사적 평가를 받기는 힘들다. 적지 않은 권력을 쥔 사람이 남을 속이지 않고 정직하게 살면서 자신의 신조를 많은 사람에게 전파하여 감화시키고, 그의 그런 행동이 모범이 되어 큰 존경을 받아 후대에 적지 않은 영향을 미쳤다면 역사적 평가의 대상이 될 수도 있을 것이다. 요컨대, 철학과 소신의 내용이 넓고 깊은 실천으로 담보되어야 한다는 의미다.

그런데 인물에 대한 역사적 평가는 생전과 사후의 평가에서 적지 않은 편차가 발생할 수 있다는 점에서 미묘하다. 이를 단순하게 몇 가지 경우의 수로 나누어 보면 다음과 같이 정리될 수 있을 것도 같다.

1. 생전과 사후 모두 좋은 평가를 받는 경우
2. 생전과 사후 모두 나쁜 평가를 받는 경우
3. 생전에 나쁜 평가를 받았으나 사후에 좋은 평가로 바뀌는 경우
4. 생전에 좋은 평가를 받았으나 사후에 나쁜 평가로 바뀌는 경우

하지만 이 경우들도 딱 부러지게 구분되지 않고 서로 뒤섞여 다음과 같은 변수가 더 발생할 수 있다.

5. 생전엔 별다른 평가가 없다가 사후에 재평가되는 경우(흥미로운 경우)
6. 생전에 큰 관심의 대상이 되었다가 사후에 관심과 평가의 방향이 바뀌어 새로운 논의와 평가를 유발하는 인물(가장 매력적인 경우)
7. 세상이 어지럽고 혼탁할 때마다 청량제나 등대 같은 역할을 하는 부가가치가 큰 인물(생명력이 가장 긴 경우)
8. 오늘날에는 거의 모든 정보가 공개되고 있기 때문에 불과 얼마 전까지만 해도 대단히 높은 평가를 받다가 하루아침에 모든 평가가 뒤집어지거나 그 반대인 상황이 수시로 발생한다. 따라서 사람에 대한 평가가 어느 때보다 즉각적으로 이루어진다. 한 사람의 평가에 대한 기준과 유형 등에 심각한 변화

가 일어나고 있음에 유의할
필요가 있다.

읍참마속(泣斬馬謖)에서 보다시피 제갈량은
결코 완벽한 인간이 아니었다. 그런데도 이상
과 현실 둘 다 포기하지 않았던 그의 인재관은
충분히 재평가하고 재창출할 가치가 있다.

1과 2는 재론의 여지가 없지
만, 이 평가에 속하는 인물은 시
대의 관심도에 따라 수시로 등
장하여 교훈적 역할을 할 때가
많다. 하지만 이 유형에 속하는
인물들도 평가 기준의 질적 향상
과 다양화에 따라 5로 진화하는
경우가 많다. 그리고 1에 속하는
인물은 7에 속하는 인물과 중복
되는 경우가 적지 않다.

3과 4는 고정된 것이 아니라 왕왕 뒤바뀐다. 즉, 좋은 평가에서
나쁜 평가로 바뀐 다음, 또는 나쁜 평가에서 좋은 평가로 바뀌는
등 평가가 완전히 고정된 것이 아니라 상황에 따라 바뀌는 경우가
적지 않다는 뜻이다. 삼국시대 조조와 같은 인물이 대표적이다.

5와 6에 속하는 인물은 상당히 매력적인 논쟁을 유발한다. 이
경우는 평가 당시의 시대적 관심이나 평가 기준에 혼란이 발생할
때 많이 나타나며, 3과 4와 겹치는 수가 많다. 8은 오늘날 우리
주위에서 얼마든지 볼 수 있고, 수시로 나타난다. 대개 큰 선거가
있으면 이런 평가의 현상이 두드러진다.

요컨대 '역사의 평가'를 받는 인물이라면 어떤 경우에 속하든 시대의 관심도와 상황에 따라 평가는 유동적이다. 그럼에도 불구하고 역사적 인물 평가에 있어서 '궁극적 환원점'이란 절대 기준은 살아있다. 이는 그 인물이 인간의 존엄한 존재가치를 구현했느냐 여부다. 다시 말해 그의 행적이 인간이란 존재가치에 부합했느냐, 그것을 벗어났느냐.

예컨대 자신이 가진 권력이나 권한을 다수를 위해 공적으로 사용하지 않고, 자신의 부귀영화나 권력 유지를 위해 사적으로 남용한 결과 많은 사람의 존엄성을 짓밟았다면 아무리 뛰어난 업적을 많이 남겼더라도 그런 사람은 역사적으로 좋은 평가를 받을 수 없고, 또 받아서도 안 되는 것이다.

반대로 이런저런 실수와 단점이 있고, 또 삶의 과정에서 적지 않은 실패를 했더라도 평생 타인의 존엄성에 상처를 주지 않으면서 사심 없이 다수의 공익을 위해 헌신하여 실패와 단점을 상쇄하고도 남을 행적을 남겼다면, 그는 충분히 긍정적인 역사 평가를 받을 수 있다. 이 기준은 자칫 사람들의 가치판단을 강요할 수도 있는 이데올로기적 윤리·도덕의 기준과는 다른 차원이다.

이런 점에서 만고의 충절로 불리는 제갈량은 '세상이 어지럽고 혼탁할 때마다 청량제나 등대 같은 역할을 하는 부가가치가 큰 인물(생명력이 가장 긴 경우)'로서 늘 역사의 부름을 받고 있다. 조금 과장해서 말하자면, 제갈량은 거의 영구적인 평가의 원칙이자 모범적 사례로 역사의 소환장을 받고 있다. 이런 점에서 그의 인재관의 일면을 살펴보는 일은 나름 상당한 의미를 갖지 않을까 한다.

2. 이상을 포기하지 않았던
     제갈량의 인재관

재상이면서 정책을 만들어내는 자리에 있었던 제갈량은 인재 이론을 실제와 연결하는 것을 아주 중시했다. 역사에 전하는 제갈량의《편의십육책(便宜十六策)》에는 〈치인(治人)〉, 〈납언(納言)〉, 〈고출(考黜)〉, 〈상벌(賞罰)〉 등과 같은 편이 있는데, 모두 인재를 살펴서 감식하고 등용하는 데 유용하다. 그리고 제갈량의 또 다른 저작인《지인(知人)》에서는 사람을 아는 데는 난이도가 있기 때문에 진위를 분별할 줄 아는 안목을 갖추어야 한다고 말한다.

제갈량은 인간의 정황은 매우 복잡하다고 보았다. 사람마다 싫고 좋음이 뚜렷하게 나뉘며, 감정과 외모도 다 다르게 나타난다는 것이다. 예컨대 보기에는 온순해 보이지만 내면은 교활한 사람이 있고, 겸손해 보이지만 사악한 사람도 있고, 겉으로는 용감해 보이지만 사실은 담력이 작은 사람이 있는가 하면, 노력해서 열심히 일할 사람처럼 보이지만 실제는 충성하지 않는 사람도 있다.

그렇다면 어떻게 해야 이렇게 복잡한 현상을 통하여 인간의 본질을 파악할 수 있을까? 인재를 알아내는 방법이라 할 수 있는 제갈량의 '지인지도(知人之道)'는 다음과 같이 일곱 개 조항을 제시하고 있다.

1. **문지이시비이관기지**(問之以是非而觀其志).

옳고 그른 것에 관해 물어서 그 뜻을 살피는 것이다. 즉, 시비를 가리는 능력과 장차 가고자 하는 뜻을 보는 것이다.

2. **궁지이사변이관기변**(窮之以辭辯而觀其變).

궁지에 몰아 그 말을 통해 변화를 관찰하는 것이다. 즉, 첨예한 난제를 제기하여 궁지에 몰고 그의 답변에 어떤 변화가 있으며 임기응변할 수 있는가를 살핀다는 것이다.

3. **자지이계모이관기식**(咨之以計謀而觀其識).

계모, 즉 책략 따위를 자문하여 그 식견을 보는 것이다.

4. **고지이화난이관기용**(告之以禍難而觀其勇).

위기 상황을 알려 그 난관에 맞설 용기가 있는지 여부를 보는 것이다.

5. **취지이주이관기성**(醉之以酒而觀其性).

술에 취하게 만들어 그 본성을 보는 것이다.

6. **임지이리이관기염**(臨之以利而觀其廉).

이익을 제시하여 청렴 여부를 살피는 것이다.

7. **기지이사이관기신**(期之以事而觀其信).

일을 맡겨 그 신용이 어떤지를 살피는 것이다.

이상을 요약하자면, 지(志), 변(變), 식(識), 용(勇), 성(性), 염(廉), 신(信) 등 7개 방면에서 사람을 살펴야 한다는 것이다. 이와 같은 제갈량의 인재관은 대단히 전면적인 것으로 지금도 충분히 유익할

뿐만 아니라 나름대로 상당한
의미를 갖고 있다.

이 원칙에 근거하여 제갈량
은 많은 인재를 선발했으며, 한
때 적이었던 인재를 상당수 끌어
오는 등 파격적 인재 발탁을 실
천했다. 강유(姜維)는 원래 위나
라의 장수였다. 제갈량이 북벌
때 기산(祁山)으로 출병하자 강
유는 천수(天水) 지역의 태수에게
핍박을 받아 제갈량에게 투항했

제갈량의 사상과 철학을 한데 모은 《제갈량문
집》이다.

다. 제갈량은 강유를 "일에 충실하고 생각이 주도면밀한 것이 많
은 사람이 그에 미치지 못한다"라며 높이 평가했다. 또 "군대 일에
민첩하여 담이 크고 병법을 깊게 이해하고 있다. 이 인재는 마음에
한 왕실의 부흥을 담고 있는 재능을 함께 겸비한 사람이다"라고
도 했다.

그 당시 강유의 나이 스물일곱에 불과했지만, 제갈량은 후주
유선(劉禪)에게 그를 봉의장군 양정후에 봉하도록 요청했다. 그리
고 얼마 뒤 다시 정서장군으로 승진시켰고, 결국에는 제갈량을 이
어 전군을 통솔하게 되었다. 강유는 여러 면에서 제갈량만한 성과
를 거두지는 못했지만, 제갈량의 뒤를 이은 촉의 대들보임에는 틀
림없었다.

제갈량은 부하들의 장단점을 잘 살펴 각자의 특징과 재능에 맞게 추천했고 사람들은 그의 인사를 공평하다고 인정했다. 제갈량의 상벌을 두고 '벌을 받아도, 절대 원망하지 않았다'라고 평가한 것도 이런 인재 기용의 원칙과 무관하지 않을 것이다.

제갈량의 인재관과 용인 원칙은 중국의 전통적 인재론의 틀에서 크게 벗어나지 않는다. 그런데 제갈량은 재능과 덕을 겸비한 인재, 그중에서도 인품을 제대로 갖춘 인재를 더 선호했다는 사실에 주목할 필요가 있다. 삼국이 치열하게 다투었던 현실적 상황을 고려한다면 덕이나 품행에서의 일부 결점은 재주로 충분히 덮고 넘어갈 수 있었고, 실제로 조조는 인격적 결함보다는 능력을 더 중시하는 인재 기용책을 선호했다.

이 점에서 혹자는 제갈량이 현실보다는 이상을 너무 좋은 것 아니냐고 비판하기도 한다. 하지만 제갈량은 자신의 이론을 현실에 적용하여 두루 실천했다는 점에서 이론의 효용성을 크게 높이고 있다. 제갈량의 이론과 실천 사례는 능력 위주, 실적 위주만 내세운 결과 온갖 부작용과 폐단만 양산하고 있는 조직에 시사하는 바가 적지 않다.

7

껍데기에
현혹된 용인관은
망국의 길이다

|

유기의 인재관

원말명초의 혼란기 절강 청전(靑田) 출신의 유기 (劉基, 1311~1375)는 명 왕조의 개국공신이자 주원장의 핵심 참모였다. 명 왕조가 건국된 초기 그는 어사중승 겸 태사령이란 중책을 맡았는데, 황제 주원장은 늘 그를 찾아와 중요한 국사, 특히 인재를 등용하는 문제를 상의하곤 했다. 아래에서는 인재를 아꼈던 유기의 인재관에 초점을 두고 관련 일화와 그의 사상 등을 알아본다. 특히 사심이 없었던 그의 인재관은 지금 보아도 충분히 본받을 만하다.

1. '지기지피(知己知彼)'한 유기

　명 왕조 초기 또 다른 개국공신인 이선장(李善長)은 여러 차례 태조 주원장(朱元璋)으로부터 야단을 맞았고, 주원장은 그를 파면시키려 했다. 이에 유기는 주원장에게 "이선장은 개국공신으로 장수들 사이의 관계를 잘 조정할 수 있는 사람입니다"라며 그의 파면에 반대했다. 주원장은 "그 사람은 여러 차례 당신에 대해 나쁜 말을 하면서 당신을 해치려 했는데 어째서 그를 감싸는 것이오? 내가 그대를 승상에 임명할까 하오"라고 하자 유기는 황급히 절을 하며 "승상을 바꾸는 것은 집의 기둥을 바꾸는 것과 같으므로 반드시 큰 목재를 써야 합니다. 만약 작은 목재들 여러 개를 묶어 큰 기둥을 대신하려 한다면 집은 삽시간에 무너지고 말 것입니다"라며 극구 사양했다.

　얼마 후 이선장은 승상 직위에서 해임되었고, 주원장은 양헌(楊憲)을 승상으로 삼고자 했다. 양헌은 유기와 관계가 좋았기에 유기가 틀림없이 자신을 지지할 것으로 생각했다. 그러나 뜻밖에 유기는 "양헌은 재상의 재능은 있지만, 재상 그릇으로는 부족합니다. 재상이라면 마음이 물같이 고요해야 하고 의리로 시비를 가려야 하는데 양헌은 그런 점이 부족합니다"라며 반대하고 나섰다. 주원장은 다음 후보로 왕광양(汪廣洋)이 어떠냐고 묻자 유기는 "왕광양은 아량이 좁고 천박하여 양헌만 못하다"라고 했다. 이어 주원장은 호유용(胡惟庸)이 어떠냐고 물었고, 유기는 "호유용은 마치 수레를 끄는 말과 같아 자칫하면 수레를 엎을 수 있기에 안 된다"라고 대답했다.

한참을 생각하던 주원장은 승상감으로는 유기를 따를 사람이 없다는 생각이 들어 자신의 생각을 밝히자 유기는 "저는 나쁜 일이나 나쁜 사람을 원수처럼 증오하고, 성격이 너무 강직하며 번잡한 일을 처리하는데 참을성이 없기 때문에 제가 승상 자리를 맡으면 폐하께 심려를 끼칠 수 있습니다. 천하

유기는 원말명초의 혼란기의 와중에서도 정치와 군사 방면 등의 많은 저서를 남겼고, 사회와 인재의 관계를 통찰한 걸출한 사상가로서의 면모를 보여주고 있다.

에는 인재가 수두룩하기 때문에 폐하께서 잘 살피신다면 알맞은 사람을 분명 찾으실 수 있을 것입니다만 말씀하신 인물들 중에는 마땅한 사람은 없습니다"라며 사양했다.

그 뒤 양헌을 비롯하여 왕광양, 호유용 등이 모두 정도는 다르지만 고위직을 맡았고, 심지어 호유용은 8년 동안 승상 자리에 있었지만 유기가 예언한 대로 잇따라 패가망신했다.

유기는 지혜로운 인물로서 인재를 잘 판별할 줄 알았다. 황제 주원장이 언급한 몇몇 재상 후보들의 자질에 대한 그의 관찰은 아주 치밀한 것이었다. 그는 또 자신에 대해서도 잘 알아서 스스로 재상감이 아니라는 것을 인정하는 이른바 '지기지피'의 지혜를 잘 발휘했다. 남을 알기보다 자신을 알기가 훨씬 더 어려운데 유

기는 이런 점에서 모범을 남겼다.

유기는 다른 사람의 자질은 물론 자신의 한계도 잘 알았던 현명한 인물이었다. 황제 주원장의 성격과 기질은 더 잘 알고 있었을 것이다. 사실 그는 자신의 능력 부족도 문제지만 재상이란 자리가 얼마나 위험한 자리인지를 심각하게 고려한 것으로 보인다. 그 뒤 벌어진 주원장의 공신 학살은 유기의 처신이 현명했음을 여실히 입증했다. 급류 앞에서 물러설 줄 아는 것도 용인과 관련하여 큰 요령이 아닐 수 없다. 특히 최고통치자나 경영자의 기질을 정확하게 파악한 참모라면 조직의 격변기에 어떤 처신과 인재 기용이 필요한지 심사숙고할 필요가 있다.

2. 인재의 선악은
   약초를 고르는 것과 같다

유기는 명 왕조를 건국하는데 큰 공을 세운 개국공신으로 뛰어난 지략으로 주원장의 총애를 받았다. 주원장은 이런 유기를 두고 '나의 장자방(張子房, 장량張良)'이라고 할 정도였다. 유기는 원 왕조 말기에 관료 생활을 하면서 당시 사회의 부패상을 목격하고 자신의 정치적 주장과 철학사상 등을 우화 형태로 표현한 《욱리자(郁離子)》라는 특이한 책을 썼다.

그는 잡문 형식의 이 정치 논평서에서 용인과 관련된 전문적인 문장을 스무 편이나 남겼다. 이 글들에서 유기는 인재 등용에 관한 개인적 관점을 논술한 다음 당시 사회 실정을 아주 뚜렷하고 절묘하게 결합하여 치밀한 용인론을 제기했다. 따라서 이 책은 인재 문제를 담론한 훌륭한 용인 저서라 할 수 있다.

유기는 먼저 겉치레보다 진정한 인재를 구하라고 말한다. 인재 문제와 관련하여 현재보다 과거가 나은 점이 있다고 생각하여 헛된 명성에만 끌려 실질적인 인재를 추구하지 않고 현재보다 과거를 중시하는 경향은 봉건 통치자들이 흔히 범한 편견이었다. 유기는 이런 낡은 관념을 날카롭게 비판했다. 그는 유명한 〈양동(良桐)〉 편에서 다음과 같은 이야기를 들려준다.

거문고를 잘 만드는 공지교(工之僑)라는 사람이 있었다. 그는 좋은 재질의 오동나무를 얻어 거문고를 만들었는데 그 영롱한 소리가 천하제일이었다. 공지교는 이 거문고를 궁중 음악을 책임진 태상에게 갖다 바쳤다. 그러나 거문고를 본 태상은 오래된 물건이 아니라면서 고개를 저었다. 이에 공지교는 거문고를 가지고 돌아와 옷칠하는 사람을 찾아 무늬를 바꾸고, 글자를 새기는 사람을 찾아 옛날 문자를 새겨 넣게 한 다음 땅속에 파묻었다. 얼마 뒤 공지교는 거문고를 다시 파내 시장에 내다 팔았는데 지나가던 귀인이 보고는 100금을 주고 사갔다. 귀인은 그 거문고를 다시 조정 태상에게 보였는데, 태상은 정말 귀한 물건이라며 감탄을 금치 못했다. 이 이야기를 전해 들은 공지교는 "정말 슬프도다! 이런 일이 어디 가야금뿐이겠는가? 하

루라도 조치를 취하지 않으면 함께 망하게 생겼다"라며 깊은
한숨을 내쉬었다.

새로 만든 좋은 거문고는 '오래된 것'이 아니라는 이유로 버림
을 받고, 오래된 것처럼 꾸미니 그 값이 백배로 올라간다. 이는 거
문고에만 국한된 얘기가 아니라 사회 전체에 널리 퍼져 있는 편견
이기도 하다. 공지교는 한탄을 하며 세상을 피해 깊은 산속으로
숨었는데, 이 이야기는 사실 유기 자신의 비유다. 복고를 반대했다
는 점에서 유기의 용인 사상은 혁신적 의미를 갖는다.

유기는 인재를 말에 비유하기도 했다. 〈팔준(八駿)〉이라는 문장
에는 이런 이야기가 소개되어 있다. 말을 잘 감별하던 조보(造父)가
죽자 사람들은 말의 우열을 감별할 줄 몰라 말을 산지에 따라 감
별했다. 이들은 기(冀)에서 나는 말만 우수한 품종이고, 나머지는
모두 열등한 말로 간주했다. 왕궁의 말들 중에서도 기에서 난 말
은 상등으로 분류되어 군주가 탔고, 중등으로 분류된 잡색 말은
전투마로 사용되었고, 기주 이북에서 나는 말은 하등으로 분류하
여 고관들이 타고 다녔다. 그리고 강회(江淮)에서 나는 말은 산마
(散馬)라 하여 잡일에 동원되었다. 말을 기르는 담당자는 이런 식
으로 말의 등급을 나누어 관리하고 있었다.

그러던 어느 날 강도가 궁중에 침입했다. 강도를 잡기 위해 급
히 말을 동원하려는데 안쪽 마구간에 있는 말들은 "우리는 군왕
이 외출할 때 타는 말이라 동원될 수 없다"라며 버텼다. 그러자

바깥 마구간에 있는 말들도 "네놈들은 먹기는 잘 먹고 일은 적게 하는데 왜 우리더러 나가라고 하느냐"라며 버텼다. 말들은 서로서로 미루었고, 그 결과 적지 않은 말들이 강도에게 약탈당했다.

유기는 말을 예로 들어 인재 문제를 비유하고 있는 바, 사람을 기용함에 있어서도 출신지나 종족 따위로 존비귀천을 나눌 것이 아니라 진짜 재능을 따져야 한다는 의미다. 가상을 제거하고 진위를 가리듯 겉으로 드러나는 허식을 떨쳐버리고, 진정한 재능을 추구해야 할 것이다.

사람에게 선악이 있듯 인재에게도 진위가 있다. 역대로 악당 소인배들이 유능한 인재로 가장하여 온갖 재앙을 저지른 사례가 많았다. 이와 관련하여 유기는 전국시대 초나라의 춘신군(春申君)을 예로 들고 있다. 춘신군 밑에는 식객이 3천이나 있었으나 그는 인재의 우열을 가리지 않고 다 받아들였다. 그의 문하에는 개나 쥐새끼 같은 무뢰배들로 득실거렸지만, 춘신군은 그들을 과분하게 대접하면서 언젠가 자신에게 보답할 것을 희망했다. 그러나 어느 날 춘신군은 결국은 자신이 그렇게 믿었던 이원(李園)이란 자에 의해 살해당했다. 그런데 놀랍게도 식객들 중 누구 하나 나서서 이원에 대항하거나 성토하는 자가 없었다.

인재의 선악은 약초나 독초처럼 실제와는 다른 모습이 적지 않기 때문에 겉모습을 꿰뚫고 감별할 수 있어야 한다. 유기는 인재를 약초에 비유하면서 산골의 경험 많은 한 노인의 말을 소개하고 있는데 그 내용은 대체로 이렇다.

민산의 응달에 '황량(黃良)'이라는 약초가 자라고 있는데 이 약초는 맛이 쓸개처럼 쓰고 약성이 강해서 다른 것과 섞이지 않는다고 한다. 그러나 황량을 삶아서 복용하면 몸의 나쁜 성분을 모두 제거하여 증세를 단번에 해결하고 독기를 단숨에 빼낼 수 있다. 맛이 쓰고 약성도 강하지만 효능이 뛰어난 좋은 약이다. 반면 생기기는 해바라기처럼 예쁘게 생긴 어떤 약초는 그 잎에서 떨어지는 물방울이 상처에 닿으면 근육과 뼈까지 상하게 만들 정도로 독하여 이름을 '단장초(斷腸草)'라 부른다. 겉모습은 멋있지만 실제로는 악독한 풀이다. 따라서 그 모습만 보고 잘못 복용하는 일은 없어야 할 것이다.

이렇듯 실사구시의 태도로 인재를 선발한다는 기초 위에서 유기는 인재에 대해 마음 놓고 사용할 수 있는 조건을 창조하라고 주장한다.

유기는 인재에 대해 너무 각박하게 요구하는 군주의 행위를 비판하면서 인재에게 필요한 조건을 제공하여 일을 성사시켜야 한다고 했다. 그는 〈청박득위벌(請舶得葦伐)〉이란 글에서 진시황과 서불(徐市)의 일화를 소개하고 있다.

서불은 바다로 나가 봉래산을 찾아 불사약을 구해올 수 있다고 큰소리를 치면서 진시황에게 큰 배를 마련해달라고 요구했다. 진시황은 "큰 배를 타고 바다로 나가는 것은 누구나 할 수 있는

유기의 인재관은 대단히 실용적이다. 특히 헛된 명성에 혹해서 인재로 착각하지 말라는 경고는 지금 오히려 더 울림이 크다. 사진은 유기의 고향에 조성되어 있는 공원 안의 유기 동상이다.

일이다. 당신이 그렇게 신통하다면 풀로 뗏목을 만들어 나가도 될 것 아닌가"라고 했다. 서불이 난감해하자 진시황은 "큰 배를 타고 갈 것 같으면 나라도 갈 수 있는데 당신이 무슨 필요가 있겠는가" 라며 면박을 주었다. 각박한 진시황을 본 서불은 혼자 큰 배를 마련하여 동남동녀 3천을 데리고 바다로 나가서는 다시는 돌아오지 않았다. 바다로 나가 선약을 구하여 불로장생하려던 진시황의 꿈은 물거품이 되었고, 얼마 뒤 사구라는 곳에서 병으로 죽고 말았으니 천하의 웃음거리가 따로 없다 하겠다(이는 역사적 사실과는 다소 다르지만, 문맥이나 내용 전개에 문제가 없어 그대로 인용했다.).

인재가 공을 이루고 업적을 남기려면 일정한 물질적 조건이 필요하다. 배가 없이 어떻게 바다로 나간단 말인가? 인재와 관련하여 유기는 또 앞서 언급한 《욱리자》라는 고대 중국 사회 속에서의 인재 문제를 논의한 전문적인 저술을 남겼다. '욱리자'란 이름에 대해 당시 사람들은 "《역》에서 '리(離)'는 불이다. 문명의 상징이다. 그것을 잘 사용하면 문장이 더욱 훤하게 드러나 문명으로 세상을 다스리는 성세를 맞이할 수 있다"라고 해석했다.《욱리자》는 지나간 역사와 유기 당대의 용인 경험을 종합한 다음, 이론과 실천을 긴밀하게 결합시킨 한 차원 높은 저술로 유기의 정치적 주장과 철학사상을 대표한다. 또한, 유기 자신을 대변하는 작품이기도 하다.

특히, 세속의 헛된 명성이나 평가와 같은 겉모습에 현혹되어 중책을 맡겼다가는 낭패를 보는 것은 물론 심하면 망국을 초래할 수 있다는 유기의 지적은 지금 우리 현실을 침통하게 꾸짖는 것 같아 가슴이 철렁 내려앉는다.

부록

동서양 사상의 상호 비교

1. 공익이 사익과 부딪치는 경우에 대부분이 사익을 선택

토마스 홉스의 거대한 짐승 리바이어던(Leviathan)

리바이어던(Leviathan)은 구약성서 〈욥기〉에 나오는 수중 괴물로 지상 최강의 존재를 상징한다. 그 존재란 다름 아닌 '국가'이다. 이 괴물을 제목으로 한 《리바이어던》이란 정치 사상서를 저술한 홉스(Thomas Hobbes, 1588~1679)는 막강한 괴물로 상징되는 국가에 대해 다음과 같은 유명한 말을 남겼다.

"사람들은 만인의, 만인에 대한 투쟁이 전개되는 참혹한 자연 상태를 극복하기 위하여 국가를 만든다. 국가는 모든 사람이 각자가 향유하는 자연권을 포기하며, 그것을 어떤 사람 또는 인간의 집단에 주어버림으로써 성립된다."

홉스는 군주 정치를 최상의 정치형태라고 보았다. 이러한 그의 정치사상에 대해서는 많은 비판도 있지만, 국가가 생김으로써 주권자가 생기고, 주권자가 있음으로써 주권이 있고, 또 주권이 있음으로써 국가가 성립한다는 논리는 홉스의 정치사상의 중요한 특징으로 국가와 주권자 그리고 주권과의 관계를 바르게 이해하는데 많은 시사를 준다.

여기에 소개한 글은 《리바이어던》의 제2부 〈국가론〉 중 제3부 '국가 제도의 형태와 주권의 계승에 대하여'의 일부, 특히 군주 정치에 있어서 나타날 수 있는 폐단의 하나인 아첨배와 간신배들에 대한 것이다. 문장이 다소 어렵기는 하지만 차분히 읽다 보면 국가라는 실체, 통치자와 그 측근, 시민의 주권의 관계에 대한 나름 의미 있는 인식을 얻을 수 있다.

"군주정치에서는 어떤 신민이 총아(寵兒)나 아첨자의 증가로 인해 한 사람의 권력에 의해 그가 소유하는 모든 것을 박탈당할 수 있는 불리한 점이 있는데 이것이 군주정치의 커다란, 그리고 불가피한 불리한 점이라고 나는 시인한다."

어떠한 정치체제가 되었건 그것을 운영하는 실체는 인간이다. 인간의 본질을 이해한 바탕 위에 제도와 법이 뒷받침될 때 그 정치체제는 바르게 운영될 것이다. 우리가 인간, 특히 지도급 인사들에게 그토록 집착하는 까닭도 이론적이든 경험적이든 한 국가를 운영하는 것이 결국은 인간이라는 점을 자연스럽게 습득하고 있기 때문이다.

그렇다면 어떤 정치체제가 드러내는 폐단이나 실패의 책임은 결국 인간에게로 돌아간다. 폐단을 시정할 수 있고, 또 시정해야 할 존재 또한 인간이라는 모순 속에서 우리는 이제 보다 냉철한 의식으로 인간을 보아야 한다. 이제 국가는 더 이상 통제의 범위에서 벗어나 있다. 그러나 국가를 운영하는 인간들에 대해서는 그 어느 때보다도 제대로 파악할 수 있는 길이 여러 갈래로 열려 있다. 우리가 눈을 바르게 뜨고 있는 한, 인간 바로 보기는 결코 어려운 일이 아니다.

_군주정치와 주권자 집단의 비교[38]

이러한 세 종류의 국가 사이에 존재하는 차이는 권력의 차이가 아니고, 그 목적을 위해 국가가 평화와 인민의 안보를 제도적으로 보장하는 기능이나 능력의 차이에 존재하는 것이다. 군주 정치를 다른 두 가지의 통치 형태와 비교하기 위해서 우리는 다음과 같은 것을 관찰할 수 있다.

첫째, 인민의 인격을 책임지고 있는 사람과 그것을 책임지고 있

---

38. 《리바이어던》 제2부 제3장의 일부. 문장은 《삼성세계사상전집》 9(한승조 역, 1981)에서 인용했고, 일부는 쉽게 고쳤다.

는 집단의 누구든지 간에 그 또한 그 자신의 자연적 인격을 책임지고 있다는 것이다. 그리고 공익에 대해서는 그의 정치적 인격 때문에 신중하다고 할지라도, 그 자신이나 그의 가족, 친척과 친구들의 사익에 대해서는 신중을 덜 기한다. 그리고 대부분 공익이 사익과 부딪치는 경우에 사익을 선택한다.

인간의 감정은 보통 이성보다 강하기 때문이다. 이로부터 공익과 사익이 가장 밀접하게 결합되는 곳에서 공익이 가장 촉진된다는 결론이 나온다. 군주정치에서는 사익과 공익이 동일하다. 군주의 부·힘·명예는 오직 신민들의 부·힘·명성으로부터 나온다. 왜냐하면 신민들이 가난하거나 비열하고, 또는 싸우려는 의지가 부족하여 적과의 전쟁을 수행하지 못한다면, 그들의 왕은 부유하거나 영광스럽거나 안전할 수가 없기 때문이다. 이에 반해 민주 정치나 귀족 정치에 있어서는 공공의 번영이 불충한 충고, 배신행위나 내전처럼, 부패하고 야심적인 한 사람의 개인적 치부에 기여하지 않는다.

둘째, 군주는 그가 좋아하는 사람과 좋아하는 때, 좋아하는 장소에서 자문을 구하고, 결과적으로 그가 택하는 데 따라 행동하기에 앞서, 비밀리에 지위의 고하나 품성에 상관없이 그가 심사숙고하는 문제에 대해 정통한 사람들의 의견을 들을 수 있다. 그러나 주권자 집단이 자문을 필요로 할 때는, 처음부터 거기에 대한 권리를 갖는 사람들을 제외하고는 어느 누구도 용납되지 않는다. 그러한 사람들은 지식의 획득보다는 부의 획득에 더 정통한 사람들이 대부분이다.

그들은 사람들을 자극하여 행동하게 할 수 있고, 일반적으로 하는 충고를 장시간의 대화를 통해 할 수는 있으나 국가 안에서 그들을 지배하지는 않는다. 왜냐하면 '이해(Understanding)'라는 것은 감정의 불꽃에 의해 결코 계몽되지 않으면서도 현혹되어지는 것이기 때문이다. 또 주권자 집단이 비밀리에 자문을 얻을 수 있는 장소와 시간은 그들 자신이 다수이기 때문에 존재할 수가 없다.

셋째, 군주의 결의는 인간성의 불안정성 이외에 다른 어떤 불안정성에도 종속하지 않지만, 주권자 집단에서는 인간성의 불안정성 이외에도 수(數)로부터의 불안정성이 일어난다. 결단을 한 번 내리게 하고 그것을 확고히 밀고 나가게 하는 소수의 결석(그것은 안전·태만에 의하거나 개인적 방해에 의해서 일어날 수 있다)이나, 반대의견을 가진 소수가 열심히 참석함으로써 어제 결정된 것이 오늘에 와서는 폐기되고 말기 때문이다.

넷째, 군주는 시기심이나 이해관계 때문에 그 자신과 견해를 달리할 수 없으나, 주권자 집단은 의견 대립은 물론 내란을 초래할 수 있을 정도로까지 대립할 수 있다.

다섯째, 군주정치에서는 어떤 신민이 총애받는 자나 아첨하는 자의 증가로 인해 한 사람의 권력에 의해 그가 소유하는 모든 것을 박탈당할 수 있는 불리한 점이 있는데, 이것이 군주 정치의 커다란, 그리고 불가피한 점이라고 나는 시인한다. 그러나 그와 같은 일을 주권자의 힘이 집단에 존재하는 곳에서도, 그와 마찬가지로 일어날 수 있다. 그들의 권력은 군주의 권력과 동일하고, 그들은 군주가 아첨자에 의해서 그렇게 되는 것처럼 사악한 자문에 따르고 달변가에 의해 유혹되기 때문이다. 한 사람이 어느 다른 사람의 아첨자가 되어 교대로 서로서로의 탐욕과 야욕에 봉사하게 된다.

그리고 군주가 총애하는 신하는 소수이고 군주의 친척 이외에는 어느 누구도 득세할 수 없는 반면, 집단의 총신은 다수이며 그 친척도 어떤 군주보다 훨씬 많다. 또 적을 해치는 동시에 친구를 구원할 힘이 없는, 군주의 총신은 존재하지 않는다. 그러나 달변가들, 즉 주권자 집단의 총신들은 해치는 힘은 많이 가지고 있으나, 구원하는 힘은 거의 가지고 있지 않다. 규탄은 변명보다도 눌변을 요구하며(그러한 것은 인간의 본성이다), 비난은 사면보다도 더 정의를 방불케 하는 것이기 때문이다.

여섯째, 군주정치의 불리한 점은 주권이 어린아이나 선악을 구별할 수 없는 사람에게 세습될 수 있다는 것이다. 그리고 그의 권력을 다른 사람 또는 일부 집단이 사용하게 되고, 이들은 군주의 인격과 권위의 후견인 및 보호자로서 군주의 권리에 의해서, 그리

토마스 홉스는 군주와 주권자 집단, 그리고 그 주변에 존재하는 다양한 인간 또는 그 집단 사이에 일어나는 다양한 현상을 치밀하게 분석하고 있다. 시차는 있지만, 조직 내의 다양한 모순과 갈등을 이해하는 데 의미 있는 글이다.

고 군주의 이름으로 통치할 수가 있다. 그러나 주권을 제삼자나 일부 집단이 사용하는 것이 불리한 점이라고 말하는 것은, 모든 정부가 혼란과 내전보다도 더 불리한 것이라고 말하는 것과 같다. 그러므로 나타날 수 있는 모든 위험은 막대한 명예와 이익을 지닌 직책을 놓고 싸우는 데에서 생기는 것임에 틀림없다.

이러한 불리점이 우리가 군주 정치라고 부르는 통치 형태로부터 생기지 않는다는 것을 입증하기 위해서, 우리는 선임 군주가 분명히 유언이나 관습에 따르지 않고, 누구를 어린 후계자의 교육 담당자로 지명했는가를 고려해야만 한다. 그런 경우 그러한 불리한 점은 (만일 그것이 발생한다면) 군주 정치가 아니라 신민들의 야망과 부정의에 귀속되어야 할 것이다. 그리고 이 점은 인민이 그들의 의무와 주권의 여러 권리에 대해 충분히 교육받지 못한 모든 종류의 정치에서도 마찬가지다.

또는 그렇지 않고 선임 군주가 그러한 교육에 대한 명령을 전혀 내리지 않았을 경우에는, 그 교육이 어린 왕의 권위 보존에 천성적으로 큰 관심을 가지고 있으며, 그의 죽음이나 위축에 의해 어떤 이익도 생길 수 없는 사람에게 맡겨져야 한다는 충분한 준칙을 자연법이 제공해 준다. 그러므로 어린 왕의 통치에 관한 모든 정당한 시비에 대해 충분한 규정이 취해졌음에도 불구하고, 공공의 평화를 교란시킬 정도의 논쟁이 일어난다면, 그것은 군주정치 형태에 책임이 있는 것이 아니라 신민들의 야욕과 그들의 의무에 대한 무지에 책임이 있다.

다른 한편 주권이 커다란 집단에 있는 국가로서 평화·전쟁 및 법률 제정의 협의에 대해 정부가 어린 왕의 통치하에 있는 것과 같은 조건에 있지 않은 커다란 국가는 존재하지 않는다. 어린 왕이 그에게 주어진 자문과는 다른 판단을 원하고, 그에 따라 그가 위탁되어 있는 사람이나 집단의 충고를 받아들일 필요가 있는 것처럼, 집단은 선악 간에 다수의 자문과는 다른 자유를 원하기 때문이다.

어린 왕이 그의 인격과 권위를 유지해 주는 교사나 보호자를 필요로 하는 것처럼 (커다란 국가에 있어서) 주권자 집단은 모든 큰 위기와 분란의 경우에 '자유수호인(Custodes libertatis)', 즉 그들의 권위의 보호자 또는 독재자를 필요로 한다. 그는 주권자 집단이 잠정적 기간 동안 그들 권력의 전체적 행사를 그에게 위탁하고 (그 기간이 끝나면), 권력을 박탈하는 잠정적 군주이다. 그것은 어린 왕이 그들의 보호자·후견인 또는 다른 어떤 교사에 의해 그렇게 하는 것과 마찬가지다.

2. 모든 행동에 있어서 자기의 이익을
추구하는 인물이라면

마키아벨리의 간신 회피법

흔히 폭군 지상주의자로 오해를 받고 있는 마키아벨리(Machia-velli, 1469~1527)는 사실은 철저하게 애국적 입장에서 《군주론Il Principe》을 저술했다. 찢어질 대로 찢어진 조국의 현실을 직접 보고 겪은 그에게 외세의 침략을 막아내고 조국을 통일할 수 있는 '강력한 힘을 가진 군주'는 절대적인 이상이었다. 조국은 그에겐 지상 유일의 절대적 존재였다. 따라서 국가(조국)를 떠난 개인은 상상할 수도 없었다. 그는 조국의 현실을 직시하고 군주를 국가의 운명과 직결 지었던 것이다.

그러나 그는 국가의 법과 명령은 국민 모두가 존중하고 받드는 것이므로 그 근원을 '국민의 소리'에 두지 않으면 안 된다는 주장도 빼놓지 않았다. 조국과 결코 뗄 수 없는 존재인 군주는, 냉철한 판단력을 가지고 조국의 이상을 이루기 위해 어떤 것도 뒤돌아보지 않는, 지혜와 용기를 갖춘 존재여야 한다고 마키아벨리는 주장했다.

마키아벨리는 자신이 처한 시대가 요구하는 인간상을 원했다. 특히 그 시대가 어려운 시대라면 어려움을 헤쳐나갈 수 있는 인간상을. 지금 우리에게는 과연 어떤 인간상이 필요할까? 큰 시험대 앞에 시민들의 냉철한 눈들이 이글거리고 있다.

여기에 소개하는 글은 《군주론》 중 제22장과 23장의 전문으로, 군주가 부하를 선택할 때는 신중해야 한다는 기본입장을 전제하면서, 항상 그들로부터 기탄없는 자문을 받도록 하되 마지막 결단은 군주 스스로가 분명히 취해야 한다고 주장한다. 아부하는 무리를 특히 조심하라는 경고도 잊지 않고 있다.

또 한 가지 마키아벨리가 정치가들을 향해 가장 강조한 것 중 하나가 국민들로부터 경멸받아서는 안 된다고 한 점도 새겨둘 만하다. 지금 우리 정치와 정치가에 대한 우리 시민들의 인식과 평가가 어떤 지 생각해보라.

_군주의 측근대신[39]

군주가 대신을 선정한다는 것은 결코 가벼운 일이 아니다. 군주의 생각 여하에 따라서는 좋은 인재도, 혹은 쓸모없는 인물도 등용될 수 있기 때문이다. 따라서 군주의 머리가 좋은지 나쁜지 알려면 먼저 그 측근을 보면 된다. 측근들이 유능하고 성실하면 그 군주도 총명하다고 평가할 수 있다. 그것은 그들의 실력을 알아냈고 그들의 충성을 군주가 얻었기 때문이다. 반대로 측근이 무능한 때는 군주를 좋게 평가할 수 없다. 그것은 이미 인물 기용에서 잘못을 저지르고 있기 때문이다. 예컨대 안토니오 디 베나프로

---

39. 《군주론》 중 제22장 〈군주의 측근대신〉의 전문. 본문과 주는 《삼성세계사상전집》9(임영방 역, 1982)에서 인용했다. 본문의 일부는 고쳤다.

(Antonio di venafro)를 아는 사람들은 그를 재상으로 맞아들인 시에나의 군주 판돌포 페트루치가 탁월한 인품의 소유자라는 것을 안다.

대개 인간의 두뇌에는 세 종류가 있다. 첫 번째는 자기가 단독으로 알아차리는 것, 두 번째는 남이 이해한 것을 알아차리는 것, 세 번째는 자기 자신도 이해 못하고 남의 생각도 모르는 경우이다. 즉, 첫 번째 두뇌는 가장 우수하고, 두 번째의 두뇌는 조금 우수하고, 세 번째의 두뇌는 무능하다. 판돌포 공은 첫 번째의 두뇌 정도까지는 못 된다 하더라도 두 번째의 두뇌는 가졌음이 틀림없으며, 또 사실 그 정도로 족하다. 모름지기 군주란 자신은 창의가 모자라더라도 타인의 좋고 나쁜 것을 가릴 줄은 알아야 되기 때문이다. 군주란 재상의 행동에서 좋고 나쁜 것을 가려내어 좋은 행위는 칭찬하고, 나쁜 행동은 고치도록 해야 한다. 그러면 재상 쪽에서도 군주를 속일 엄두를 내지 못하는 법이다.

그러면 군주는 어떻게 대신의 인품을 알아낼 수 있을까? 거기에는 틀림없는 식별법이 있다. 즉, 그 대신이 군주보다 자기의 일을 먼저 생각하고 모든 행동에 있어서 자기의 이익을 추구하는 인물이라면, 이런 사람은 결코 좋은 측근일 수가 없다. 따라서 군주도 이런 신하에게는 마음을 놓지 못한다. 나라를 맡은 인물은 자기를 생각함에 앞서 항상 군주의 일을 생각해야만 한다. 그리고 군주와 관계없는 일은 결코 염두에 두면 안 된다.

입장을 바꾸어 말하자면, 군주는 대신에게 충성심을 갖게 하기 위하여 그에게 명예를 주고 생활을 풍족하게 해줌으로써 명성과 책임을 함께 주어야 한다. 그래서 그 신하가 더 이상 바랄 것이 없도록 해주어야 한다. 이리하여 군주는 대신에게 자기가 없으면 아무것도 이루어지지 않으며 변혁이란 전혀 바랄 것이 못 된다는 생각을 머릿속 깊이 심어주어야 한다. 군주가 대신에게 이런 태도를 갖고, 대신이 군주를 그처럼 모신다면 그들의 결속은 굳다. 그렇지 못할 경우는 양자 중 어느 한쪽에 반드시 불행한 결과가 닥친다.

_간신을 어떻게 피할 것인가[40]

여기서는 극히 중요한 문제, 즉 군주가 저지르기 쉬운 실수에 대해 논하려고 한다. 군주가 여간 사려 깊든가, 또는 훌륭한 인물을 기용하지 않은 이상, 이 실수를 피하기는 매우 어렵다. 즉 궁정에서 흔히 볼 수 있는 아부하는 간신들을 말한다.

인간은 자기 일에 관한 한, 정말로 자존적이다. 흑사병에서 자기의 몸을 지키기란 여간 힘들지 않아 남의 말에 속기 마련이다. 더구나 함부로 오염을 막으려다가는 얕보일 위험성마저 있다. 따라서 아부로부터 몸을 지키려면, 진심을 털어놓아도 당신은 결코 화내지 않는다는 것을 사람들에게 알리는 수밖에 없다. 그렇다고 누구나가 다 당신에게 진심을 털어놓을 수 있는 것은 아니다. 그

---

40. 《군주론》 중 제23장 〈간신을 어떻게 피할 것인가〉의 전문.

마키아벨리의 '간신을 피하는 방법'은 군주 개인의 역량을 극도로 강조하고 있다. 오늘날 조직과 리더십에는 맞지 않지만, 리더 주변 사람들에 대한 경계와 관련한 지적은 주목할 만하다.

러다가는 당신이 존경을 잃기 때문이다. 이렇게 생각하면 분별 있는 군주가 택할 길은 제3의 길인 것 같다. 즉 군주는 국내에서 현인들을 골라내어 이 사람들에게만 군주에게 진실을 말할 수 있는 자유를 주어야 한다.

그러나 그것도 군주가 물어보는 문제에만 한정시키고 다른 일에 대해서는 허용치 말아야 한다. 군주는 이에 모든 일들을 그들에게 묻고 그들의 의견을 들어 혼자 나름대로 결단해야 한다. 더구나 이런 조언 전체에 대해서도, 또 개개의 조언자에 대해서도 이야기가 솔직할수록 환영받는다는 뜻을 충분히 전달해야 한다. 그리고 이들 외에는 다른 어떤 사람의 의견도 듣지 말 것이며, 군주 스스로가 결정한 것은 실행하되 그 결단은 끝까지 관철시켜야 한다. 그렇지 않으면 반드시 간신에게 농락당할 것이며, 잡다한 의견을 듣고 결정을 거듭 번복하여 군주에 대한 사람들의 평가를 하락시키게 된다.

이에 대해서는 최근의 실례를 하나 들고 싶다. 현 황제 막시밀리안[41]의 신하 루카 신부[42]는 황제의 인품에 대해서 '아무에게도

---

41. 막시밀리안(Maximilian, 재위 1493~1519)은 신성 로마 황제.
42. 루카 리날디는 1500년에서 2년간 트리에스테의 사교(司敎)였다.

조언을 얻으려 하지 않았고, 아무것도 자기 뜻대로 하는 일이 없었다'라고 말하고 있다. 즉, 이것은 내가 권유하는 방법과 정반대의 것이라 하겠다. 이 황제는 남몰래 일하는 것을 좋아했다. 그는 자기 계획을 아무에게도 말하지 않았고, 또 누구의 의견도 귀담아들으려 하지 않았다. 그래도 실행에 옮겨질 즈음에는 그 계획이 알려지고 전모가 밝혀지기 마련이다. 그러면 그의 주변 사람들이 반대를 한다. 이때 그는 약한 기질인지라 곧 자기 계획을 철회한다. 이처럼 오늘 시작한 일이 내일 허물어져서 도대체 이 황제가 계획하는 일이 무엇이고, 바라는 일이 무엇인지 아무도 알 수 없었다. 그래서 끝내 황제의 결단은 믿을 수 없는 것이 되고 말았다.

따라서 황제는 항상 남의 의견을 들어야 하지만, 그것은 남이 말하고 싶을 때가 아니라 자기가 바랄 때라야만 한다. 아니, 군주가 묻기 전에는 아무도 나설 수 없는 분위기를 만들어야만 한다. 그리고 질문할 때 군주는 도량이 넓은 질문자가 되어야 한다. 또 자기가 질문한 문제에 관한 한 모든 진실을 참을성 있게 들을 줄 알아야 한다. 뿐만 아니라 누구든지 당신에 대한 두려움과 존경심이 지나쳐 대답을 주저할 때에는 오히려 불쾌하다는 뜻을 나타내야 한다. 군주가 총명하다는 평판을 듣는 것은 사실 그 자신의 자질보다는 측근 중에 훌륭한 조언자가 있기 때문이라고 말하는 사람이 많다. 그러나 이런 생각은 명백한 오해다. 왜냐하면 군주가 총명하지 못하면 남의 의견을 잘 모으지 못하리라는 것은 일반적·절대적인 생각이기 때문이다. 물론 한 신하가 아주 총명하여 군주가 그 신하에게 정무를 전적으로 맡길 때만은 예외라 할 수 있겠다. 이런 경우는 모든 것이 잘 돌아간다. 그러나 그것도 길게는 못 갈 것이다. 국정 전반을 담당한 이 신하가 머지않아 군주로부터 나라를 빼앗을 것이기 때문이다. 설상가상으로 조언자들이 제각기 사리사욕에만 빠져 있다면, 그 군주는 이들의 의견을 어떻게 조종하고 이해해야 할지 알 수 없게 된다. 그런데 조언자들이 자기 욕심에 눈이 어두워지지 않는다는 법도 없다. 인간이란 필요해서 선한 짓을 하는 것이지, 그렇지 않을 경우에는 언제든지 나쁜 짓을 할 것이다.

요컨대 결론은 이렇다. 누군가가 훌륭한 조언을 했다손 치더라도 좋은 의견은 당연히 군주의 깊은 사려에서 나오는 것이지, 좋은 의견에서 군주의 깊은 사려가 생기는 것은 아니다.

1. 간신은 비를 세워
영원히 기억하게 하라
조선시대 지식인들의 소인론과 간신론

조선은 1592년 임진왜란(또는 '조일전쟁')을 기점으로 급속도로 쇠퇴해졌다. 어떤 학자는 조선은 임진왜란으로 망했어야 했다는 주장까지 냈다. 그랬으면 근대 시민국가로 재탄생했을 가능성이 컸을 것이라는 이유에서였다. 하지만 조선은 이순신 장군의 맹활약과 민초들로 구성된 의병의 강인한 저항, 명나라의 개입 등으로 왜구를 몰아내고 기사회생했다. 그러나 통치계급은 반성은커녕 권력 강화에만 몰두했고, 그에 따른 각종 폐단이 속출했다. 당쟁은 격화되었고, 백성들의 삶은 피폐해져만 갔다.

이런 상황에서 의식 있는 지식인들이 다양한 개혁론을 들고 나왔다. 이른바 '실학'으로 대변되는 학자들의 개혁론은 정조에 의해 정책에 반영되기도 했지만, 뿌리까지 썩은 조선을 부흥시키기에는 역부족이었다. 아래 소개하는 몇 편의 글들은 주로 정치개혁, 그중에서도 조정의 소인배와 간신들이 나라에 미치는 악영향을 집중적으로 지적하고 있다. 지금 우리 현실에 비추어 볼 때 흡사한 대목들이 적지 않을 것이다.

1. 허균의 소인론

"오늘날 이른바 군자란 것과 소인이란 것은 크게 동떨어지는 것이 아니다. 자기와 같으면 모두 군자고, 다르면 모두 소인이라 한다. 다르면 배척해서 간사하다 하고, 같으면 추천해서 정당하다 한다."

명쾌하고 통쾌하다. 이 대목은 오늘날 정치인들에게 고스란히 되돌려 줄 수 있겠다. 사회소설《홍길동전》을 통해 '이상 사회'를 꿈꾸다 반역죄로 죽어간 교산(蛟山) 허균(許筠, 1569~1618)의 소인론은 언제 읽어도 답답한 속을 후련하게 해준다. 번득이는 눈을 확인할 수 있다.

아울러 허균은 '붕당' 정치의 피해를 간신 소인배가 끼치는 피해보다 더 심하다고 간파했는데, 이는 오늘날 오랜 지역 차별로 인한 지역 할거주의에 의해 갈라질 대로 갈라진 우리의 정치 현실을 보는 것 같아 씁쓸하기까지 하다.

허균의 '소인론'은 오늘날 우리 정치의 현실과 비교해가며 꼼꼼히 읽어볼 만한 값어치가 충분한 글이다. 인간을 보는 지혜는 인간 그 자체를 올바르게 보는 몸가짐도 중요하지만, 인간 그 자체를 그가 속한 사회상과 연결시켜 바라볼 수 있을 때 한층 깊이를 가질 것이다.

_군자가 없는 까닭에 소인도 없다[43]

지금 나라에는 소인이 없다. 또한 군자도 없다. 소인이 없음은 국가에 다행이거니와 만약 군자가 없으면 나라를 어찌 다스릴 수 있겠는가? 아니다! 그렇지 않다. 군자가 없는 까닭에 또한 소인도 없다. 만약 나라에 군자가 있으면 소인은 감히 모습을 숨길 수가 없다.

군자와 소인은 음양이나 낮밤과 같다. 음이 있으면 반드시 양이 있고, 낮이 있으면 반드시 밤이 있으며, 군자가 있으면 반드시 소인이 있다. 요·순 시대에도 그랬는데 하물며 후세야! 대개 군자는 정당하고 소인은 간사하며, 군자는 옳고 소인은 그르며, 군자는 공익을 앞세우고 소인은 사욕을 품는다. 위에 있는 사람이 그 간사하고 정당함, 옳음과 그름, 공익과 사욕을 잘 가려서 살핀다면 소인된 자가 어찌 감히 사실을 숨기겠는가?

오늘날 이른바 군자란 것과 소인이란 것은 크게 동떨어지는 것

---

43. 《허균문선(許筠文選)》(을유문고 150, 1972) 중 〈소인론(小人論)〉. 내용은 좀 더 쉽게 고쳤으며, 역주는 그대로 활용했다.

이 아니다. 자기와 같으면 모두 군자이고, 다르면 모두 소인이라 한다. 저것이 다르면 배척해서 간사하다 하고, 이것이 같으면 추천해서 옳다 한다. 옳다고 하는 것은 제가 옳게 여기는 것이 옳다는 것이고, 그르다고 하는 것은 제가 그르게 여기는 것이 그르다는 것이다. 이것은 모두 공정함이 간사함을 이기지 못해서 그런 것이다.

진실로 군자로서 학문과 재능이 한 시대의 대표가 될 만한 자가 높은 벼슬에 오르도록 하여 관료들을 장려하되, 사대부로 하여금 공명정대함을 지키고 받들도록 하며, 옳고 그름을 분별하게 하면, 심각한 붕당도 모습을 고치려고 애를 쓸 것이다. 그런데 어찌 네 갈래로 갈라지고 다섯 곳으로 찢어져서, 마구 날뛰는 것이 지금과 같겠는가? 그렇기 때문에 붕당의 해로움은 소인이 조정을 함부로 하는 것보다 더욱 심각하다.

나라에서 소인을 미워하는 것은 그들이 나라를 해롭게 하고 백성을 병들게 하기 때문이다. 간사한 자들이 국정을 잡지 않았는데도 지금 나라와 백성이 이토록 심하게 병든 까닭은 너 나 할 것 없이 모두 사사로운 뜻만 앞세우는 바람에, 권한이 한곳에서 나오지 않고 기강이 무너져 다시 떨칠 수 없기 때문이다.

이른바 권력을 휘두른 간신도 있었다. 안로(安老)[44]가 일찍이 농간을 부렸고, 원형(元衡)[45]이란 자도 제멋대로 권력을 휘둘렀다. 근

---

44. 성은 김(金), 자는 이숙(頤叔:성종 12~중종 32년). 벼슬은 좌의정. 문정왕후를 폐위하도록 모의하다가 실각, 사사(賜死)됨.
45. 성은 윤(尹), 이조 명종 때 권신. 이기(李芑)·정순붕(鄭順朋)과 모의하여 을사사화를 일으켰음.

래에는 영경(永慶)46이 또한 권력을 멋
대로 휘두르고자 했다. 자기 이익만
차리고, 저와 다르면 배척한 것은 마
찬가지였다. 그러나 나라의 기강은
여전해 권한이 한 곳에서 나와 권력
을 멋대로 휘두르던 자가 물러가면,
곧 예전대로 회복되었다. 지금은 그
렇지 않다. 권한이 여러 갈래에서 나
오고, 너나없이 자기 이익만 차리면
서 자기와 다른 자를 배척한다. 이런
것을 물리치려 해도 이루 다 물리칠
수 없고, 나라 기강도 수습할 수 없
게 된다. 아아! 어찌하면 소인들이 세

자유분방한 삶과 파격적인 글로 시대의 이단자를 자처했던 허균은 역모, 다시 말해 유토피아를 꿈꾸었다는 죄목으로 처형당했다.

력을 펼치기 전에 공격해서 제거할 수 있을까? 또 어찌하면 대인군
자가 나와 바람을 일으켜 붕당을 흩어지게 할 수가 있을까? 까닭
에 지금 나라에는 소인도 없고 군자도 없다는 것이다.

또 할 말이 있다. 예로부터 소인이라 하는 자는 학문을 빙자하
며, 그 행동이 풍속을 속이기에 족했고, 그 재주는 변고에 대응하
기에 족했다. 그런 자가 벼슬에 있으면 사람들이 그 마음을 헤아

---

46. 성은 유(柳), 자는 선여(善餘). 소북파의 영수. 선조 37년에 호성공신(扈聖功臣)으로 전양부
원군(全陽府院君)에 봉해짐. 영창대군을 옹립하려다가 선조가 승하하자, 정인홍(鄭仁弘) 등
대북 일파에게 탄핵당해서 사사되었음.

리지 못하므로 제 하고 싶은 대로 멋대로 행하였다. 그들이 군자와 다른 점은 오직 공과 사, 한 터럭만큼의 차이뿐인데도 그 화가 매우 참혹하였다. 하물며 재능과 학식이 없으면서 오직 좋은 관직만 탐내며 요직에만 기를 써서, 구차하게 사는 자가 조정에 가득하다면, 그 화가 어떠하겠는가.

그렇기 때문에 '붕당의 해는 소인이 권력을 휘두르는 것보다 더 심하다'라는 것이다.

2. 성호 이익의 간신론

"붕당은 서로 싸우는 데서 비롯되고, 서로 싸우는 것은 이해관계가 서로 다른 데서 나온다. 이익은 하나인데 사람이 둘이면 당이 둘 생기고, 이익은 둘인데 사람이 넷이면 당이 넷 생기기 마련이다. 이익은 고정되어 변함이 없는데 사람이 늘기에 붕당이 생긴다."

이상은 조선 후기 실학사상에 있어서 하나의 큰 호수에 비유되는 성호(星湖) 이익(李瀷, 1681~1763)의 〈붕당론(朋黨論)〉의 일부다. 지배 계급이 먹고사는 일에 종사하지 않고 자리 얻는 일에만 눈이 벌겋게 있고, 고정된 정치기구 아래에서는 관리 등용에 한계가 뻔하기 때문에 관직을 차지하려고 서로 붕당을 만들어 싸운다는 명쾌한 논리다. 이해관계를 따라 우왕좌왕하는 인간들의 모습과 보잘것없는 존재로서의 나약함을 패거리를 지어 보상받으려는 당시 정치상황을 똑바로 보고 있다.

여기에 소개한 글 역시 이익과 욕심을 좇는 간신들이 결국은 나라까지 멸망으로 이끌고 만다는 점을 날카롭게 지적하고 있다. 이러한 모습은 지금 우리 사회 적폐세력의 모습과 다를 바 없다. 지금 우리에게는 그 어느 때보다 '안분지족(安分知足)'의 철학이 절실하다.

_천하가 패망하려 하면 먼저 간인이 나서 천하의 재물을 다 없앤다47

신하가 재물을 긁어 들여 혹은 제집에 쌓고, 혹은 나라에 쌓는다. 제집에 쌓는 피해는 오히려 적어도 나라에 쌓는 피해는 더욱 크다. 제집에 쌓는 것은 제 한 몸으로 그치거니와 나라에 쌓는 것은 반드시 임금의 마음을 미혹하게 하며, 화가 나라 안에 가득 찬다.

혹은 강제로 빼앗고, 혹은 법을 핑계 대는데, 강제로 빼앗는 피해는 오히려 얕지만, 법을 핑계 대는 화는 더욱 깊다. 강제로 빼앗는 것은 한때에 그치지만 법을 핑계 대는 것은 끝이 없다. 이로운 것 같지만 실제로는 피해를 입히고, 처음에는 이로워도 끝내는 피

---

47. 《성호사설(星湖僿說)》(《한국의 실학사상》, 삼성출판사, 1981) 중 〈간인경재(奸人朘財)〉. 내용은 보다 쉽게 고쳤다.

성호 이익

해를 입히는 것이 있다. 거두어도 흔
적이 없게 하여 몰래 불리고 남모르게
보태는데, 영양이 나무에다 뿔을 걸고
잠자듯 흔적이 없고, 쥐가 살을 파먹
어도 아픈 줄을 모르다가 간까지 먹
히는 것과 같아서, 사람이 깨닫지 못
한다. 이것이 가장 큰 도둑이며 간사
한 자인데, 천년이 지나도록 그 해독
이 미치며 구제하기 어렵다.

거두는 것은 딴 물건이 아니고 재물에 불과하다. 백성의 목숨
은 재물에 있는데, 재물을 거두어 빼앗는 것은 그 숨통을 끊고 뼛
골을 짜는 것이니, 어떻게 살 수가 있겠는가? 나라의 목숨은 백성
에게 있는데, 백성이 배부르고자 해도 굶주리게 하고, 따뜻하고자
해도 얼게 하니 살려고 해도 어찌 살 수가 있겠는가?

집을 튼튼하게 지으려면 먼저 터를 튼튼하게 하고, 풀을 자라
게 하려면 먼저 뿌리에 물을 주어야 한다. 터가 엉성하면 집이 무
너지고 뿌리가 시들면 잎이 시든다. 그러니 나라를 세우면서 백성
을 착취하면 망하지 않을 나라가 어디 있겠는가? 풍기(馮琦)의 말
에 '천하가 망하려면 먼저 간사한 자가 나타나서 천하의 재물을
다 없앤다. 재물은 뼛골과 같다. 뼛골이 마르면 사람이 죽고, 재물
이 비면 나라가 결딴난다'라고 하였다.

옛날에는 이익이란 말이 선비들에게서 나왔다. 만약 시정필부(市

#匹夫)에게서 나와 임금의 마음을 어지럽게 하면, 대책은 더욱 초라해지고 화는 더욱 빨리 미친다.

한 자 되는 상소문이 올라가면 백 집이 비게 되고, 종이 한 장이 내려가면 나라가 통곡한다. 슬픈지고! 계강자(季康子)가 도둑을 걱정해서 공자에게 물으니, 공자께서는 '진실로 그대가 욕심을 부리지 않으면 비록 상을 준다 해도 훔치지 않는다'라고 하였다. 정당하게 걷는 공물 이외에 받지 말아야 할 재물을 받는 것은 도둑질이다. 백성은 임금의 자식인데 어버이가 자식의 재물을 훔쳐서, 그 자식을 떠돌다가 죽게 하는, 이런 짓을 어찌 차마 할 것인가.

3. 안정복의 관리 등용의 조건
- 간신을 제거하라

《동사강목(東史綱目)》이라는 편년체 역사서를 남긴 조선 후기의 실학자인 순암(順菴) 안정복(安鼎福, 1712~1791)은 관리 등용의 가장 중요한 조건의 하나로 간신 제거를 들고 있다. 《임관정요(臨官政要)》는 수령을 대상으로 한 일종의 정치서로, 당시 민폐의 원인을 거리낌 없이 지적하고 그에 대한 시정책을 구체적으로 강조하고 있다.

여기에 소개한 글은 '간신 제거'를 주제로 한 '거간장(去奸章)'으로, 양민을 보호하기 위해서는 간사한 자를 엄중하게 제거하고 도적은 가차 없이 다스려야 한다는 의지를 반영하고 있다.

안정복

조선 후기 사회의 폐단과 문제점들을 오늘의 그것과 대비시켜 가며 읽으면 새삼스러울 것이다. '잡초를 제거하지 않으면 오곡이 무르익을 수 없다'라는 논리는 그대로 적용할 수 있는 말이 아닐 수 없다.

_조정의 간신 한 사람을 제거하면 천하가 다스려지고[48]

간신을 제거하기 위해서는 밝아야 하고 결단력이 있어야 한다. 밝으면 물정을 살필 수 있고, 결단력이 있으면 너그럽게 용서해 주는 폐단이 없다. 야율초재(耶律楚材)[49]는 원나라 임금에게 이렇게 말했다.

"조정에서 나쁜 자 하나를 제거하면 천하가 다스려지고, 고을에서 나쁜 자 하나를 제거하면 고을이 다스려지며, 향리에서 나쁜

---

48. 《임관정요(臨官政要)》(김동주 역, 을유문고 133, 1974) 〈시조(時措)〉 중 '거간장(去奸章)'. 본문은 좀 더 쉽게 고쳤으며, 역주는 그대로 활용하였다.

49. 중국 원(元)의 개국 당시 주춧돌을 놓았던 공신. 자는 진경(晉卿), 시호는 문정(文正). 남아 있는 저서로 《담연거사집(湛然居士集)》이 있다.

자 하나를 제거하면 향리가 다스려지는 것이니, 곡식을 가꾸는 자가 먼저 잡초를 제거하듯이, 백성을 보살피려면 먼저 간사하고 교활한 자를 없애야 합니다."

부임한 뒤에는 반드시 어떤 자가 지방의 큰 토착세력이고, 어떤 자가 집권자와 친하며, 어느 아전이 권세를 빌어 패거리를 짓는가를 먼저 물어서 파악한 다음 이런 부류를 근본적으로 다스려야 한다.

한(漢)나라 관리들이 정치할 적에는 반드시 힘 있는 호족들을 먼저 억제하였다. 그렇게 하고도 오히려 그들의 힘을 얻을 수 있었으니, 이른바 수준 높은 덕치란 '매를 비둘기로 만들고, 사나운 범을 고양이로 만드는[50]' 것이다.

송나라 오불(吳芾)[51]이 융흥부(隆興府)를 맡아 다스릴 때에 땅은 넓고 도둑은 많았다. 또 지방 토착 세력들이 마을을 마음대로 주물러 양민의 피해가 심하였다. 그러자 오불은 법으로 다스리되 조금도 용서해 주지 않고 말하기를, "잡초를 제거한 뒤에야 오곡이 무르익는 것이다. 그러므로 나는 어쩔 수 없이 이와 같이 한다"라고 했다. 또 동괴(董槐)가 강서(江西)를 다스릴 때 관리들이 세금을 도둑질하는 것을 보고는 "내가 이 고을에 부임했는데도 관리들이 계속 도둑질을 할 때는 목을 벨 것이다"라고 했다. 그러자 관리들

---

50. 《예기》〈월령(月令)〉에 보인다.

51. 중국 선거인(仙居人). 자는 명가(明可), 호는 호산거사(湖山居 士), 시호는 강숙(康肅). 남아 있는 저서로 《호산집(湖山集)》이 있다.

은 겁을 먹고 새롭게 마음을 먹었다.

간사한 백성과 교활한 아전은 제거하기에 힘써야 한다. 근래에는 명분이 퇴색해서 위아래가 서로 해친다. 향리들 중에서 약간 자립할 수 있는 자가 있으면 아전과 백성들은 그들을 힘 있는 토호라고 말을 한다. 그들이 소홀히 여기는 것을 위해서 명분을 추락시키는 일이 절대 없도록 살펴야 한다.

4. 다산 정약용의 간신론

조선 후기 사회의 문제점을 종합적으로 고찰하여 그 폐단을 지적하고 대안을 제시했던 실학의 집대성자 다산(茶山) 정약용(丁若鏞, 1762~1836)은 국왕이 백성을 위한 정치를 하지 않을 때는 갈아치워야 한다는 혁신적인 논리까지 내세웠다. 18년 동안 유배 생활을 통해 《목민심서(牧民心書)》 등을 비롯한 엄청난 저술을 남겼으며, 그러한 저서들을 통해 봉건 관리들의 부패를 비판하는 한편 당시 드러난 여러 사회문제에 대한 대책을 논의하고 개혁을 주장했다. 물론 노비제 옹호 등 다산의 사회 인식에 한계가 없는 것은 아니지만 정치개혁의 의지는 뚜렷했다.

여기에 소개하는 두 편의 글과 한 편의 시는 당시 봉건 관료와 관료사회의 근본적인 문제점을 날카롭게 지적하고 풍자하고 있다. 관리를 간사하게 만드는 원인을 잘못된 법체계에서 찾고 있는 점은 오늘날에 있어서도 심각하게 새겨보아야 할 탁월한 논리다.

간사하고 부패한 관리를 영원히 기록
에 남겨 다시는 등용해서는 안 된다는
주장 역시, 순간적인 눈가림용으로 배신
을 밥 먹듯이 거듭하는 우리 정치계나
관료사회의 현실에 비추어 볼 때 가슴
아픈 지적이 아닐 수 없다.

다산 정약용

다산은 사회 부패상이나 지배계급의
사악함, 위선 따위를 시로 풍자하기도
했는데, 여기에 소개한 〈고양이〉란 시는 우화시로 도둑과 관리가
한통속이 되어 백성을 괴롭히는 당시의 상황을 참으로 멋들어지
게 그려내고 있다. 이 시에서 남산골 늙은이는 일반 백성을, 쥐는
도둑을, 고양이는 관리를 비유하고 있다.

인간을 보는 눈은 결코 현실에서 벗어날 수 없다. 그것을 효과
적으로 적절한 방법으로 표현해 낼 때 인간을 보는 눈과 현실의식
은 한결 깊이를 가질 것이다. 다산의 현실 인식과 당시 사람들을
바라보는 눈이 깊이를 가질 수 있었던 것은 물론 치열한 역사의식
이 있어서였겠지만, 그와 함께 그가 여러 가지 효과적인 방법으로
자신의 주장을 전개했다는 점도 지적하지 않을 수 없다. 이러한
정신과 방법론은 훗날 김지하의 풍자시 〈오적(五賊)〉과도 통하는
면이 있다.

_관리가 꼭 간사한 것이 아니라
간사하게 만드는 것은 법이다[52]

아전이 반드시 간사한 것이 아니다. 간사하게 만드는 것은 법이다. 간사한 짓이 일어나게 되는 까닭을 모두 헤아리기란 쉽지 않다. 맡은 일은 작은데 재주가 넘치면 간사해지고, 지위는 낮은데 지식이 높으면 간사해지고, 수고한 것은 적은데 소득이 많으면 간사해지고, 저는 홀로 그 자리에 오래 있는데 저를 감독하는 사람이 자주 바뀌면 간사해지고, 저를 감독하는 자가 정직한 자가 아니면 간사해지고, 제 패거리가 아래에 많은데 윗사람이 외롭고 어리석으면 간사해지고, 나를 미워하는 자가 나보다 약해서 두려워 고발하지 않으면 간사해지고, 내가 꺼리는 자도 다 같이 법을 어겼는데 서로 버티면서 고발하지 않으면 간사해지고, 염치를 모를 정도로 형벌이 가벼우면 간사해진다. 또는 간사한 짓이 실패하기도 하고 실패하지 않기도 하며, 또는 간사한 짓을 하지도 않았는데 간사하다 하여 실패하면 정말로 간사해진다. 이와 같이 간사한 짓이 일어나기란 쉽다.

아전을 부리면서 간사한 짓을 돕지 않는 것이 없고, 그렇게 못하도록 하는 방법도 없으니 아전이 어찌 간사해지지 않겠는가? 나라에서 공경과 대부라는 벼슬을 마련하고 녹봉을 정해서 그들

---

52. 《다산논총(茶山論叢)》(을유문고 91, 1972) 중 〈간리론(奸吏論)〉. 내용은 보다 쉽게 고쳤으며, 역주는 그대로 인용했다.

을 대우하는 것은 무엇 때문인가. 백성을 다스리기 위해서다. 그 직책이 백성을 다스리는 것이라면 재능을 시험하고 기예를 선발하고 실적을 살펴서 승진시키는 것도 하나같이 백성을 다스리기 위해서다.

그런데 지금은 그렇지 않다. 시나 산문으로 시험하고, 씨족으로 선발하며, 그 이력이 청직이었던가 아닌가를 고찰하고, 당론에 적극적인가 아닌가를 보아서 승진시킬 뿐이다.

백성을 다스리는 일을 '비천한 일이라' 하여 아전에게만 맡겨서 다스리도록 하고, 가끔 한 번씩 와서 엄한 위엄과 모진 형벌을 가하면서 '간사한 아전은 마땅히 징계해야 한다'고 하는데 이것은 손님이 주인을 욕보이는 짓이다.

그러니 아전은 하늘을 우러러 갓끈이 끊어지도록 크게 웃으면서 '백성이 너희와 무슨 상관이길래 간사함을 징계한단 말인가?'라며 비꼰다.

옛날 조광한(趙廣漢)은 하간(河間) 고을의 아전이고, 윤옹귀(尹翁歸)는 하동(河東)의 옥리였다. 장창(張敞)은 포졸이고 왕존(王尊)은 서기였다. 그러나 이들은 모두 승진되어 대신이 되었고 공적도 빛났다. 그들이 가는 곳마다 백성들은 두려워하고 복종하여 고을이 크게 잘 다스려졌다. 왜 그런가? 그들은 배운 대로 다스렸으니 진실로 그것이 순리였다.

흉년이 들고 도적이 일어나서 북소리가 장안을 울리는데 글 잘하는 사마상여(司馬相如)에게 가서 막으라면 막을 수 있겠는가? 큰 사건이 벌어져 연루자가 감옥에 가득차고 해를 넘기고도 판결하지 못하는데, 노래 잘 부르는 왕자연(王子淵)에게 가서 판결하라면 판결할 수 있겠는가? 그런 까닭에 아전이 간사해지지 않게 하려면 조정에서 사람을 뽑을 때에 그저 시와 산문을 잘 짓는 사람만 뽑지 말고 아전 일에 익숙한 자를 벼슬길에 오를 수 있게 해야 한다.

그리하여 매우 다스리기 어려운 고을이 있을 때 이들을 보내 다스리게 하여 좋은 성적이 있으면 틀림없이 공경 자리에 오를 수 있게 해야 한다. 그렇게 하면 아전의 간사한 짓이 없어질 것이다.

그러나 저들은 대대로 그 일을 오래 맡아서 뿌리가 박히고 마디가 굵어진 자들이라 능력이 있는 자라도 이들을 통제하는 데 걱정할 수밖에 없다. 여기에는 방법이 있다.

아전이라는 직책이 중요하지만 권한을 가진 자는 한 고을에 열을 넘지 않는다. 문서를 관리하는 자, 곡식 장부를 맡은 자, 땅을 관장하는 자, 군대를 관장하는 자들인데, 비록 큰 고을이라도 열 사람에 지나지 않는다. 이 열 사람을 다른 관리를 뽑는 것과 같이 수백 리 밖에서 뽑아오고, 또 그 직책을 오랫동안 차지하지 못하게 한다. 오래 두어도 2년 동안만 있게 하고, 나머지는 모두 1년 만에 파직시키면 아전이 간사한 짓을 부릴 곳이 없게 된다. 간사함도 오래 있는 데에서 생기기 때문에 오래 있지 못하게 하면 간사함은 깊어지지 못한다.

그러면 아전들은 여러 고을을 전전하게 되고, 옮겨가는 곳도 일정치 않게 된다. 그런데 창고나 군대 일을 놓고 간사한 짓을 저지르고도 숨기거나 덮을 수 있겠는가? 감쌀 수 없고 숨길 수 없게 되면 간사한 짓은 없어진다. 간사함을 이렇게 쉽게 없앨 수 있는데 머뭇거리기만 하고 바로잡지 않으니 낸들 어찌하겠는가! 그런 까닭에 '아전이 반드시 간사한 것이 아니라 간사하게 만드는 것은 법이다'라고 하는 것이다.

_간신은 비를 세우고 이름을 새겨
영원히 기억하게 할지어다[53]

타일러도 깨우치지 아니하고 가르쳐도 고치지 아니하며 세력을 믿고 속여서 크게 간악한 자는 형벌로 다스려야 할 것이다.

흉악하기 그지없는 간신은 모름지기 관청 밖에다 비석을 세우고 이름을 새겨서 다시는 영구히 복직하지 못하게 해야 한다.

수령이 좋아하는 것에 아전이 비위 맞추지 않는 것이 없으니, 내가 재물 좋아함을 알게 되면 반드시 이로움으로 꾀어낼 것이요, 일단 꾐에 넘어가면 그들과 더불어 빠지고 만다.

성질이 한쪽으로 치우쳐 있으면 아전은 이를 엿보아서 그에 따

---

53. 《목민심서(牧民心書)》(다산연구회 역주, 창작과비평사, 1978) 〈속리(束吏)〉의 부분. 내용은 쉽게 고쳤으며, 역주는 그대로 인용했다.

라 부추기고 농간을 부리니 그 술수에 말려드는 것이다.

알지 못하면서도 아는 척하고 물 흐르듯 막힘없이 대꾸하는 것
은 수령이 아전의 술수에 말려드는 까닭이 된다.

고양이54

남산골 한 늙은이 고양이를 길렀더니
해묵고 꾀 들어 요망하기 여우로세

밤마다 초당에서 고기 뒤져 훔쳐 먹고
작은 단지 큰 단지 마구잡이 깨뜨리네

어둠 틈타 교활한 짓 제멋대로 다하다가
문 열고 소리치면 형체 없이 사라지네

등불 켜고 비춰보면 더러운 자국 널려 있고
이빨자국 나 있는 찌꺼기만 낭자하네

늙은 주인 잠 못 이뤄 근력은 줄어가고

---

54. 《다산시선(茶山詩選)》(정재소 역주, 창작과비평사, 1981) 중 〈고양이〉. 이 시는 《다산시선》에
서 그대로 옮겼으며 역주도 함께 인용했다.

이리저리 궁리하나 나오느니 긴 한숨뿐

생각할수록 고양이 죄 극악하기 짝이 없네
긴 칼 빼어들고 천벌을 내릴거나

네놈이 생겨날 때 무엇 하러 생겼더냐
너보고 쥐 잡아서 백성 피해 없애랬지

들쥐는 구멍 파서 여린 낟알 숨겨두고
집쥐는 이것저것 안 훔치는 물건 없어

백성들 쥐 등쌀에 나날이 초췌하고
기름 말라 피 말라 피골마저 말랐다네

이 때문에 너를 보내 쥐잡이 대장 삼았으니
마음대로 찢어 죽일 권력 네게 주었고

황금같이 반짝이는 두 눈을 주어
칠흑 같은 밤중에도 올빼미처럼
벼룩도 잡을 만큼 두 눈 밝혔지

너에게 보라매의 쇠 발톱 주었고

톱날 같은 범의 이빨 또한 주지 않았더냐

나르는 듯 치고 받는 날쌘 용기 네게 주어
쥐들은 너를 보면 벌벌 떨며 엎드려서
공손하게 제 몸을 바치지 않았더냐

하루에 백 마리 쥐 잡은 들 누가 말리랴
보는 사람 네 기상 뛰어나다고
입에 침이 마르도록 칭찬해 줄 뿐

너의 공로 보답하는 팔사제(八蜡祭)[55]에도
누런 갓 쓰고 큰 술잔 바치잖느냐

너 이제 한 마리 쥐도 안 잡고
도리어 네놈이 도둑놈 되었구나

쥐는 본래 좀도둑 피해 적지만
너는 기세 드높고 맘씨까지 거칠어
쥐가 못하는 짓 제멋대로 행하니

---

55. 매년 농사가 끝나고 농사에 관계되는 여덟 신에게 지내는 제사. 여덟 신은 신농씨(神農氏. 농사를 처음으로 가르쳤다는 전설상의 제왕), 후직(后稷, 농사를 관장하는 고대의 관리), 농(農), 우표철(郵表畷, 권농관이 백성을 독려하기 위하여 밭 사이에 지었다는 집), 고양이, 제방(堤防), 도랑, 곤충이다.

처마에 올라가고 뚜껑 여닫고
심지어 담 벽까지 무너뜨리네
이로부터 쥐들은 꺼릴 것 없어
들락날락 희희낙락 수염을 쓰다듬네

쥐들은 훔친 물건 뇌물로 주고
태연히 너와 함께 돌아다니니

호사자(好事者)들 때때로 너를 본받아
무수한 쥐 떼들이 하인처럼 떠 받들어

북치고 나팔 불며 때를 지어선
깃발을 휘날리며 앞장서 가네

너는 큰 가마 타고 거만 부리며
쥐들의 떠 받듦만 즐기고 있구나

내 이제 붉은 활에 큰 화살 메겨
내 손으로 네놈들을 쏘아 죽이리

만약에 쥐들이 행패 부리면
차라리 무서운 개 불러 대리라

1. 조지훈 선생의 〈지조론〉
조금만 참지, 조금만 참지

곤궁할 때 만족할 줄 아는 것, 곤궁에 만족할 줄 아는 것, 난세의 부귀는 이것뿐이다. 조지훈(1920~1968) 선생은 일찍이 1955년에 이런 요지로 〈생부당귀(生不當貴) 사후문장(死後文章)〉이란 글을 썼다. 그로부터 5년 뒤인 1960년 역사적으로 지조를 지킨 인물들을 이야기하면서 변절자들을 준엄하게 꾸짖는 변절자를 위한 〈지조론〉을 썼다.

그는 한 인간에 대한 평가의 기준을 '지조'에 두었다고 해도 과언이 아닐 정도로 지조를 강조했다. 철이 들어서 세워 놓은 주체의 자세를 뒤집는 것은 모두 다 넓은 의미의 변절이라고까지 했으니 말이다.

잠깐의 어려움을 참지 못해 지조를 버리는 일들이 너무도 흔해 빠져 이제는 변절이나 배신이란 단어조차 무덤덤하게 다가오는 현실인지라, '조금만 참지, 조금만 참지'라는 말은 그래서 안타깝기 짝이 없다.

"선비와 교양인과 지도자에게 지조가 없다면 그가 인격적으로 장사꾼과 창녀와 가릴 바가 무엇이 있겠는가."

"우리는 일찍이 어떤 선비도 변절하여 권력에 영합해서 들어갔다가 더러운 물을 뒤집어쓰지 않고 깨끗이 물러나온 예를 역사상에서 보지 못했다."

"천하의 대세가 바른 것을 향하여 다가오는 때에 변절이란 무슨 어처구니없는 말인가. 이완용(李完用)은 나라를 팔아먹어도 자기를 위한 36년의 선견지명은 가졌었다. 무너질 날이 얼마 남지 않은 권력에 뒤늦게 팔리는 행색(行色)은 딱하기 짝이 없다. 배고프고 욕된 것을 조금 더 참으라. 그보다 더한 욕이 변절 뒤에 기다리고 있다."

변절자들의 구차한 변명과 논리를 〈지조론〉처럼 통쾌하고 날카롭게 꼬집고 반박한 글은 좀처럼 찾아보기 힘들 것이다.
인간이란 어떤 존재인가? 한 나라의 지도자급에 자리하고 있는 인간들은 어떠해야 하는가? 무엇보다도 그들은 바른 소리에 귀

생전에 집필하고 있는 조지훈 선생의 모습(지훈문학관 제공)

를 기울이고 자신의 언행을 끊임없이 되돌아볼 줄 아는 기본자세를 갖춰야 한다. 국민을 무시하는 오만방자한 지도자일수록 변절을 밥 먹듯이 한다는 것을 이제 똑바로 알아야 하겠다.

백성이 한 나라의 주인이라는 절대적인 명제를 부정하거나 포기하지 않는다면, 이제 우리 백성들은 누가 변절자이며 누가 지조 있는 지도자인지 두 눈을 똑바로 뜨고 감시해야 할 것이다. 지금은 봉건왕조의 시대가 아니다. 깨어 있는 시민들의 사람 제대로 보는 지혜가 또다시 절실한 때이다. 이 글을 그저 지식인의 고상한 글로만 보지 말고 진정 가슴을 열고 읽었으면 한다.

_조금만 참지, 조금만 참지[56]

지조란 것은 순일(純一)한 정신을 지키기 위한 불타는 신념이요, 눈물겨운 정성이며, 냉철한 확집(確執)이요, 고귀한 투쟁이기까지 하다. 지조가 교양인의 위의(威儀)를 위하여 얼마나 값지고, 그것이 국민의 교화에 미치는 힘이 얼마나 크며, 따라서 지조를 지키

---

56. 〈지조론 -변절자를 위하여〉(《새벽》 1960년 3월호)의 전문.

기 위한 괴로움이 얼마나 가혹한가를 헤아리는 사람들은 한 나라의 지도자를 평가하는 기준으로서 먼저 그 지조의 강도(强度)를 살피려 한다. 지조가 없는 지도자는 믿을 수가 없고, 믿을 수 없는 지도자는 따를 수가 없기 때문이다. 자기의 명리(名利)만을 위하여 그 동지와 지지자와 추종자를 일조(一朝)에 함정에 빠뜨리고 달아나는 지조 없는 지도자의 무절제와 배신 앞에 우리는 얼마나 많이 실망하였는가. 지조를 지킨다는 것이 참으로 어려운 일임을 아는 까닭에 우리는 지조 있는 지도자를 존경하고 그 곤고(困苦)를 이해할 뿐 아니라 안심하고 그를 믿을 수 있는 것이다. 이와 같이 생각하는 자이기 때문에 지조 없는 지도자, 배신하는 변절자들을 개탄(慨嘆)하고 연민(憐憫)하며 그와 같은 변절의 위기의 직전에 있는 인사들에게 경성(警醒)이 있기를 바라는 마음이 간절하다.

지조는 선비의 것이요, 교양인의 것이다. 장사꾼에게 지조를 바라거나 창녀에게 지조를 바란다는 것은 옛날에도 없었던 일이지만, 선비와 교양인과 지도자에게 지조가 없다면 그가 인격적으로 장사꾼과 창녀와 가릴 바가 무엇이 있겠는가. 식견(識見)은 기술자와 장사꾼에게도 있을 수 있지 않은가 말이다. 물론 지사(志士)와 정치가가 완전히 같은 것은 아니다. 독립운동할 때의 혁명가와 정치인은 모두 다 지사였고 또 지사라야 했지만, 정당 운동의 단계에 들어간 오늘의 정치가들에게 선비의 삼엄한 지조를 요구하는 것은 지나친 일인 줄은 안다. 그러나 오늘의 정치·정당 운동을 통한 정치도 국리민복(國利民福)을 위한 정책을 통해서의 정상

(政商)인 이상 백성을 버리고 백성이 지지하는 공동 전선을 무너뜨리고 개인의 구복(口腹)과 명리(名利)를 위한 부동(浮動)은 무지조(無志操)로 규탄되어 마땅하다고 하지 않을 수 없다. 더구나 오늘 우리가 당면한 현실과 이 난국을 수습할 지도자의 자격으로 대망하는 정치가는 권모술수(權謀術數)에 능한 직업 정치인보다 지사적(志士的) 품격(品格)의 정치 지도자를 더 대망하는 것이 국민 전체의 충정(衷情)인 것이 속일 수 없는 사실이기에 더욱 그러하다. 염결공정(廉潔公正) 청백강의(淸白剛毅)한 지사 정치만이 이 국운을 만회할 수 있다고 믿는 이상 모든 정치 지도자에 대하여 지조의 깊이를 요청하고 변절의 악풍을 타매(唾罵)하는 것은 백성의 눈물겨운 호소이기도 하다.

지조와 정조는 다 같이 절개에 속한다. 지조는 정신적인 것이고, 정조는 육체적인 것이라고 하지만, 알고 보면 지조의 변절도 육체 생활의 이욕(利慾)에 매수된 것이요, 정조의 부정도 정신의 쾌락에 대한 방종에서 비롯된다. 오늘의 정치인의 무절제를 장사꾼적인 이욕의 계교와 음부적(淫婦的) 환락의 탐혹(耽惑)이 합쳐서 놀아난 것이라면 과연 극언이 될 것인가.

하기는 지조와 정조를 논한다는 것부터가 오늘에 와선 이미 시대착오의 잠꼬대에 지나지 않는다고 할 사람이 있을는지 모른다. 하긴 그렇다. 왜 그러냐 하면, 지조와 정조를 지킨다는 것은 부자연한 일이요, 시세를 거역하는 일이기 때문이다. 과부나 홀아비가 개가(改嫁)하고 재취하는 것은 생리적으로나 가정생활로나 자연스러운 일이므로 아무도 그것을 막을 수 없고, 또 그것을 막아서는 안 된다. 그러나 우리는 그 개가와 재취를 지극히 당연한 것으로 승인하면서도 어떤 과부나 환부(鰥夫)가 사랑하는 옛 짝을 위하여 개가나 속현(續絃)의 길을 버리고 일생을 마치는 그 절제에 대하여 찬탄하는 것을 또한 잊지 않는다. 보통 사람이 능히 하기 어려운 일을 했대서 만이 아니라 자연으로서의 인간의 본능고(本能苦)를 이성과 의지로써 초극(超克)한 그 정신의 높이를 보기 때문이다. 정조의 고귀성이 여기에 있다. 지조도 마찬가지다. 자기의 사상과 신념과 양심과 주체는 일찌감치 집어던지고 시세(時勢)에 따라 아무 권력에나 바꾸어 붙어서 구복(口腹)의 걱정이나 덜고 명리(名利)의 세도에 참여하여 꺼덕대는 것이 자연한 일이지, 못나게 쪼를 부린다고 굶주리고 얻어맞고 짓밟히는 것처럼 부자연한 일이 어디 있겠느냐고 하면 얼핏 들어 우선 말은 되는 것 같다.

여름에 아이스케이크 장사를 하다가 가을바람만 불면 단팥죽 장사로 간판을 남 먼저 바꾸는 것을 누가 욕하겠는가. 장사꾼, 기술자, 사무원의 생활 방도는 이 길이 오히려 정도(正道)이기도 하다. 오늘의 변절자도 자기를 이 같은 사람이라 생각하고 또 그렇게 자처한다면 별 문제다. 그러나 더러운 변절의 정당화를 위한 엄청난 공언을 늘어놓는 것은 분반(噴飯)할 일이다. 백성들이 그렇게 사람 보는 눈이 먼 줄 알아서는 안 된다. 백주 대로에 돌아앉아 볼기짝을 까고 대변을 보는 격이라면 점잖지 못한 표현이라 할 것인가.

지조를 지키기란 참으로 어려운 일이다. 자기의 신념에 어긋날 때면 목숨을 걸어 항거하여 타협하지 않고 부정과 불의한 권력 앞에는 최저의 생활, 최악의 곤욕(困辱)을 무릅쓸 각오가 없으면 섣불리 지조를 입에 담아서는 안 된다. 정신의 자존(自尊) 자시(自恃)를 위해서는 자학(自虐)과도 같은 생활을 견디는 힘이 없이는 지조는 지켜지지 않는다. 그러므로 지조의 매운 향기를 지닌 분들은 심한 고집과 기벽(奇癖)까지도 지녔던 것이다. 신단재(申丹齋) 선생은 망명 생활 중 추운 겨울에 세수를 하는데 꼿꼿이 앉아서 두 손으로 물을 움켜다 얼굴을 씻기 때문에 찬물이 모두 소매 속으로 흘러들어갔다고 한다. 어떤 제자가 그 까닭을 물으매, 내 동서남북 어느 곳에도 머리 숙일 곳이 없기 때문이라고 했다는 일화가 있다.

무서운 지조를 지킨 분의 한 분인 한용운(韓龍雲) 선생의 지조 때문에 낳은 많은 기벽의 일화도 마찬가지다.

오늘 우리가 지도자와 정치인들에게 바라는 지조는 이토록 삼엄한 것은 아니다. 다만 당신 뒤에는 당신들을 주시하는 국민이 있다는 것을 잊지 말고 자신의 위의(威儀)와 정치적 생명을 위하여 좀 더 어려운 것을 참고 견디라는 충고 정도다. 한때의 적막을 받을지언정 만고에 처량한 이름이 되지 말라는 채근담(菜根譚)의 한 구절을 보내고 싶은 심정이란 것이다. 끝까지 참고 견딜 힘도 없으면서 뜻있는 백성을 속여 야당(野黨)의 투사를 가장함으로써 권력의 미끼를 기다리다가 후딱 넘어가는 교지(狡智)를 버리라는 말이다. 욕인(辱人)으로 출세의 바탕을 삼고 항거로써 최대의 아첨을 일삼는 본색을 탄로시키지 말라는 것이다. 이러한 충언의 근원을 캐면 그 바닥에는 변절하지 말라, 지조의 힘을 기르란 뜻이 깃들어 있다.

변절이란 무엇인가. 절개를 바꾸는 것, 곧 자기가 심신으로 이미 신념하고 표방했던 자리에서 방향을 바꾸는 것이다. 그러므로 사람이 철이 들어서 세워 놓은 주체의 자세를 뒤집는 것은 모두 다 넓은 의미의 변절이다. 그러나 사람들이 욕하는 변절은 개과천선(改過遷善)의 변절이 아니고 좋고 바른 데서 나쁜 방향으로 바꾸는 변절을 변절이라 한다. 일제 때 경찰에 관계하다 독립 운동으로 바꾼 이가 있거니와 그런 분을 변절이라고 욕하진 않았다. 그러나 독립 운동을 하다가 친일파(親日派)로 전향한 이는 변절자로 욕하였다. 권력에 붙어 벼슬하다가 야당이 된 이도 있다. 지조에 있어 완전히 깨끗하다고는 못하겠지만 이들에게도 변절자의 비난은 돌아가지 않는다. 나머지 하나 협의(狹義)의 변절자, 비난·불신의 대상이 되는 변절자는 야당전선(野黨戰線)에서 이탈하여 권력에 몸을 파는 변절자다. 우리는 이런 사람의 이름을 역력히 기억할 수 있다.

자기 신념으로 일관한 사람은 변절자가 아니다. 병자호란(丙子胡亂)때 남한산성(南漢山城)의 치욕에 김상헌(金尙憲)이 찢은 항서(降書)를 도로 주워 모은 주화파(主和派) 최명길(崔鳴吉)은 당시 민족정기의 맹렬한 공격을 받았으나 심양(瀋陽)의 감옥에 김상헌과 같이 갇히어 오해를 풀었다는 일화는 널리 알려진 얘기다.

최명길은 변절의 사(士)가 아니요 남다른 신념이 한층 강했던 이였음을 알 수 있다. 또 누가 박중양(朴重陽), 문명기(文明琦) 등 허다한 친일파를 변절자라고 욕했는가. 그 사람들은 변절의 비난을 받기 이하의 더러운 친일파로 타기(唾棄)되기는 하였지만, 변절자는 아니다.

민족 전체의 일을 위하여 몸소 치욕을 무릅쓴 업적이 있을 때는 변절자로 욕하지 않는다. 앞에 든 최명길도 그런 범주에 들거니와, 일제 말기 말살되는 국어(國語)의 명맥(命脈)을 붙들고 살렸을 뿐 아니라 국내에서 민족 해방의 날을 위한 유일의 준비가 되었던 《맞춤법 통일안》·《표준말 모음》·《큰 사전》을 편찬한 '조선어학회'가 국민총력연맹 조선어학회지부(國民總力聯盟 朝鮮語學會支部)의 간판을 붙인 것을 욕하는 사람은 없었다.

아무런 하는 일도 없었다면 그 간판은 족히 변절의 비난을 받고도 남음이 있었을 것이다. 이런 의미에서 좌옹(佐翁)·고우(古愚)·육당(六堂)·춘원(春園) 등 잊을 수 없는 업적을 지닌 이들의 일제 말의 대일협력(對日協力)의 이름은 그 변신을 통한 아무런 성과도 없었기 때문에 애석하나마 변절의 누명을 씻을 수 없었다. 그분들의 이름이 너무나 컸기 때문에 그에 대한 실망이 컸던 것은 우리의 기억이 잘 알고 있다. 그 때문에 이분들은 '반민특위(反民特委)'에 불리었고, 거기서 그들의 허물을 벗겨 주지 않았던가. 아무것도 못하고 누명만 쓸 바에야 무위(無爲)한 채로 민족정기(民族正氣)의 사표(師表)가 됨만 같지 못한 것이다.

변절자에게는 저마다 그럴듯한 구실이 있다. 첫째, 좀 크다는 사람들은 말하기를, 백이(伯夷)·숙제(叔齊)는 나도 될 수 있다. 나만 깨끗이 굶어 죽으면 민족은 어쩌느냐가 그것이다. 범의 굴에 들어가야 범을 잡는다는 투의 이론이요, 그다음에 바깥에선 아무 일도 안 되서 들어가 싸운다는 것이요. 가장 하치가, 에라 권력에 붙어 이권이나 얻고 가족이나 고생시키지 말아야겠다는 것이다. 굶어 죽기가 쉽다거나 들어가 싸운다거나 바람이 났거나 간에 그 구실을 뒷받침할 만한 일을 획책(劃策)도 한 번 못 해 봤다면 그건 변절의 낙인밖에 얻을 것이 없는 것이다.

우리는 일찍이 어떤 선비도 변절하여 권력에 영합해서 들어갔다가 더러운 물을 뒤집어쓰지 않고 깨끗이 물러나온 예를 역사상에서 보지 못했다. 연산주(燕山主)의 황음(荒淫)에 어떤 고관의 부인이 궁중에 불리어 갈 때 온몸을 명주로 동여매고 들어가면서, 만일 욕을 보면 살아서 돌아오지 않겠다고 해놓고 밀실에 들어가서는 그 황홀한 장치와 향기에 취하여 제 손으로 명주를 풀고 눕더라는 야담이 있다. 어떤 강간도 나중에는 화간(和姦)이 된다는 이치와 같지 않은가.

만근(輓近) 30년래에 우리나라는 변절자가 많은 나라였다. 일제 말의 친일 전향, 해방 후의 남로당 탈당, 또 최근의 민주당의 탈당, 이것은 20이 넘은, 사상적으로 철이 난 사람들의 주착없는 변절임에 있어서는 완전히 동궤(同軌)다. 감당도 못할 일을, 제 자신도 율(律)하지 못하는 주제에 무슨 민족이니 사회니 하고 나섰더라는 말인가. 지성인의 변절은 그것이 개과천선이든 무엇이든 인간적으로는 일단 모욕을 자취(自取)하는 것임을 알 것이다.

우리가 지조를 생각하는 사람에게 주고 싶은 말은 다음의 한 구절이다. "기녀(妓女)라도 늘그막에 남편을 쫓으면 한평생 분 냄새가 거리낌이 없을 것이요, 정부(貞婦)라도 머리털 센 다음에 정조를 잃고 보면 반생의 깨끗한 고절(苦節)이 아랑곳없으리라." 속담에 말하기를 "사람을 보려면 다만 그 후반을 보라"하였으니 참으로 명언이다.

차돌에 바람이 들면 백 리를 날아간다는 우리 속담이 있거니와, 늦바람이란 참으로 무서운 일이다. 아직 지조를 깨뜨린 적이 없는 이는 만년(晩年)을 더욱 힘쓸 것이니 사람이란 늙으면 더러워지기 마련이기 때문이다. 아직 철이 안 든 탓으로 바람이 났던 이들은 스스로의 후반을 위하여 번연히 깨우치라. 한일합방(韓日合邦)때 자결한 지사 시인 황매천(黃梅泉)은 정탈(定奪)이 매운 분으로 매천 필하 무완인(梅泉筆下 無完人)이란 평을 듣거니와 그《매천야록(梅泉野錄)》에 보면, 민충정공(閔忠正公)·이용익(李容翊) 두 분의 초년 행적을 헐뜯은 곳이 있다. 오늘에 누가 민충정공·이용익 선생을 욕하는 이 있겠는가. 우리는 그분들의 초년을 모른다. 역사에 남은 것은 그분의 후반이요, 따라서 그분들의 생명은 마지막에 길이 남게 된 것이다.

도도히 밀려오는 망국(亡國)의 탁류(濁流) - 이 금력과 권력, 사악 앞에 목숨으로써 방파제를 이루고 있는 사람들은 지조의 함성을 높이 외치라. 그 지성 앞에는 사나운 물결도 물러서지 않고는 못 배길 것이다. 천하의 대세가 바른 것을 향하여 다가오는 때에 변절이란 무슨 어처구니없는 말인가. 이완용(李完用)은 나라를 팔아먹어도 자기를 위한 36년의 선견지명은 가졌었다. 무너질 날이 얼마 남지 않은 권력에 뒤늦게 팔리는 행색(行色)은 딱하기 짝없다. 배고프고 욕된 것을 조금 더 참으라. 그보다 더한 욕이 변절 뒤에 기다리고 있다.

"소인기(少忍飢)하라." 이 말에는 뼈아픈 고사(故事)가 있다. 광해군(光海君)의 난정(亂政) 때 깨끗한 선비들은 나가서 벼슬하지 않았다.

어떤 선비들이 모여 바둑과 청담(淸談)으로 소일(消日)하는데, 그 집 주인은 적빈(赤貧)이 여세(如洗)라, 그 부인이 남편의 친구들을 위하여 점심에는 수제비국이라도 끓여 드리려 하니 땔나무가 없었다. 궤짝을 뜯어 도마 위에 놓고 식칼로 쪼개다가 잘못되어 젖을 찍고 말았다.

바둑 두던 선비들은 갑자기 안에서 나는 비명을 들었다. 주인이 들어갔다가 나와서 사실 얘기를 하고 초연히 하는 말이, 가난이 죄라고 탄식하였다. 그 탄식을 듣고 선비 하나가 일어서며, 가난이 원순 줄 이제 처음 알았느냐고 야유하고 간 뒤로 그 선비는 다시 그 집에 오지 않았다. 몇 해 뒤 그 주인은 첫 뜻을 바꾸어 나아가 벼슬하다가 반정(反正) 때 몰리어 죽게 되었다. 수레에 실려서 형장(刑場)으로 가는데 길가 숲속에서 어떤 사람이 나와 수레를 잠시 멈추게 한 다음 가지고 온 닭 한 마리와 술 한 병을 내놓고 같이 나누며 영결(永訣)하였다.

그때 그 친구의 말이, 자네가 새삼스레 가난을 탄식할 때 나는 자네가 마음이 변한 줄 이미 알고 발을 끊었다고 했다. 고기밥 맛에 끌리어 절개를 팔고 이 꼴이 되었으니 죽으면 고기 맛을 못 잊어서 어쩌겠느냐는 야유가 숨었는지도 모른다. 그러나 이렇게 찾는 것은 우정이었다.

죄인은 수레에 다시 타고 형장으로 끌려가면서 탄식하였다. "소인기 소인기(少忍飢 少忍飢)하라"고…….

변절자에게도 양심은 있다. 야당에서 권력에로 팔린 뒤 거드럭거리다 이내 실세(失勢)한 사람도 있고 갓 들어가서 애교를 떠는 축도 있다. 그들은 대개 성명서를 낸 바 있다. 표면으로 성명은 버젓하나 뜻있는 사람을 대하는 그 얼굴에는 수치의 감정이 역연하다. 그것이 바로 양심이란 것이다. 구복과 명리를 위한 변절은 말없이 사라지는 것이 좋다. 자기 변명은 도리어 자기를 깎는 것이기 때문이다. 처녀가 아기를 낳아도 핑계는 있다는 법이다. 그러나 나는 왜 아기를 배게 됐느냐 하는 그 이야기 자체가 창피하지 않은가.

양가(良家)의 부녀가 놀아나고 학자 문인까지 지조를 헌신짝같이 아는 사람이 생기게 되었으니 변절하는 정치가들도 우리쯤이야 괜찮다고 자위할지 모른다. 그러나 역시 지조는 어느 때나 선비의, 교양인의, 지도자의 생명이다. 이러한 사람들이 지조를 잃고 변절한다는 것은 스스로 그 자임(自任)하는 바를 포기하는 것이다.

2. 이희승 선생의 '딸각발이' 정신

지조에 선행하는 것은 신념이요,
신념에 선행하는 것은 가치 판단

"지조야말로 온갖 미덕의 출발점이 되는 것이다."

"며칠 전까지 A당(黨)의 주요 간부로 활약하던 사람이, 어느 새 B당에 입가(入嫁)하여 갖은 교태와 아양을 부린다. 세상 사람들이 깜짝 놀란다. 그러나 그것이 무슨 상관이냐. 나 자신의 실리만을 구득(求得)하면 어량(於量)에 족의(足矣)다. 이것이 개판인지 알 수 없으나, 오늘날 세상은 이러한 이매망량(魑魅魍魎)이 백주 대로상에서 - 아니 대광장에서 - 활개를 치고 난무한다."

"이것이 과연 성세(聖世)인지, 탁세(濁世)인지, 치세(治世)인지, 난세(亂世)인지 도무지 정신을 차릴 수가 없다."

참으로 옳고 옳은 지적이다, 지금에 있어서도. 사실은 하나인데 말은 둘 셋인 어처구니없는 일들이 눈만 뜨면 정신없이 일어난다. 백성들의 눈과 귀를 혼란시키는 자들이 대체 누구란 말인가? 백성들은 놀랍고 기가 막혀 '허, 참' 하는 탄식만 연발할 따름이다.

노자는 '통치자들은 바로 도적의 괴수'라는 극언을 서슴지 않았다. 그런데 어째서 백성들의 눈에는 이 도적들이 안 보일까? 그것은 그 도적들이 온갖 감언이설로 백성들의 눈과 귀를 가리려 하기 때문이다.

일석 이희승(1896~1989) 선생은 여기에 소개하는 〈지조〉라는 글에서 권력욕에 눈 멀고 소신을 밥 먹듯 굽히는 이른바 '정조 대매출가'이자 '낙지족'들의 행태를 신랄한 필치로 꼬집고 있다. 그리고 그러한 행태를 권력이라는 본질적인 문제와 연계시켜 '많은 사람들의 힘을 빌어서, 이것을 한데 뭉쳐 교묘히 행사하는 것이 권력이란 것이요, 이 권력이란 가장 욕심이 많은 사람이 가장 큰 매력을 느끼게 마련이다. 가장 큰 영웅심을 잉태한 사람이 권력을 가장 좋아한다. 그리고 영웅심을 가졌다는 사람은 대개 정치인이란 이름으로 불리어진다'라고 간파한다.

정사시비(正邪是非)에 대한 판단은 인간을 보는 본질적인 태도에서 판가름 난다. 한 인간의 언행은 정사시비를 가늠하는 잣대가 된다. 따라서 그가 지도자급에 있는 사람일수록 언행은 더욱 신중해야 한다. 수많은 눈이 오늘도 그들을 지켜보고 있지 않은가?

_정조(貞操) 대 바겐세일⁵⁷

_1_

사람들이 제각기 살아가는 방식은 그들의 생활 정도와 마찬가지로 십인십색이요, 천차만별일 것이다. 그거나 이것을 세 가지 유형으로 구분할 수 있으니, 그 첫째 유형은 죽지 못해 살아가는 사람들이요, 둘째 유형은 살기 위해서 살아가는 사람들이다. 그리고 셋째 유형에 속하는 사람들은 죽기 위해서 살아가는 사람들이라고 할 수 있지 않을까.

이것은 마치 실제로는 무수한 계층의 생활 정도라도, 부유층, 중산층, 빈곤층의 세 단계로 대별하여 나눌 수 있는 것과 마찬가지다.

죽지 못해 살아가는 군상(群像)은 오늘날 우리가 얼마든지 볼 수 있다. 생활고로 자살하는 이도 이 범주에 속하는 사람들이요, 용단력(勇斷力)이 지나치면 온 가족이 집단 자살하는 일을 감행하기도 한다. 이들은 아무 물질도 없고 야심도 없는 이들이다. 게다가 가장 주변성이 없는 사람들이다. 만일 가진 것이 있다면, 가난 복(福)만 기에 넘치게 타고난 사람들이다.

또 살기 위하여 사는 사람들은 그 생활 의욕이 어디까지나 현실적이요, 물질적이요, 현세적(現世的)이다. 그저 살아 있는 동안 잘

---

57. 《딸각발이》(범우사. 1976) 중 〈지조(志操)〉의 전문. 이 글은 원래 1966년 《사상계》 5월호에 실렸던 글이다. 맞춤법과 띄어쓰기를 지금에 맞게 일부 고쳤다.

|부록| 동서양 사상의 상호 비교　　311

먹고, 잘 입고, 권세 부리고, 호강만 하면 인생 지상(至上)의 행복을 누리는 것이라고 생각하여, 그것으로 만족하고 그것을 유일한 인생의 목적으로 여긴다.

그런데 셋째 유형에 속하는 그룹, 즉 죽기 위하여 산다는 그룹이란 무엇을 의미하는 것일까. 얼핏 생각하기에 모순되고 무의미하기 짝이 없는 표현이라고 하겠다. 그러나 여기에서 죽는다는 것은 진정한 의미의 사는 것을 가리키는 것이니, 마치 땅에 떨어진 밀알이 그 생의 번영을 도모하기 위하여는, 썩지 않으면 안 된다는 진리를 그대로 구현하는 사람들이다.

현실적으로 이 세상에서 살아가는 사람들을 보면, 둘째 유형에 속하는 사람들의 수가 가장 많을 것이요, 첫째 유형에 속하는 사람들도 그 수가 결코 적지 않을 것이다. 그러나 셋째 유형에 속하는 사람은 오늘날에 있어서는 새벽별과 같이 드물어서, 별로 눈에 띄지가 않는다.

동양에서도 '사차불후(死且不朽)', 즉 죽어도 썩지 않는다는 말이라든지, '시사약귀(視死若歸)', 즉 '죽는다는 것은 본 고장으로 돌아가는 것이다'라는 철리(哲理)가 회자(膾炙)되어 왔고, 또 '함지사지연후생(陷之死地然後生)', 즉 죽을 땅에 떨어진 다음에 산다는 말들은 모두 '죽어야 산다' 혹은 '죽을 작정을 하여야 산다'라는 뜻이니, 이 산다는 것이 반드시 육체적인 '생존'만을 의미하는 것은 아니리라. 오히려 정신적인 생명을 더 중요시하는 것이 아닐까.

이러한 경지(境地)는 기독교의 교조인 예수가 가장 전형적인 수

범(垂範)을 보였거니와, 돌이켜 우리나라에서 찾아보기로 한다면 삼국시대에 빚어진 아름다운 여러 무용담의 주인공들은 고사하고라도, 근세 조선에 들어와서 세조 때의 사육신(성삼문, 박팽년, 하위지, 유응부, 이개, 유성원)의 죽음이 그러하였고, 훨씬 내려와서 병자호란 때의 삼학사(윤집, 오달제, 홍익한)의 죽음이 또한 빛나는 전형(典型)이다.

이런 것을 오직 인신(人臣)으로서 군왕에 대한 단충(丹忠)으로 저지른 일이라고만 하여, 구세기적 고루한 덕행으로 간단히 돌리고 말 것인가.

2

이것은 완전히 그들의 건강한 지조(志操)에서 우러나온 행적이라고 아니할 수 없으니, 지조란 순고(醇高)한 이념을 목표로 하고, 이를 향하여 용왕매진(勇往邁進)하려는 철석같은 의지력의 실천이라고 보아야 할 것이다.

이 지조가 작용할 때에, 비단 군주에 대한 충의로만 나타나는 것이 아니라, 부모에 대하여는 효도로, 형제에게는 우애로, 부부간에는 절개로, 친우 간에는 신의로 표현되는 것이다. 그뿐 아니라 이 지조야말로 온갖 미덕의 출발점이 되는 것이다.

공자가 이른바 '삼십이립(三十而立)'이란 말의 '입'도 입지(立志), 즉 지조의 '지'를 세운다는 것일 터이요, '유지자사의성(有志者事意成)'이란 말의 '지'도 일관하는 의지력, 즉 지조의 한 형태임에 틀림없는 것이다. 그리고 지조란 반드시 죽음으로써 매사를 해결한다는 것은 아니다. 그러나 무슨 일에 임할 적에, 그것이 옳다고 인정할 경우에는 적어도 죽음을 각오하는 결심이 수행되지 않으면 안 될 것이다. 그러므로 지조 없는 생활은 줏대 없는 생활이요, 좀 더 극언한다면 정신적 매춘부의 상태에 지나지 않는 것이다.

지조에는 다음과 같은 세 가지 요소(속성)가 포함되어 있어야 한다.

이념 – 입지(立志) – 실천

인생의 목표가 이상에 있다면(이념), 그것을 추구하려는 결심이 필요하다(입지). 또 이 결심은 결심 그것만으로는 아무 가치도 없다. 일단 결심한 이상 결심한 그대로 실현하려는 노력이 경주(傾注)되어야 할 것이다(실천). 그리하여 이 세 가지 요소가 구비되지 않으면 지조는 도저히 성립될 수 없는 것이다.

말을 바꾸어 설명하면 지조에 선행하는 것은 신념이요, 신념에 선행하는 것은 가치 판단이다.

우선 모든 사물의 가치를 정확하게 판단하여야 한다. 그리고 무엇보다도 '인생의 진정한 가치'를 분명히 인식할 수 있어야 할 것이다.

최고의 가치관이 이루어질 때에 비로소 거기에 신념이 생기고, 신념이 확고히 굳어진다면 자연 그 신념대로 실행하지 않을 수 없게 될 것이다. 그런데 이러한 가치 판단의 능력을 기르기 위하여는 무엇보다도 지식과 수양이 필요하다. 지식은 배워서 얻는 것이요, 수양은 인격의 도야(陶冶)로부터 이루어지는 것이니, 사람은 모름지기 박학다문(博學多聞)으로 풍부한 지식을 축적하여야 할 것이요, 이와 같이 하여 얻은 지식으로 사리를 궁구하고, 항상 내성(內省)함으로써 수양은 그 도를 높이게 되는 것이다. 즉 지식은 외부로부터 섭취하는 것이요, 수양은 내부에서 행하는 정신적 연마로 이루지는 것이다. 그리하여 이 양자를 겸하여 한마디의 말로 표현할 때, 그것은 교양이라 이를 수 있는 것이다. 지조는 결국 교양에서 우러나오는 것이니, 고도의 교양을 쌓아 올릴 때에 고결한 지조가 자연 현현(顯現)하게 되는 것이다.

3

지조를 품은 사람은 다음의 세 가지를 행하지 않는다.

1. 부정, 불의를 행하지 않고,
2. 부질없는 명리(名利)를 탐내지 않으며,
3. 태도를 표변(豹變)하지 않는다.

이 세상에는 부정, 불의를 행하는 일이 너무도 많다. 이것을 모르고 행하는지, 번연히 알면서도 행하는지 일률적으로 꼬집어서 말할 수는 없으나, 남이 보아서 그 하는 짓이 뚜렷한 부정, 불의라고 인정할 때에 그 자신이 그것을 전혀 모를 리가 만무하다. 사람이란 누구나 사람인 이상 다소의 양심을 지니고 있는 것이요, 이 양심 또는 양식이 일말(一抹)의 흔적이라도 남아 있을 것 같으면 정(正)·부정(不正), 의(義)·불의(不義)쯤은 넉넉히 판별할 수 있을 것이라 믿는다.

세상에는 부정, 불의를 몰라서 행하는 사람보다도 알면서 행하는 사람이, 또 행하는 경우가 훨씬 더 많을 것임에 분명하다. 알면서도 왜 이런 짓을 하느냐 하면 그것은 과도한 욕심으로 인하여 일시 양심과 양식이 질식되고 말기 때문이라고 보아야 할 것이다.

양심의 질식이 자주 되풀이되면 곧 양심이 마비되게 마련이요, 양심이 마비된 후에는 어떠한 부정, 불의라도 기탄없이 감행하게 된다. 처음에는 이런 짓을 하는 것이 마음에 찔리는 바가 있다가도 나중에는 조금도 양심의 가책을 느끼지 않게 되어버리고 만다. 이러한 경지는 실로 위험천만한 것이다.

이러한 일이 극에 이르면 수많은 사람을 희생의 제물로 만들 뿐 아니라, 결국에 가서는 자기 자신이 단말마(斷末魔)의 묘혈을 파서 나락(奈落)에 떨어지는 비극을 연출하고 말게 된다.

욕심에는 여러 종류가 있다. 가장 비근한 것으로는 식욕, 색욕이 있고, 그보다 크다고 할는지 심한 것이라 할는지 물욕이 있다. 금전이나 재물에 대한 욕심 말이다. 이보다 고도한 것이 명예욕이요, 또 그보다 더욱 큰 것이 권욕(權慾)이다. 욕심 중의 이 권력에 대한 욕심이야말로 가장 왕성하고 가장 추잡하며, 가장 위험한 것이다.

식욕, 색욕만으로도 수많은 죄악을 빚어낸다는 것은 우리가 너무도 잘 아는 일이다. 그러나 물욕으로 인한 폐단은 현대와 같은 경제 기구에 있어서 그 미치는 바 범위가 너무나 크다. 한 사람의 부정 상인이 탈세, 횡령, 밀수, 독점 등등의 정당치 못한 방법으로 수억 대의 거부가 갑자기 될 때, 그 이면에는 아는 듯 모르는 듯 피해를 당하는 사람의 수가 실로 얼마인지는 헤아릴 수 없다. 때로는 국민 전체가 피해자로 되는 수가 많다. 그리고 이러한 거부들은 권력과 야합하는 일이 많아서, 가속도적으로 축재의 박차를 가하게 된다. 이른바 부정 축재라는 것이다.

4

권력이란 무엇인가. 사람마다 자연인으로서의 개인의 능력은 실로 하찮은 것이다. 개개인의 체력이든지 지력(知力)은 서로 비슷비슷하여 그다지 큰 차이는 없는 것이다. 설령 초인간적인 인물이 있다고 하더라도 그 사람 단독의 능력만으로는 이렇다 할 큰일은 할 수 없는 것이다. 결국 사람이란 남의 힘을 빌어서 이런 일도 하고 저런 짓도 하는 것이다. '일장공성만골고(一將功成萬骨枯)'란 시구가 있듯이, 의기 충천하는 전승 장군의 위대(?)한 공업(功業)도 수만·수천의 병졸의 힘을 죽기에 이르기까지 뽑아 모아서 이루어진 것이다.

그리하여 많은 사람의 힘을 빌어서, 이것을 한데 뭉쳐 교묘히 행사하는 것이 권력이란 것이요, 이 권력이란 가장 욕심이 많은 사람이 가장 큰 매력을 느끼게 마련이다. 가장 큰 영웅심을 잉태한 사람이 권력을 가장 좋아한다. 그리고 영웅심을 가졌다는 사람은 대개 정치인이란 이름으로 불리운다.

현대 우리나라에서 가장 큰 권력을 행사하던 사람은 물을 것 없이 우남(雩南)이었다. 그는 1대, 2대, 3대를 거쳐 제4대 대통령까지 되려 하던, 그만큼 권력을 좋아하던 사람이었다.

만일 그로 하여금 제1대 대통령만으로 마치고 뒷전에 물러앉아서, 우리나라 정계의 원로 노릇을 하게 했더라면, 몇십 년 동안 해외에서의 독립 투쟁의 경력과 아울러, 초대 대통령이라는 실적을 맞붙여서, 틀림없이 우리 정계의 커다란 인물이 되었을 것이고, 퇴임 후에 있어서도 우리나라 정치에 상당한 영향력을 줄 수 있었을 것이다. 그뿐 아니라 실로 '한국의 조지 워싱턴'이라는 깨끗하고 거룩한 위인, 성자가 되었을 것이다. 백보를 양(讓)하여 제2대 대통령으로만 은퇴하였더라도 이와 같이 되었을 것이 의심 없다.

그러나 그의 제한 없는 욕심의 팽창으로 인하여 그 말로가 과연 어떠하였던가. 실로 안타깝고 절통하고 분한 노릇이었다. 우리는 속절없이 위인 하나를 잃었다. 후세에라도 비록 일개 정치인이란 기록을 남길는지 모르겠으나, 국민 거개(擧皆)가 추앙하는 위대한 성자적 정치가라는 영예는 영원히 상실되고 말았다. 우리나라 속담에도 지나친 욕심은 패가·망신의 장본이라더니, 새삼 그 뜻을 실제적으로 되새기게 한다. 과도한 욕심이란 참으로 더럽고 무서운 것이 아닌가. 그는 그렇게도 현명하지 못하였던가.

경위(經緯)와 색태(色態)는 다를지라도, 이와 같은 예는 이 밖에도 얼마든지 있다. 만송일족(晚松一族)이 비참한 대단원으로 끝막음을 내렸고, 최지(崔之), 한지(韓之)의 사형과 투옥 등은 우리에게 어떠한 암시와 교훈을 내려 주는 것인가.

누군가가 말하였다. "자유는 물과 같은 것이라"고. 이 물에서 헤엄을 잘 치면 신체도 건강하여지고 쾌감도 느낄 수 있지만, 잘못하다가는 물에 빠져 죽게 된다. 이와 같은 자유에도 빠져 죽는 수가 있다고 하였다.

그런데 나는 "권력은 불과 같다"라고 말하고 싶다. 불을 잘 이용하면 보온과 공작(工作)의 방법도 되고, 암흑계를 밝히는 광명도 될 수 있지만, 이것을 잘못하여 악용하게 되면 화재를 일으켜서 가장집물(家藏什物)을 소실(燒失)할 것은 물론 인축(人畜)에도 피해를 입히고, 자기 자신까지도 타 죽고 말게 되는 것이다.

즉 권력의 악용은 자유의 악용보다도 그 피해의 범위와 정도가 극심하다. 물의 경우는 자신의 익사에만 그치는 것이 보통이지만, 화재로 인하여는 대량의 물화와 수많은 생명을 상실하게 되는 것을 우리는 너무도 많이 보아 왔다. 수영하다가 익사하는 것은 자작지얼(自作之孽)이라고나 할까. 철없는 불장난을 하다가 화재를 유발하게 되면, 그 피해가 자신, 자가(自家)에만 그치는 것이 아니라, 널리 타인들에게까지 미쳐서 막대한 재해를 불러오게 되나니, 어찌 두렵지 아니한가.

우리 속담에 "도둑의 찌꺼기는 있어도, 불의 찌꺼기는 없다"라는 것과 같이, 화재란 한 번 일어나게 되면 그 결과는 참으로 참담한 것이다.

5

필자는 일찍이 인간 중에는 '낙지족'이란 일족이 있다는 것을 말한 바가 있다. 낙지족은 분명히 여기서 분류한 바 제 2유형, 즉 살기 위하여 사는 부류에 속하는 인간들이다.

우리말에 '염량세태(炎凉世態)'란 말이 있지만, 이 족속이야말로 이 염량세태의 원리를 가장 민감적으로 가장 날쌔게 적용한다. 어떤 사람이 득세를 하게 되자, 어느 틈에 달려가서 갖은 교태와 교언(巧言)으로 아유부용(阿諛附庸)한다.

새로 임명한 장관이 취임하기도 전에 그 예하(隷下)가 될 공무원이 여러 가지 수초(水草)로 아름답게 꾸민 어항에, 값비싼 열대산 완상어(玩賞魚)를 담은 선물을 가지고 와서, 주인공에게 열 번이고 스무 번이고 허리가 접히도록 절을 한다.

이것의 답례로 주인집에서는 차를 내온다. 그리 신통치 않은 커피였지만, 권유에 따라 조심스럽게 두 손으로 찻잔을 받쳐 들어서, 한 모금 맛을 보고 나서는, "장관님 댁 커피는 참으로 별미입니다"하며, 추켜올리기 시작한다.

부인도 동석한 자리에서 새 장관이란 자는 저의 집에서 기르는 개 자랑으로 자기네 가문을 빛내 보려 한다. 그것이 무슨 순종인데, 값이 몇십 만 원이요, 족보가 뚜렷하고, 주인의 눈치를 잘 알

320

아차려서 영리하고 신통하고 건강도 좋고, 어떻다고 늘어놓는다.

그 부하가 될 하객(賀客)은 이 말을 즉시 받아서, "그 개의 종자도 좋겠지만, 그것이 다 사모님께서 잘 거두어 기르시고, 훈련을 잘 시키신 덕분이라고 생각합니다."

허두부터가 그럴듯한 아양이다. 자초지종을 이 식으로 하여야만, 신임 장관의 애부하(愛部下)가 될 수 있다는 것이 관해유영술(官海遊泳術)의 중요한 강령(綱領)이라는 것을 그는 너무도 잘 알고 하는 짓이다.

모(某) 도지사가 이승만 대통령의 낚시질 행차에 배행(陪行)하다가 대통령이 속이 불편하였던지, 기다랗고 두툼한 방포일성(放砲一聲)을 내뽑아 터뜨렸다.

"각하, 뱃속이 후련하시겠습니다."

이만하면 교언(巧言)치고는 최우수상감이라고 아니할 수 없을 것이다.

이상과 같이 하여야만 낙지족들의 본령이 충분히 발휘되고, 그들의 목적도 달성할 수 있게 되는 것이다. 이제까지는 갑이란 사람에게 붙어서 진충갈력(盡忠竭力)을 하다가도, 오늘은 을에게 매달려서 갑을 여지없이 비방한다. 며칠 전까지 A당(黨)의 주요 간부로 활약하던 사람이, 어느새 B당에 입가(入嫁)하여 갖은 교태와 아양을 부린다. 세상 사람들이 깜짝 놀란다. 그러나 그것이 무슨 상관이냐. 나 자신의 실리만을 구득(求得)하면 어량(於量)에 족의(足矣)다.

이것이 개판인지 알 수 없으나, 오늘날 세상은 이러한 이매망량(魑魅魍魎)이 백주 대로상에서 – 아니 대광장에서 – 활개를 치고 난무한다.

낙지족들이 여러 개의 손(발)을 가지고 어디 가서든지, 누구에게든지 칭칭 감아 매달려야만 그들의 의도하는 바, 목적하는 바 지위, 권력, 재산 등을 보유할 수 있고, 개척할 수 있는 모양이다. 마치 주사(酒肆), 청루(靑樓)에서 홍등(紅燈)·녹주(綠酒)의 부란(腐爛)한 분위기를 발산시키면서, 유두분면(油頭粉面) – 아니 전발(電髮)·염면(炎面)의 미<추>희(美<醜>姬)들이, 오늘은 김 모, 내일은 이 모란 식이 아니라, 이 시간에는 장지(張之), 다음 시간에는 정지(鄭之)를 맞아들여, 신구교착(新舊交錯)되고 동서겸전(東西兼全)한 웃음으로 휘말아서, 송영(送迎)의 겨를이 없는 정조대매출가(貞操大賣出家)와 같은 추태를 유감없이 발휘하고 있다. 이것이 과연 성세(聖世)인지, 탁세(濁世)인지, 치세(治世)인지, 난세(亂世)인지 도무지 정신을 차릴 수가 없다.

순진하고 우직하며 고지식한 사람들은 이러한 낙지술(術)을 도저히 체득(體得)할 도리가 없고, 입내를 낼 수도 없으므로 자연 밀리고 넘어지며 파묻혀서, 현세의 낙오자로 전전 유랑하게 되지 않을 수가 없다. 그러나 조금이라도 지조란 것을 지니고 있는 사람이라면, 아무리 노래기회(膾)를 먹을 비위와 토치카의 심장을 가졌다고 할지라도, 그리고 이렇게 하여야만 금시발복(今時發福)을 얻게 된다고 할지라도 얼굴이 화끈거리고 마음이 간지러워 어떻게 이런 가면이야 쓸 수 있겠는가 말이다.

<u>6</u>

이상과 같은 변절자를 받아들이는 편을 두고 생각하여 보자.

아부를 유일한 능사와 수단으로 삼는 낙지족들의 행장을 변절인 줄 깜깜 모르고서 용납하고 인정하여야 할 것인가. 아니다, 그럴 리가 만무하다. 상당한 지위에 오른 사람들이라면, 그리하여 갖은 교태와 아양을 부리는 낙지족들이 필사적으로 달라붙으려는 대상이 되는 인물이라면 그들의 지능도 보통 이상의 수준이 아닐 수 없는 것이므로, 배꼽에 유리를 붙이고 들여다보듯이 그들의 속셈을 샅샅이 들추어낼 수가 있을 것이다.

그러나 눈 딱 감아 버리고 이것을 용납하며 그들을 등용하는 것은, 그들의 이용 가치를 저울질하여, 자기들의 포부와 경륜의 실현을 도모하는 데 알맞게 써먹고 부려 먹자는 야심에서 하는 짓이라고 인정하지 않을 수가 없다.

즉 낙지족들의 부정, 불의가 악의 소인(素因)을 다분히 내포한 것인 줄 번연히 알면서도 이를 용납하여 이용한다는 것은, 그 자체도 그만 못지않게 악을 배태(胚胎)하고 있다는 사실을 반드시 부인해야만 할 것인가. 그 근거를 찾아내기 심히 곤란을 느끼게 된다. 아무리 채반이 용수가 되도록 우겨대고, 창(槍) 자루를 활등이 되도록 구부려 본댔자, 사슴[鹿]은 사슴이요, 말[馬]은 의연(依然)한 말에 지나지 않을 것이다.

이와 같이 너도 부정, 나도 부정 온 세상이 부정으로 판을 치고 말게 된다면 그 결과는 어떻게 될 것인가.

필자는 여기에서 기하(幾何)의 정리와 같은 명확한 공식을 내려 보려 한다.

"부정은 틀림없이 부패를 초래하고, 부패는 필연적으로 멸망을 불러오게 된다. 그러므로 부정은 멸망의 절대적인 원인이 된다."

이 공리야말로 누구도 무너뜨릴 수 없고, 변경시킬 수도 없는 엄숙한 철칙이요, 천지자연의 공도(公道)다. 그러므로 우리는 오늘과 같이 '지조'의 아쉬움을 느낄 때가 없다고 생각한다. 우리는 갖은 방법을 다하고 총력을 기울여, 사람의 마음속에 '지조'의 씨를 심자. 그리하여 이것을 잘 가꾸어서 성장시키자. 활로(活路)는 오직 여기에 있다.

만일 사람이 '지조'로써 마음의 지주(支柱)를 삼게 되기만 하면, 다음의 세 가지를 능히 수행할 수 있을 것이다.

1. 정의, 정도를 견지하고, 이를 위하여 투쟁한다(죄악 박멸).
2. 자기와 자기의 것을 아끼듯이, 남과 남의 것을 존중할 줄 안다(공영 공존).
3. 의를 위하여서라고 믿을 때는, 생명을 홍모(鴻毛)와 같이 가볍게 여긴다(희생정신).

4. '지인(知人)', '식인(識人)',
'자기수양(自己修攘)' 관련 명언 명구 모음

01. 改過不吝(개과불린), 從善如流(종선여류).

잘못을 고치는 데 인색하지 말 것이며,
좋은 것(언행)은 물 흐르듯 받아들여라.

《구당서(舊唐書)》〈이강전(李絳傳)〉

잘못은 정확한 길잡이 작용을 할 수 있고, 실패는 성공의 밑거름이 될 수 있다. 물론 그 전제는 잘못을 인정하고 고쳐야 한다는 것이다. 잘못을 고치기 위한 가장 좋은 방법의 하나는 자신에 대한 비판을 흔쾌히 받아들이고, 타인의 좋은 언행은 본받는 것이다.

'종선여류'는 《좌전(左傳)》을 비롯하여 많은 고적에 나오는 명언이다. 《사기(史記)》〈초세가〉에는 '종선여류(從善如流), 시혜불권(施惠不倦)'이란 대구를 이룬 명언으로 나오는데, '좋은 것은 물 흐르듯 받아들이고, 은혜를 베풀되 피곤해하지 말라'는 뜻이다. 여기서 말하는 '좋은 것'이란 정확한 지적이나 솔직한 충고 등 좋은 말을 가리킨다. 역대로 명군으로 평가받는 리더들 대부분이 '종선여류'를 잘 실천했다.

02. 蓋世功勞(개세공로), 當不得一個'矜'字(당부득일개'긍'자) ;
彌天罪惡(미천죄악), 最難得一個'悔'字(최난득일개'회'자).

세상에 둘도 없는 공을 세웠어도 '잘난 척'하지 않아야 하며,
천하에 큰 죄를 지었으면 '뉘우치는' 마음이 있어야 한다.

명, 홍응명(洪應明)《채근담(菜根譚)》

청나라 사람 김영(金纓)의 《격언연벽(格言聯壁)》〈지궁(持躬)〉 편에
보면 "잘못을 미루고 공을 가로채는 짓은 소인배들이 하는 짓이
고, 죄를 덮고 공을 떠벌리는 것은 보통사람이 하는 일이며, 양보
의 미덕으로 공을 다른 사람에게 돌리는 것은 군자의 일이다"라
고 했다.

좋지 않은 일을 저질러 타인에게 미안한 결과를 초래했다면 뉘
우쳐야 마땅하다. 이는 양심의 발견이자 양지(良知)를 잃지 않았다
는 것이다. 이를 '도덕의 자율'이라 할 수 있다.

• '양지'(Conscience)란 타고난 본연으로 배우지 않아도 얻는 지
혜나 생각하지 않아도 아는 것을 말한다. 《맹자》〈진심〉 상편)
에 보면 "사람이 배우지 않아도 할 수 있는 것을 '양능(良能)'
이라 하고, 생각하지 않아도 알 수 있는 것을 '양지'라 한다"
라고 했다.
• 자신의 잘못을 알고 부끄러워할 줄 알면 타인의 잘못(실수),
특히 자신과 관련된 타인의 잘못을 끌어안는 '남과(攬過)'의

미덕을 발휘하게 되고, 이것이 그를 더 큰 사람으로 성장하게 만든다.

• **지(知)의 중요성** : '부끄러움을 아는 용기', '지치지용(知恥之勇)'에서 '안다', '지(知)'가 얼마나 어렵고 중요한가? 부끄러움을 안다는 전제는 자신의 언행에 잘못이 있음을 아는 '지과(知過)'이다. 이 두 단계가 전제되어야 개과(改過)하고 나아가 천선(遷善)할 수 있지 않겠는가?

• **부끄럼과 수치의 구분** : 인견과 존엄이 모욕당했을 때 느끼는 수치나 치욕과 자신의 잘못으로 인한 부끄러움은 엄연히 구분되어야 한다.

• 사람도 보고 세상도 보면서 한때를 보지 못한다.

• 불교에서는 참회를 가장 중시하는데 이는 '유가의 지난 잘못을 잊는다(염두에 두지 않는다)'라는 '불념구악(不念舊惡)'과 같다. 정말 악한 자들은 어둡고 어리석어 바로 깨닫지 못하기 때문에 죄를 짓는 것이다. '불념구악'은 《논어》〈공야장〉 편의 "백이와 숙제는 지난 원한을 따지지 않았기에 원망이 드물었다"라는 구절에서 비롯되었다.

03. 見善則遷(견선즉천), 有過則改(유과즉개).

착한 것, 좋은 것을 보면 바로 따르고,
잘못이 있으면 바로 고친다.
《역(易)》'익(益)' 괘

'개과천선(改過遷善)'이란 사자성어가 여기서 파생되었다. 천하에 아무리 빠른 것이라도 바람과 우레만큼 빠른 것은 없다. 예로부터 성현들은 착하고 좋은 것을 따르고, 잘못된 것을 바로잡길 바람과 우레처럼 하라고 당부했다.

왕수인(王守仁)은 "잘못 없는 것이 귀한 게 아니라 잘못을 고칠 수 있는 것이 귀하다"고 했다. 《논어》〈이인(里仁)〉 편에서는 "어진 사람을 보면 같아지길 생각하고, 어질지 못한 사람을 보면 안으로 자신을 반성한다"라고 했고, 《시(詩)》에서는 "높은 산은 우러러보고 큰길은 따라간다"라고 했다.

늘 자신을 되돌아보면서 잘하는 것은 살리고, 단점은 피하며, 결점을 극복하고, 좋은 것은 따르고, 잘못은 바로 바로 고침으로써 끊임없이 자신의 세계관을 개조할 수 있어야 한다. 위 여덟 자는 '見善遷, 有過改'의 여섯 자로 줄여도 무방하다.

04. 寡廉鮮恥(과염선치).

염치를 모른다(염치가 없다.).
《사기》 제117 〈사마상여열전〉

'과염선치'의 한자를 그대로 풀이하자면 '염치가 드물다'는 뜻이다. '치(恥)'자는 부끄럽다는 뜻을 가진 치(恥)와 뜻이 같다. 그런데 이 글자가 아주 흥미롭다. 가만히 들여다보면 귀를 뜻하는 '耳'자와 마음을 뜻하는 '心'자가 합쳐진 글자임을 금세 알 수 있다. '마음의 소리'가 곧 '부끄러움'이란 뜻이다. 참으로 의미심장하다. 자신의 내면 깊숙한 곳에서 들려오는 마음의 소리(부끄러움)를 들을 수 있는 사람은 곧 양심적인 사람일 것이다. 그렇지 못한 사람은 '마음의 귀머거리'라 할 수 있겠다.

잘못은 부끄러움이라는 마음의 소리를 들을 때 제대로 알고 고칠 수 있다. 명말청초의 혁신 사상가 선산(船山) 왕부지(王夫之)는 배움과 실천의 관계에 대해 이렇게 말했다. "배우기는 쉬울지 몰라도 좋아하기란 어렵고(학이이호난學易而好難), 행하기는 쉬울지 몰라도 꾸준히 하기란 어렵고(행이이역난行易而力難), 부끄러움을 느끼기는 쉬워도 왜 부끄러운가를 알기란 어렵다(치이이지난恥易而知難)." 이것이 바로 호학(好學), 역행(力行), 지치(知恥) 3자의 관계인데 왕부지는 그중에서도 '지치'를 특별히 강조했다.

누구든 언행에 대해 비판과 질책을 받으면 이내 부끄러움을 느낀다. 그런데 그 부끄러움이 자신의 언행을 바로잡는 것으로 나아가지 못하고 대개는 자신을 나무란 사람들을 원망하고 증오하는 적반하장(賊反荷杖)의 반응으로 나타난다. 이것이 바로 왕부지가 말한 부끄러움을 느끼기는 어렵지 않지만 왜 부끄러워해야 하는지를 알기란 어렵다는 말의 의미다.

05. 過而不改(과이불개), 是謂過矣(시위과의).

잘못을 하고도 고치지 않는 것을 잘못이라 한다.

《논어》〈위령공(衛靈公)〉

누구든 잘못할 수는 있지만, 누구나 그 잘못을 고치지는 않는다. 잘못을 인정하고 고치는 일이 그만큼 어렵다는 말이다. 《논어》에는 이와 관련한 구절들이 곳곳에 보인다. 몇 구절을 소개한다.

• 공자가 말한다. 군자는 무게가 없으면 위엄이 없고, 배우면 고루해지지 않는다. 충정과 믿음을 으뜸으로 삼고, 자기보다 못한 자를 벗으로 삼지 않고, '잘못을 하면 거리낌 없이 고친다'(〈학이學而〉).
• 안회라는 제자가 있어 배우길 좋아하고 노여움을 옮기지 않으며 '잘못을 두 번 반복하지 않는다(불이과不貳過)'(〈옹야雍也〉).

- 대부님(거백옥)은 '허물을 줄이고자 하시지만(욕과기과欲寡其過)' 잘 안 되는 것 같습니다(〈헌문憲問〉).
- 자하가 "소인은 잘못하면 반드시 꾸며댄다(소인지과야小人之過也, 필문必文)"라고 말했다(〈자장子張〉).

---

06. 過而不能知(과이불능지), 是不智也(시부지야) ;
知而不能改(지이불능개), 是不勇也(시불용야).

잘못을 하고 알지 못하면 지혜롭지 못한 것이고,
알고도 고치지 못하면 용기가 없는 것이다.

송, 이구(李覯) 〈역론(易論)〉

이구는 이 구절에 이어 역대 '망국패가'의 원인이 다 이 때문이었다고 지적한다. 잘못을 하고도 모르며, 알고도 고치지 않았기 때문에 패가망신은 물론 나라까지 망칠 수 있음을 경고한 것이다.

잘못을 저지르고도 무얼 잘못했는지 모르고, 알고도 부끄러워하지 않고, 그것을 고치려는 용기를 내지 못하는 현상의 심각함이 어떤 결과를 초래하는지 알 수 있다.

스스로 강해지려면 끊임없이 자신의 단점이나 잘못을 고치는 것이 필요하다. 그러기 위해서는 잘못을 고치는 용기가 전제되어야 한다.

잘못을 알고 그것을 고치는 것이 용기라는 말은 참으로 새겨들을 만하다. 잘못을 알고 부끄러워하면서도 그것을 고치려는 용기를 내지 못하는 경우가 많기 때문이다. 그래서 잘못을 범하는 것을 두려워하기보다 잘못을 모르는 것을 두려워해야 하고, 특히 잘못을 바로잡지 못하는 것을 두려워해야 하는 것이다.

07. 觀過(관과), 斯知仁矣(사지인의).

(누군가의) 잘못을 보면 (그가) 어진지 알 수 있다.

《논어》〈이인〉

해당 구절을 함께 인용하면 이렇다.

"사람의 잘못은 각기 다르게 나타난다. 잘못을 보면 어진지 알 수 있다."

이때 사람의 잘못이란 지난 과거 언행에서의 잘못을 말한다. 그 사람의 과거를 보란 말이다. 같은 잘못을 반복하지는 않았는지, 잘못을 뉘우치고 더는 잘못을 범하지 않았는지, 또 다른 잘못을 하고 있지 않은지 등을 살핀다는 뜻이다.

그래서 "현재를 살피려면 과거를 거울로 삼아야 한다. 과거가 없으면 현재도 없기 때문이다(관금의감고觀今宜鑒古, 무고불성금無古不成今)"라고 하는 것이다.(《증광현문增廣賢文》) 또 "현재로 과거를 생각하고, 과거로 현재를 본다(이금사고以今思古, 이고관금以古觀今)."

08. 君子之過(군자지과), 如日月之食(여일월지식).

군자의 잘못은 일식이나 월식과 같다.
《논어》〈자장〉

고상한 품덕을 가진 사람은 어쩌다 잘못을 하더라도 일식이나 월식처럼 잠시 어두운 그림자가 나타나는 것과 같다는 뜻이다. 이어지는 대목을 보면 이 말의 뜻은 더욱 분명해진다.

"잘못을 하면 모든 사람이 다 볼 수 있다. 고치면 모두가 그를 우러러 본다."
"과야(過也), 인개견지(人皆見之) ; 갱야(更也), 인개앙지(人皆仰之)."

공자의 제자 자공(子貢)은 잘못을 고치는 일이야말로 큰 덕이라 했다. 이와 관련하여 후대의 송나라 때 사람 정강중(鄭剛中, 1089~1154)은 이에 반해 "소인의 잘못은 나는 새와 같아 한 번 저질러 버리면 따라잡을 수 없다"(《주역규여周易窺餘》 권15)고 했다.
올바른 지식인이나 기본 양식을 갖춘 사람이라면 순간 잘못을 할 수 있지만 이내 잘못을 알고 바로잡는다. 반면 어리석거나 못난 사람은 잘못을 하고도 잘못한 것인지 모르거나 알고도 고치려

하지 않는다. 특히 명성이 높거나 존경받는 사람의 잘못은 일식이나 월식과 같아 누구나 다 볼 수 있기 때문에 그것이 한순간이라도 바로 고치지 않으면 크게 비난받을 수밖에 없다. 그래서 고치면 모두가 그를 우러러본다고 한 것이다.

09. 君子恥其言而過其行(군자치기언이과기행).

군자는 자신의 말이 행동을 넘어서는 것을 부끄러워한다.

《논어》〈헌문〉

공자는 말과 행동(실천)이 일치하지 않는 것을 무척이나 경계했다. 그래서 말이 행동보다 지나치는 것을 부끄럽게 생각했다. 이에 대해 주희(朱熹)는 다음과 같이 해설했다《논어정의論語正義》 권7 하).

- 행불엄언(行不掩言), 비직기인역이자기(非直欺人亦以自欺), 시이가치(是以可恥).
- 행동이 말을 가리지 않는다. 직접 남을 속이지 않더라도 스스로를 속이는 것이기 때문에 부끄러울 수 있다.

고인들은 말을 하지 않아도 행동이 따르지 못하는 것을 부끄러워했다. 따라서 진정 부끄러움을 알면 침묵을 안다고 한다. 공자는 학문의 길은 말을 조심해야 할 뿐만 아니라 배워서 행동으로 옮기는 일이 귀하다고 보았다. 말하지 못하는, 말하지 않는 것을 두려워할 것이 아니라 행동하지 못하는 것을 두려워할 줄 알아야 한다는 것이다. 《논어》에 보이는 관련 대목들을 소개하면 이렇다.

1. 〈위정〉 편에서 군자는 "자신이 말한 것을 먼저 실천하고 난 다음 입 밖으로 낸다(선행기언先行其言, 이후종지而後從之)"라고 했다.
2. 〈이인〉 편에서는 "옛사람들이 말이 적었던 것은 행동이 그 말을 따르지 못함을 부끄럽게 여겼기 때문이다(고자언지불출古者言之不出, 치궁지불체야恥躬之不逮也)"라고 했다.
3. 〈안연〉 편에서는 "어진 사람은 그 말이 느리다(인자기언야인仁者其言也訒)"라고 했다.
4. 〈헌문〉 편에서는 "그 말에 대해 부끄러워할 줄 모르면 그것을 실천하기 어렵다(기언지부작其言之不怍, 즉위지야난則爲之也難)"라고 했다.

자신이 한 말을 실천으로 입증하거나 보증하지 않으면 그 말이 진실하지 못한 것이다. 그래서 말을 할 때는 행여 내가 그 말을 행동으로 옮기지 못하면 어쩌나 실천하지 못하면 어쩌나 겁을 내고, 혹시나 내 말이 앞서나간 것은 아닌가 부끄러워할 줄 알아야 한다. 그래서 양식 있는 군자(지식인)와 어진 사람이라면 그 말이 신중할 수밖에 없고, 이는 사람들이 보기에는 말이 느리거나 말을 더듬는 것처럼 보일 수도 있다.

10. 年五十而知四十九年非(연오십이지사십구년비).

나이 50이 되어서야 49년의 잘못을 알다.

《회남자(淮南子)》〈원도훈(原道訓)〉

"무릇 사람 수명은 70이다. 그러나 거취와 행동거지에 대하여 날마다 달마다 후회하면서 죽음에 이른다. 그래서 거백옥(蘧伯玉)은 나이 50에 지난 49년의 잘못을 알았다. 왜? 앞서가는 사람은 알기 어렵지만, 뒤에 따라오는 자는 허물을 비판하기 쉽기 때문이다."

고상한 사람이라 해서 결코 신비로운 존재가 아니다. 그가 고상한 인격의 소유자라는 평을 듣는 것은 끊임없이 자신의 결점과 잘못을 고치고 바로 잡으면서 진보하기 때문이다. 중국 공산당의 설립자 이대소(李大釗)는 역사란 '진보의 진리'를 찾는 과정이라 했다. 인간의 삶 역시 자기개선을 통해 끊임없이 진보하는 것이다. '개과천선(改過遷善)'의 힘을 믿어야 한다.

위 명구는 사람은 나이가 들수록 그래서 경력과 경험이 많을수록 자신을 반성해야 할 필요성을 절감하게 된다는 말이다. 그런데 우리 주위를 보면 나이가 들수록, 경력이 많을수록 허물도 그만큼 쌓이는 사람이 참 많다. 하기야 그런 사람은 반성이 무엇인지도 모른다.

• 《회남자》는 서한의 개국 황제 유방(劉邦)의 손자이자 당시 황제 문제(文帝)의 이복동생인 회남왕(淮南王) 유안(劉安)이 자신의 문객들에게 편찬한 잡가(雜家)에 속하는 백과전서다.

11. 能攻人實病者(능공인실병자), 至難也(지난야) ;
能受人實攻者(능수인실공자), 爲尤難(위우난).

다른 사람의 잘못이나 실수를 진심으로
비평하는 일은 대단히 어렵다. 다른 사람의
진실된 비판을 받아들이는 일은 더 어렵다.

송, 호굉(胡宏) 《지언(知言)》 권3

　　남을 판단하고 비판하기란 여간 어려운 일이 아니다. 상대의 반응과 관계를 생각하지 않을 수 없기 때문이다. 친한 친구 사이라도 비판은 어렵다. 누군가의 비판을 받아들이기란 더 어렵기 때문이다. 비판이 진심에서 우러난 참된 것일수록 받아들이기는 더 어렵다. 자신의 약점이, 자신의 잘못이 그만큼 더 적나라하게 드러나기 때문이다. 그래서 남을 비판하기는 쉬워도 비판을 받아들이기 어렵다고 하는 것이다. 사람의 마음이 참으로 약하고 변덕스럽기 때문이다. 그래서 '잘못을 지적하는 말을 들으면 그 즉시 기뻐했다(문과즉희聞過則喜)'는 우 임금과 공자의 수제자 자로의 허심탄회가 놀라운 것이다.

• 호굉(1102~1161)은 자를 인중(仁仲), 호를 오봉(五峰)이라 했다. 사람들은 그를 흔히 호를 따서 오봉 선생이라 불렀다. 숭안(崇安, 지금의 복건성 숭안) 사람이다. 호안국(胡安国)의 아들로 호상(湖湘) 학파의 창립자다. 어렸을 때 양시(楊時)와 후중량(侯仲良) 등 큰 학자에게 배웠다. 예(禮)에 대해 깊게 공부했다. 주요 저작으로 《지언》을 비롯하여 《황왕대기(皇王大紀)》, 《역외전(易外傳)》 등이 있다.

**12. 但有有過之君子(단유유과지군자),
斷無無過之小人(단무무과지소인).**

잘못하는 군자가 있을 뿐
잘못을 하지 않는 소인은 결코 없다.

청, 전영(錢泳) 《이원총화(履園叢話)》 〈억론(臆論)〉

청나라 말기의 지식인 전영(1759~1844)은 "나는 평생 사람들과 사귀고 접하면서 단점은 버리고 장점을 취했다"라고 하면서 이 구

절을 남겼다.

잘못을 알고 인정하고 부끄러워하고 고치는 사람, 그래서 '두 번 잘못하지 않는(불이과不二過)' 하는 사람을 군자라 한다. 잘못이 무엇인지 모르고, 알고도 인정하지 않고, 마지못해 인정하지만 부끄러워할 줄 모르고, 부끄러워하기는 하는데 고치려 하지 않는 사람들은 정도의 차이는 있지만 모두 소인(小人)의 범주에 든다. 그래서 '독수리가 때로는 닭보다 낮게 날지만, 닭은 영원히 독수리만큼 높이 날 수 없다'라고 하는 것이다.

• 《이원총화》는 중국 고대의 문장 형식 중 하나인 필기(筆記, 수필) 작품집이다. 6조 시대에 나타나기 시작하여 끊임없이 발전하여 청나라 때 전성기를 누렸다. 청나라 시대 필기의 내용은 정치, 경제, 사회, 사회 등 거의 모든 방면에 걸쳐 있었다. 전영의 《이원총화》는 총 24권으로 구성된 필기집으로 각 권이 한 분야를 다루고 있어 그 내용이 대단히 광범위하다.

---

13. 得失一朝(득실일조), 榮辱千載(영욕천재).

득실은 일시적이지만, 영욕은 천년을 간다.

한, 순열(荀悅)《신감(申鑑)》〈시사(時事)〉

한나라 때 사람 순열이 편찬한 《신감》에 보이는 대목이다. 좀

더 부연하자면 물질적 득실은 일시적이지만, 인격의 영욕은 영원하다는 뜻이다. 영예와 치욕에 대한 생각인 '영욕관(榮辱觀)'이란 영예와 치욕을 대하는 태도로부터 출발한다. 어떤 일을 하는 것이 영예이며, 어떤 일을 하는 것이 치욕인가를 보는 관점은 도덕적 지향이 선명하게 보이는 실질적인 가치관이자 도덕관이다. 마찬가지로 어떤 일을 해야 하며, 어떤 일은 하지 말아야 하는 것에 대한 가치 판단도 영욕관을 가르는 기준이 된다. 명예와 치욕의 문제가 추상적 개념이 아닌 까닭이다.

그러므로 자랑스러움과 부끄러움을 모르는 자를 조직이나 나라의 리더로 선택해서는 안 된다. 스스럼없이 조직과 나라를 사유화하고, 나아가 조직과 나라를 망치는 자가 바로 이런 자들이다. 그렇기 때문에 영욕관에 대한 인식이 확고하게 정립되어야 한다. 부끄러움을 모르면 사람이 아니란 말이 괜히 나온 것이 아니다.

14. 明者矯失而成德(명자교실이성덕).

현명한 사람은 잘못을
바로잡음으로써 덕을 이룬다(미덕을 성취한다).
당, 육지(陸贄) 〈봉천청파경임대영이고장(奉天請罷瓊林大盈二庫狀)〉

"사물이나 인정은 흩어지고 원망하는 것이 당연하다. 그래서 지혜로운 사람은 위기를 이용하여 안정을 세우고, 현명한 사람은 잘못을 바로잡음으로써 덕을 이루는 것이다."

잘못을 범하지 않는 것도 중요하지만 잘못을 한 다음 그것을 즉각 바로잡고 고치는 일이 더 중요하다는 것을 강조하고 있는 명구이다. 사람으로서 잘못이 없을 수 없기 때문에 이런 말들이 많은 것이다.

사람의 모든 사회적 언행의 출발점은 자기수양의 경계이고, 자기수양의 차이는 실수와 잘못을 어떻게 대하고 처리하느냐에서 결정 난다. 그래서 춘추시대 최고의 정치가 정자산(鄭子産, ? ~ 기원전 522)은 "나는 배운 다음 벼슬한다는 말은 들었지만, 벼슬한 다음 배운다는 말은 듣지 못했다"라고 한 것이다.

> **15. 明者愼言**(명자신언), **故無失言**(고무실언) ;
> **暗者輕言**(암자경언), **自致害滅**(자치해멸).
>
> 현명한 사람은 말에 신중하기 때문에 말에 실수가 없고,
> 어리석은 자는 말이 가볍기 때문에 스스로 화를 불러들인다.
>
> 《유자(劉子)》〈신언(愼言)〉

물정과 사리에 어둡거나 세상과 인간에 대한 인식이 천박한 자들이 주로 저지르는 실수가 말실수, 즉 망언(妄言)이다. 사람을 알고 세상을 논하는 식견이 부족하거나 삐뚤어진 자들의 말은 기본

적으로 가볍다.

역사상 말, 즉 가벼운 말과 과장된 말 또는 교만에서 나오는 망언 때문에 패가망신한 사례를 수도 없이 많다. 그래서 현자들은 말에 대한 신중함을 넘어서 말 자체에 대해 부끄러워할 줄 알아야 한다고 강조했던 것이다.

- 《유자》는 북제 시기(550~577)의 발해 출신의 도가 사상가인 유주(劉畫, 생몰 미상)의 저술로 알려져 있다. 당시 사회의 폐단에 대해 자신이 생각하는 치국안민의 정치 주장 및 개인의 포부 등을 피력한 책이다.

> 16. 無心非(무심비), 名爲錯(명위착);
> 有心非(유심비), 名爲惡(명위악).
>
> 고의가 아닌 잘못을 착오라 하고,
> 고의로 범한 잘못을 죄악이라 한다.
> 청, 가존인(賈存仁) 《제자규(弟子規)》

이어지는 구절은 이렇다.

"잘못을 고치면 없던 일이 되지만, 감추면 허물 하나가 늘게 된다."

"과능개(過能改), 귀우무(歸于無) ; 당엄식(倘掩飾), 증일고(增一辜)."

고의가 아닌 잘못된 언행에 대해서는 얼마든지 이해하고 용서
할 수 있다. 또 그렇게 해야 한다. 단 전제 조건이 따른다. 그 잘
못을 인정하고 고치고 피해를 본 사람이 있으면 사과해야 한다는
것이다. 그러나 고의로 한 잘못에 대해서는 결코 용서해서는 안
된다. 그것을 용서하면 그 용서를 악용하기 때문이다.

• 가존인은 청나라 건륭 전후 인물로 자를 목재(木齋)라 했다.
건륭 연간에 과거에 급제했으나 벼슬에 마음을 두지 않았다.
그는 효자로 이름이 높았고 서예와 음운학에 조예가 깊었다.
《등운정요(等韵精要)》와 《제자규정자략(弟子規正字略)》(약칭 《제자
규》)이란 저서가 있다.

17. 毋意(무의), 毋必(무필), 毋固(무구), 毋我(무아).
억측하지 말고, 절대 긍정하지 말고, 고집부리지 말고,
자신만 옳다고 여기지 말라.
《논어》 〈자한〉

이른바 공자의 '절사(絶四)'라는 것이다. 네 가지를 하지 말라,
또는 네 가지를 하지 않는다는 뜻이다. 사람의 결점과 잘못이 거

의 대부분 이 네 가지에서 비롯된다. 타인과의 갈등과 충돌 또한 이로부터 빚어지는 경우가 적지 않다. 공자는 이 네 가지 잘못을 범하지 않으려고 애를 썼다.

교육가로서 공자는 사고하기를 즐기고 많이 물을 것을 주장하였다. 만약 한 가지 일로부터 다른 것을 미루어 알지 못한다면 이런 학생은 가르쳐도 아무런 효과도 얻지 못할 것이라고 여겼다. 배움과 사고는 모두 반드시 일정한 규칙에 따라야 한다고 하면서 이 네 가지, 즉 '절사'를 제기한 것이다. '절사'는 공자가 교육가로서 실천을 통해 얻어낸 경험의 총화로서 인식론에서 중요한 의의를 지니고 있다.

공자는 계발식 교육을 하여 아주 큰 성공을 거두었다. 그는 "불분불계(不憤不啓), 불비불발(不悱不發)"(《논어》〈술이〉)을 주장하였다. '분'이란 학생이 문제를 해결할 때 어디에서부터 손을 써야 할지 몰라 급한 심리상태를 가리키는데, 이럴 때에는 그에게 어떻게 사고를 펼칠 것인가를 가르쳐야 한다. 이것이 바로 '계'이다. '비'란 학생이 초보적으로 문제에 대하여 알고 있으면서도 말로써 표현해내지 못할 때의 고통스러운 심리상태를 가리키는데, 이런 때에는 그를 도와 맥락과 순서를 알게 하고 정확한 언어로 설명해 주어야 한다. 이것이 바로 '발'이다.

안연은 공자의 이 교수 방법에 대하여 매우 탄복하였는데 "스승님은 차근차근 잘 이끌어 나가면서 학생이 학습에 대해 깊은 흥미를 갖게 하여 멈추지 못할 경지에 도달하게 한다."(《자한》)라고

하였다. 공자의 계발식 교수 방법의 운용은 그야말로 최고봉에
올랐다고 할 수 있다.

> ## 18. 無財謂之貧(무재위지빈),
> ## 學而不能行謂之病(학이불능행위지병).
>
> ### 재물 없음을 가난이라 하고,
> ### 배워 행동하지 않음을 병이라 한다.
> 《장자(莊子)》〈양왕(讓王)〉

  공자의 제자인 자공(子貢)과 원헌(原憲) 사이에 오간 대화의 일부
다. 원헌의 집안은 가난하여 수양성(睢陽城) 안의 작은 골목 안에
살았고, 방도 매우 비좁았다. 초가집이었는데 쑥갓을 엮어 문을
삼았고, 파손된 독으로 창을 만들었다. 지붕에서는 비가 새고 바
닥은 습기가 찰 정도였다. 하지만 자신이 가난하다는 것을 부끄
럽게 여기지 않았고, 하루 종일 집 안에 단정하게 앉아 거문고를
연주하면서 노래를 부르며 즐거워했다.

  자공은 원헌과 동문으로 위나라의 재상으로 있었다. 하루는
화려한 옷차림을 하고 마차에 올라 호위를 받으며 송나라의 원헌
을 보러 성대하게 행차했다. 하지만 그의 집이 워낙 비좁았기 때문
에 걸어서 그의 집에 들어가야 했다.

  원헌은 그의 오랜 친구를 반겼는데, 해진 의관이지만 성의를 다

해 차려입고 그를 맞았다. 자공은 낡은 옷을 입고 헝클어진 머리에 망가진 신발을 신고 한 손에는 지팡이를 들고 문밖으로 마중 나온 친구 원헌을 보고 냉소하며 말하길 "아! 자네 무슨 병을 얻었는가"라고 했다. 이에 원헌이 웃으며 답했다. "재물이 없다는 것을 곤궁하다고 하나, 성현의 도를 배우는 것을 병이라고 할 수는 없다네. 나는 가난할 뿐 병을 얻은 것이 아니라네. 그러한 병은 세속에서 나쁜 물이 드는 것일세. 사리를 꾀하고, 사람을 위해 학문을 하고, 자신을 위해 가르치고, 인의의 도는 입을 다물고 말하지 않으니, 좋은 마차에 타고 준마를 몰며, 화려한 옷을 입는 이러한 것들이야말로 나를 견딜 수 없게 한다네." 자공은 이 말을 듣고 부끄러워하며 자신이 했던 말을 평생 후회했다고 한다.

19. 無惻隱之心(무측은지심), 非人也(비인야) ;
  無羞惡之心(무수오지심), 非人也(비인야) ;
  無辭讓之心(무사양지심), 非人也(비인야) ;
  無是非之心(무시비지심), 非人也(비인야).

동정심이 없고, 부끄러움과 혐오를 모르고,
겸손과 양보할 줄 모르고,
시비를 분간할 줄 모르면 사람으로서의 자격이 없다.
《맹자》〈공손추〉(상)

이어지는 《맹자》의 해당 대목은 다음과 같다.

"동정심은 인(仁)의 출발이고, 부끄러워하는 마음은 의(義)의 출발이고, 겸손과 사양하는 마음은 예(禮)의 출발이고, 시비를 가리는 마음은 지(智)의 출발이다. 사람에게는 이 네 가지의 단서[사단四端]가 있다는 것은 사지(四肢)가 있는 몸통과 같은 것이다."

유명한 맹자의 '사단' 관련 대목이다. 요컨대 맹자는 '사단'을 사람으로서 갖추어야 가장 기본적인 조건이라고 말했다. 이 중 부끄러움과 혐오를 안다는 것은 의로움의 출발이라는 지적이 매우 중요하다.

20. 無恥則無所不爲(무치즉무소불위).

부끄러움이 없으면 못할 짓이 없다.
《성리대전(性理大全)》〈학구(學九)〉'교인(敎人)'

공직자의 부도덕하고 부정(不正)한 언행의 원인을 파고들면 예외 없이 개인이나 패거리의 사사로운 욕심과 만나게 된다. 이는 공직자의 공사 구별에 심각한 이상이 생겼음을 뜻한다. 그리고 이런 현상은 공직자가 부끄러움이 무엇인지를 모르는 데서 비롯되는데, 옛 현자들은 이런 문제의 근원을 가정과 교육에서 찾고 있다.

《성리대전》을 보면 "사람을 가르치려면 반드시 부끄러움이 무엇인지를 먼저 가르쳐야 한다(교인敎人, 사인필선사유치使人必先使有恥).

부끄러움이 없으면 못할 짓이 없다"고 했다. 자신의 언행이 남과

사회에 피해를 주는 것을 부끄러워할 줄 알아야만 그릇된 언행을

일삼지 않는다는 것이고, 그러기 위해서는 어려서부터 부끄러움이

무엇인지 가르쳐야 한다는 뜻이다. 참으로 옳은 지적이 아닐 수

없다. 이 대목에서 계시를 받은 청나라 때의 학자 고염무(顧炎武)는

한 걸음 더 나아가 "청렴하지 않으면 받지 않는 것이 없고, 부끄러

워할 줄 모르면 하지 못할 짓이 없다.(불렴즉무소불취不廉則無所不取,

불치즉무소불위不恥則無所不爲)"라고 했다. 일부 정치가와 고위 공직

자가 딱 이렇다는 생각을 절로 하게 하는 명구가 아닐 수 없다.

> 21. 聞其過者(문기과자), 過日消而福臻(과일소이복진) ;
> 聞其譽者(문기예자), 譽日損而禍至(예일손이화지).
>
> 잘못을 지적하거나 비판하는 말을 기꺼이 듣는 사람은
> 시간이 지날수록 잘못은 사라지고 복이 밀려들지만,
> 칭찬하는 말을 듣길 좋아하는 사람은
> 시간이 지날수록 칭찬은 일그러지고 화가 닥친다.
> 삼국 오(吳), 하소(賀邵) 〈상정사일폐소(上政事日弊疏)〉

앞뒤 대목을 함께 소개하면 이렇다.

"신은 듣기에 흥하는 나라의 군주는 비판을 잘 받아들이며,

혼란한 나라의 군주는 칭송하는 소리를 듣길 좋아합니다. ~
이 때문에 옛 군주들은 몸을 낮추어 현자들을 기용하고, 자신
을 비워 잘못이 무엇인지를 들었습니다."

자신의 잘못이나 단점에 대한 비판을 흔쾌히 받아들이면 그 잘
못과 단점이 점점 줄어들어 보다 나은 사람으로 발전할 수 있기
때문에 복이 온다고 한 것이다. 반면 듣기 좋은 소리와 칭찬만 들
으려는 자는 당장 그 명성이 크고 높아지더라도 '명성이 실제를
앞지르는' '명성과실(名聲過實)'임이 드러나 화를 불러오게 될 것이
라는 지적이다.

• 하소(226~275)는 삼국시대 오나라의 관리이자 정치가이자 서예
가로 자를 흥백(興伯)이라 했다. 회계(會稽) 산음(山陰, 지금의 절
강성 소흥紹興) 사람이다. 세 왕을 거치면서 벼슬을 하여 태자태
부에까지 이르렀으나 손호(孫皓)에게 억울하게 피살되었고 가
족은 임해군(臨海郡)으로 추방되었다. 위 구절은 그가 올린 당
시 정치 폐단에 대한 글이다.

22. 聞之而不見(문지이불견), 雖博必謬(수박필류) ;
   見之而不知(견지이부지), 雖識必妄(수식필망) ;
   知之而不行(지지이불행), 雖敦必困(수돈필곤).

들기만 하고 보지 않으면 많은 것을 들었다 해도
잘못이 있을 수밖에 없고, 보기만 하고 알지 못하면
많은 것을 기억하고 있어도 허망할 수밖에 없으며, 알기만 하고
실천하지 않으면 아는 것이 많아도 곤경에 빠질 수밖에 없다.
《순자》〈유효(儒效)〉

순자는 학문의 목표를 듣고[聞], 보고[見], 알고[知], 행동[行]하
는 데 있다고 보았다. 위 구절의 앞부분과 뒷부분을 다 함께 소
개한다.

"듣지 않는 것보다 듣는 것이 낫다. 듣는 것보다 보는 것이 낫
다. 보는 것보다 아는 것이 낫다. 아는 것보다는 실행(실천)하는
것이 낫다. 학문은 실천함에 이르러 끝이 난다. 실천해야 분명
해지고, 분명해지면 성인이 된다.

성인은 어짊과 의로움을 근본으로 삼고, 옳고 그름을 합당하
게 가리며, 말과 행동을 일치시켜 터럭만큼의 어긋남이 없다. 별
다른 도리가 있는 것이 아니라 실천하는 것으로 끝이 나기 때
문이다. (~) 듣지도 보지도 않은 일이라면 합당하게 처리한다고
하더라도 좋은 방법은 아니다. 그런 방법으로는 백 번을 해봤
자 백 번 모두 실패한다."

공부(학문)에 있어서 배움과 생각(사고)과 실천은 톱니처럼 맞물려 함께 진행되어야 한다. 학술적으로 표현하자면 학(學), 사(思), 행(行)의 변증법적 통일을 깊게 설파한 대목이다.

23. 白玉雖塵垢(백옥수진구), 拂拭還光輝(불식환광휘).

백옥에 먼지가 앉고 오물이 끼일 수 있으나
닦고 털면 빛이 난다.

당, 위응물(韋應物) 〈답영호시랑(答令狐侍郎)〉

예로부터 고상하고 맑고 깨끗한 인재를 옥에 비유했다. 백옥은 옥 중에서도 특히 깨끗한 옥을 상징한다. 즉, 덕이 있고 고상한 사람도 잘못할 수 있지만, 그것을 고치고 바로 잡으면 그 이미지에 손상이 가지 않을뿐더러 더 좋은 명성을 얻을 수 있다는 말이다.

이때 핵심은 '잘못을 아는' '지과(知過)'에 있다. 즉, 잘못과 잘못한 것을 아는 데 있다. 잘못을 알면 부끄러워하게 되고, 부끄러우면 잘못을 인정하고 고치고 바로 잡을 수 있다. 이렇게 보면 '부끄러움을 아는' '지치(知恥)'와 잘못을 아는 '지과'가 별개가 아니라 거의 동시에 작용하는 양심의 기제이다.

자신의 잘못을 알고 부끄러워할 줄 알면 타인의 잘못, 특히 자신과 관련된 '타인의 잘못을 끌어안는' '남과(攬過)'의 미덕을 발휘하게 되고, 이것이 그를 더 나은 리더로 성장하게 만든다.

---

24. 不愧于人(불괴우인), **不畏于天**(불외우천).

사람에게 부끄럽지 않으면 하늘조차 무섭지 않다.

《시경》 '하인사(何人斯)'

이 시는 자신을 배반한 사람을 원망한 내용이라 하는데, 이 구절이 나오는 관련 대목은 이렇다.

"저 사람은 어떤 사람이기에 내 뜰 안을 지나면서, 그 목소리만 들릴 뿐 그 모습 보지 못하게 하나? 사람들에게 부끄럽지 않나, 하늘이 두렵지 않나?"

여기의 마지막 대목이 사람으로서 언행이 정정당당하고 떳떳하면 그 무엇도 무서운 것이 없다는 뜻으로 변했다. 그래서 현자들은 자신이 정당하면 설사 일이 잘못되거나 뜻한 대로 일이 풀리지 않아도 하늘을 원망하지 않고 남 탓을 하지 않았던 것이다.

이렇듯이 예로부터 중국인은 '괴(愧)'라는 글자를 척도로 삼아 자신의 언행을 점검하곤 했다. 지식인이나 리더는 특히 그랬다. 심지어 '괴'를 문명의 척도로까지 생각하여 이에 대해 진지하게 탐구하기도 했다. 말하자면 부끄러워할 줄 아는 사람과 그렇지 못한 사람의 경계와 차이에 대한 진지한 성찰을 해온 것이다. 오늘날 우리가 배워야 할 참으로 소중한 동양적 가치이자 전통이 아닐 수 없다.

25. 不以無過爲賢(불이무과위현), 而以改過爲美(이이개과위미).

잘못이 없는 것이 좋은 것이 아니라, 잘못을 고치는 것이 좋다.

《자치통감(資治通鑑)》(한 혜제 4년 '사마광왈')

일찍이 상나라 사람 중훼(仲虺)는 성탕(成湯)을 두고 "잘못을 고치는데 인색하지 않았다(개과불린改過不吝)"고 했고, 부열(傅說)은 고종(高宗, 무정武丁)에게 "부끄러움을 모르는 것이 잘못을 저지르는 것보다 나쁘다(무치과작비無恥過作非)"고 했다.

그래서 명나라 때의 사상가인 왕수인(王守仁)은 '지행합일(知行合一)'을 주장하면서 옛 가르침에 따라 '자신의 잘못을 지적해주길 원했다(원문기과願聞其過).' 이는 큰 용기다. 잘못을 저지르기보다 잘못을 고쳐서 잘못을 반복하지 않도록 하는 것이 중요하다는 것에 대해 왕수인은 다음과 같이 말했다.

"무릇 잘못이라는 것은 아주 현명한 사람도 피하기 어렵다. 그런데도 끝내 현명하다는 소리를 들을 수 있다는 것은 잘못을 고칠 수 있기 때문이다. 그러므로 잘못이 없는 것이 귀한 것이 아니라 잘못을 고칠 수 있다는 것이 귀하다."

거듭되는 말이지만 '개과'할 수 있다는 것은 '지과', 즉 '잘못을 안다'라는 것을 전제로 한다. 따라서 '지과(知過)' - '지치(知恥)' - '개과(改過)'로 우리의 언행이 개선되어가는 것이 가장 바람직하다. 문제는 '지과'에 대한 인식과 교육 그리고 훈련에 있다. 잘못을 알고, 그것을 부끄러워 잘못을 고치고자 하는 사회적 풍토가 조성되어야 할 것이다.

> **26. 不知其非(부지기비), 安能去非(안능거비)?**
> **不知其過(부지기과), 安能改過(안능개과)?**
>
> **무엇이 그릇된 것인 줄 모르고 어떻게 그 그릇됨을 제거할 수 있나?**
> **무엇이 잘못인 줄도 모르고 어떻게 그 잘못을 고칠 수 있나?**
>
> 송, 육구연(陸九淵) 〈시나장부(示羅章夫)〉

공자는 "아는 것을 안다고 하고, 모르는 것을 모른다고 하는 것, 이것이 아는 것이다(지지위지지知之爲知之, 부지위부지不知爲不知, 시지야是知也)"라는 명언을 남긴 바 있다. 그것이 무엇이든 알아야 그 실체를 바로 파악할 수 있고, 잘잘못을 가릴 수 있으며, 부끄러워하거나 자랑스러워할 수 있고, 고칠 수 있다. 이때 '안다'라고 하는 말은 단순한 지식이나 '아는 것만큼 보인다'라는 식의 오만한 생각이 결코 아니다. 사물과 언행의 본질을 안다는 뜻이다.

위 명구를 남긴 육구연은 무엇인가를 배움에 있어서 의문 품기를 몹시 강조했던 사상가다. 그는 이렇게 말한다.

"학문을 함에 있어서는 의문이 없는 것을 걱정해야 한다. 의문을 품으면 진보한다. 작게 의문을 품으면 작게 진보하고, 크게 의문을 품으면 크게 진보한다."

"위학환무의(爲學患無疑), 의즉유진(疑則有進), 소의소진(小疑小進), 대의대진(大疑大進)."

의문을 품어야 진보한다는 지적이다. 자신의 언행에 대해서도 마찬가지다. 내 언행이 과연 잘하고 있는 것인지, 잘못하는 것인지 의심해야 한다. 그래야 묻게 되고, 알게 되고, 부끄러워하게 되고, 고치게 된다. 그런 점에서 위의 명구는 안다는 것이 얼마나 중요한가를 잘 보여준다. 그 앞 구절을 함께 소개하면 이렇다.

"옳음을 드러내고 그릇됨을 없애며, 잘못을 고치고 선함을 향해라. 이는 경전의 말씀이다. 그릇됨을 없애지 않고 어떻게 옳음을 드러낼 수 있겠는가? 잘못을 고치지 않고 어떻게 선함으로 갈 수 있겠는가? 그러니 무엇이 그릇된 것인 줄 모르고 어떻게 그 그릇됨을 제거할 수 있나? 무엇이 잘못인 줄도 모르고 어떻게 그 잘못을 고칠 수 있나?"

27. 不恥不若人(불치불약인), 何若人有(하약인유)?

남보다 못한 것을 부끄러워하지 않고서 어찌 남만 하겠는가?

《맹자》〈진심(盡心)〉(상)

맹자는 이렇게 말한다.

"사람에게 부끄러움이 없을 수 없으니, 부끄러움이 없다는 것을 부끄러워하면 부끄러움이 없는 것이다."

"인불가이무치(人不可以無恥), 무치지치(無恥之恥), 무치의(無恥矣)."

맹자는 또 이렇게도 말한다.

"사람에게 부끄러움이란 큰 것이다. 교묘하게 임기응변하는 자는 부끄러움을 쓸 곳이 없다. 남보다 못한 것을 부끄러워하지 않고서 어찌 남만 하겠는가?"

"치지어인대의(恥之於人大矣), 위기변지교자(爲機變之巧者), 무소용치언(無所用恥焉). 불치불약인(不恥不若人), 하약인유(何若人有)?"

송나라 때 사람 황륜(黃倫)은 "무릇 부끄러움이란 인간의 본심이다(부치자夫恥者, 인지본심야人之本心也)"라고 하면서 "대개 사람으로서 부끄러움이 없으면 다시는 사람이 될 수 없다(개인이무치즉무부성인의蓋人而無恥則無復成人矣)"라고 지적했다.(《상서정의尙書精義》)

맹자의 언어는 대단히 날카롭다. 부끄러움이 없다는 것을 부끄러워할 줄 알면 부끄러움이 없다는 말은, 부끄러움이 없다는 것을 부끄러워할 줄 모르면 사람이 아니라는 뜻이다. 또 남보다 나은 사람이 되기 위해서는 남보다 못한 것을 부끄러워할 줄 알아야 한다고 따끔하게 지적한다. 물론 맹자가 말하는 '남보다 나은 것'이란 재물이나 벼슬 따위가 아니라 인격(人格)을 결정하는 인간성이다.

따라서 사람은 자신의 언행(言行)을 진지하게 되돌아보는 성찰(省察)이란 자기반성을 할 줄 알아야 한다. 진지한 반성은 자연 진지한 부끄러움을 불러일으킨다. 자신을 돌아보아 부끄러움이 있으면 사람은 노력하게 된다. 부끄러움을 안다는 것은 이런 점에서 한 사람의 변화에 발전에 큰 힘으로 작용한다.

28. 不恥下問(불치하문).

자기보다 아랫사람에게 묻는 것을 부끄럽게 여기지 않는다.
《논어》〈공야장〉

춘추시대 위(衛)나라 대부였던 공어(孔圉)는 매우 겸손하고 배우기를 좋아하는 사람이어서, 당시 사람들로부터 찬사와 칭송을 받았다. 공어가 죽자, 위나라 군주는 사람들로 하여금 그의 호학 정신을 배우고 계승하도록 하기 위하여, 그에게 문(文)이라는 봉호

(封號)를 하사했다.

당시 공자의 제자였던 위나라의 자공은 공어에게는 잘못이 있으므로 사람들이 말하는 것만큼 그렇게 훌륭하지 않으며, 또한 그렇게 높은 평가를 받아서는 안 된다고 생각했다. 이에 자공은 스승인 공자에게 "공어의 시호를 어째서 문(文)이라 합니까"라고 물었다. 공자가 말하길 "그는 영민하고 배우기를 좋아하여, 아랫사람에게도 묻기를 부끄러워하지 않았다.(민이호학敏而好學, 불치하문 不恥下問) 그래서 그를 문(文)이라 하는 것이다"라고 대답했다.

조선조의 실학자 연암 박지원(1737~1805)은 "학문하는 방법은 다른 게 없다. 모르는 것이 있으면 길 가는 사람을 붙들고라도 물어야 옳다. 하인이라 할지라도 나보다 한 글자를 더 안다면 그에게 배워야 한다. 자기가 남보다 못한 것은 부끄러워하면서도 자기보다 나은 사람에게 묻지 않는다면, 평생 고루하고 무식한 데서 벗어나지 못할 것이다"라고 하여 '불치하문'을 배움의 선결 과제로 삼았다.

부끄러움에는 여러 가지가 있다. 자기보다 못하다고 생각하거나, 자기보다 신분이나 지위가 낮은 사람에게 무엇인가를 묻는다는 것이 그리 쉽지는 않을 것이다. 그러나 모르는 것에 대해 부끄러워하지 않으면 그 대상이 누가 되었건 물어서 알고 깨쳐야 제대로 된 공부를 할 수 있고, 나아가 제대로 된 사람으로 성장할 수 있을 것이다. 구차한 체면 때문에 묻기를 꺼리거나 묻는 것 자체를 부끄럽게 여기는 사람은 못났다고 할 수밖에 없다.

29. 不怕念起(불파념기), 惟恐覺遲(유공각지).

잡념이 일어나는 것이 두려운 것이 아니라,
깨달음이 늦은 것이 두려울 뿐이다.

남송, 잠열우(潛說友, 1216~1288)《함순임안지(咸淳臨安志)》〈종고(宗杲)〉

　　잘못할 수 있다, 누구나. 문제는 잘못을 알고도 잘못을 하고
도 그것을 바로 잡지 못하거나, 잘못한 것 자체를 모르는 데 있
다. 더 심각한 문제는 잘못을 저지르고, 잘못한 것을 알면서도 바
로 잡거나 고치기는커녕 잘못한 것 없다고 우기는 것이다. 그리고
보다 더 큰 문제는 잘못하고 있다는 것을 아예 모르고, 인정하지
않는 무지와 뻔뻔함이 결합될 때다. 자신의 잘못을 지적하는 사
람들에게 공격성과 폭력성을 보이는 경계가 바로 그 지점이기 때
문이다.

　　누구든 오만 가지 생각을 할 수 있다. 생각이 많다고, 쓸데없는
생각이 많다고 걱정하기보다는 그 생각을 통해 무엇인가를 깨닫
지 못하는 것을 두려워해야 한다는 지적이다.

　　이 구절은 부끄러움을 아는 '지치(知恥)'와 같은 경지에 넣어 생
각해 볼 수 있다. '잡념이 일어나는' '념기'의 순간과 그 이전 단계
에서 경계하고 경고하는 훈련과 수양법을 생각해 볼 필요가 있다.
물론 잡념이 일어난 뒤 그 잡념들이 무엇을 위한 것인지도 함께
반추하는 단계도 필요하다.

30. 士不知恥(사부지치), 爲國之大恥(위국지대치).

배운 사람이 부끄러움을 모르는 것이야말로
나라의 가장 큰 치욕이다.

청, 공자진(龔自珍) 〈명량론(明良論)〉

청나라 때 학자이자 정치가였던 공자진은 "배운 사람에게 부끄러움이란 것이 있으면, 나라는 영원히 부끄러워할 일이 없다(사개지 유치士皆知有恥, 즉국가영무치則國家永無恥矣)"면서 "배운 사람이 부끄러움을 모르는 것이야말로 나라의 가장 큰 치욕이다"라고 했다. 배운 사람의 인격이 존엄한가 그렇지 않은가가 나라의 영욕을 가장 민감하게 반영한다는 뜻이다.

지식인과 지식인 사회는 나라 정치와 정책의 일기예보와 같다. 나라에 어떤 일이 발생하면 그들이 가장 민감하게 반응한다. 그리고 정치와 정책에 관한 다양한 반응과 의견을 제기한다. 바로 그 의견과 반응에 따라 나라의 영광과 치욕이 결정된다고 하겠다. 지식인의 사회적 역할과 위상은 과거에 비해 많이 달라졌지만, 지식인의 기풍은 여전히 그 사회 기풍의 풍향계와 같은 작용을 한다. 따라서 지식인은 지시의 가치와 그 역할을 굳게 믿고 지키면서 역사와 문화를 전승하는 것을 자신의 소임으로 알고 사회 양심을 기꺼이 짊어져야 한다.

31. 善則稱人(선즉칭인), 過則稱己(과즉칭기).

잘한 것은 남이 했다고 하고, 잘못한 것은 내가 했다고 하라.

《예기》〈방기(放棄)〉

마음이 넓고 기백 있는 사람은 자신의 잘못을 선뜻 인정할 줄 안다. 또 남이 잘한 일에 대한 칭찬도 아끼지 않는다. 자신의 잘못과 실수를 인정하고 고치는 일도 필요하지만, 타인의 선행에 대해 인정과 칭찬을 아끼지 않는 자세도 필요하다. 그래야 타인의 선행을 따르고 닮을 수 있다.

역대로 성공한 지도자들의 공통된 특징 가운데 하나는 타인의 잘못을 자신이 끌어안는 '남과(攬過)'의 리더십을 발휘한 것이고, 반대로 실패하거나 나쁜 지도자는 자신의 잘못을 남에게 미루는 '위과(委過)'의 특징을 보였다.

32. 聖人不貴無過(성인불귀무과), 而貴改過(이귀개과).

성인은 잘못이 없는 것을 귀하게 여기지 않고,
잘못을 고치는 것을 귀하게 여긴다.

송, 조선요(趙善璙) 《자경편(自警編)》〈섭양(攝養)〉

청나라 때 사람 오승권(吳乘權, 1655~ ?)도 "성현은 오로지 잘못을 고치는 것을 잘하는 일로 여겼지 잘못이 없는 것을 귀하게 여

기지 않았다."(《강감역지록綱鑑易知錄》권53)

조선요의 이어지는 대목은 이렇다.

"대개 지혜로운 사람은 잘못을 고쳐서 착한 쪽으로 옮겨가고,
어리석은 자는 잘못한 것을 부끄러워하며 잘못을 저지른다.
착한 쪽으로 옮겨가면 그 덕이 날로 새로워지고, 잘못을 저지
르면 그 악이 쌓여 간다."

"개이위지자개과이천선(蓋以爲智者改過而遷善), 우자치과이수비(愚
者恥過而遂非) ; 천선즉기덕일신(遷善則其德日新), 수비즉기악이적야
(遂非則其惡彌積也)."

• 조선요는 송나라 종친(태종 7세손)으로 태어난 해는 알 수 없
고 죽은 해는 대체로 1231년으로 추정하는데 송나라 이종(理
宗) 황제 재위 때다. 자는 덕순(德順)이고 남해(南海) 사람이다.
《자경편》 9권을 저술하여 《사고총목(四庫總目)》 편찬 때 인쇄
되었다.

33. 小過無懲(소과무징), 必爲大患(필위대환).

작은 잘못을 징계하지 않으면 반드시 큰 우환이 생긴다.

원, 장양호(張養浩) 《삼사충고(三事忠告)》〈목민충고(牧民忠告)〉(상)

이 구절은 관리들에 대한 엄격한 통제와 상벌을 강조한 것이지만 개인의 언행에도 얼마든지 적용할 수 있다. 다만 그 기준이나 정도는 다르겠지만 공직자의 경우 관련 법령에 대해 숙지하고 있기 때문에 그것을 알고도 저지르는 잘못은 거의 모두 고의에서 비롯된 심각한 잘못이며 심하면 죄악이다. 그래서 사소하더라도 엄격하게 징계해야 한다. 그냥 넘어갔다가는 이후 거리낌 없이 잘못을 저질러 나라와 백성에 큰 해를 끼치기 때문이다.

34. 小過不生(소과불생), 大罪不至(대죄부지).

작은 잘못이 생기지 않으면 큰 죄는 일어나지 않는다.

《한비자(韓非子)》〈내저설(內儲說)〉(상)

큰 죄는 작은 잘못이 발전해서 생긴다는 지적이다. 한비자는 이렇게 말한다.

"공손앙(상앙)은 가벼운 죄라도 엄벌로 다스렸다. 무거운 죄는 사람들이 범하기 어렵고, 작은 잘못은 범하기 쉽다. 범하기 쉬운 작은 잘못을 저지르지 못하게 하여, 범하기 어려운 무거운 죄도 범하지 못하게 하는 것이 다스리는 방법이다. (중략) 사람들이 죄를 짓지 않고 난리가 나지도 않는다."

놀랍고 엄청난 사회질서도 보기에 보잘것없는 차례 지키기, 신호 지키기 등과 같은 작은 일에서 구축된다. 상앙의 법치에 과격하고 과도한 면이 없는 것은 아니지만 작은 잘못을 겁낼 수 있다면 큰 잘못은 말할 것 없다는 이치만큼은 충분히 수긍할 수 있다.

35. 惡人之心無過(악인지심무과), 常人之心知過(상인지심지과),
賢人之心改過(현인지심개과), 聖人之心寡過(성인지심과과).

나쁜 자는 잘못을 인정하지 않고,
보통 사람은 잘못을 알기만 하며,
현명한 사람은 잘못을 고치고,
성인은 잘못을 적게 범한다.
청, 안원(顔元)《안습재선생언행록(顔習齋先生言行錄)》(권상)

안원(1635~1704)은 청나라 초기의 유학자이자 사상가이며 교육가로서도 명성이 높다. 그는 평생 의술, 교학을 업으로 삼으면서 공자의 교육 사상을 전파했다. 그는 특히 덕육, 지육, 체육을 함께 중시하여 문무를 겸비하고 배운 것을 세상을 위해 실천하는 인재를 기르기를 주창했다. 그의 호를 딴《안습재선생언행록》은 안

원이 평생 지켜온 언행들을 모은 책이다.

안원은 위 구절에 이어 "잘못을 적게 하기 때문에 잘못을 하지 않게 되고, 잘못을 고치기 때문에 두 번 잘못을 하지 않게 되는 것이다. 잘못을 알기만 하기 때문에 끝내 그런 잘못을 범하게 되고, 늘 잘못을 인정하지 않기 때문에 끝까지 그 잘못을 고치지 않아도 된다는 것을 믿는 것이다"라고 말한다.

36. 愛莫加之過(애막가지과), 尊莫委之罪(존막위지죄)

사랑이란 잘못을 더 하지 않는 것이요,
존중이란 죄를 남에게 미루지 않는 것이다.
《좌전》

리더가 갖춰야 할 리더십의 하나로 동양에서는 타인의 '잘못을 (자신이) 끌어안는다'라는 '남과(攬過)'를 든다. 이와 관련하여 춘추 시대 정나라의 정치가였던 정자산(鄭子産)은 위와 같은 말로 인재를 존중할 줄 아는 리더라면 잘못을 남에게 미루지 않아야 한다고 지적했다.

누군가를 아끼고 사랑한다는 것은 주동적으로 책임을 진다는 뜻으로, 자신의 잘못을 절대 부하에게 미루지 말라는 것이다. 즉, 인재를 아끼고 존중한다면 잘못을 덧씌우지 말고, 죄를 미루지 말라는 의미이다.

하나라의 우 임금은 백성들이 사는 모습을 살피러 나갔다가 오랏줄에 묶여 끌려가는 백성을 보고는 "백성이 죄를 짓는 것은 나 한 사람 때문이다"라며 그 백성을 풀어주게 했다. 백성이 잘못을 범하고 법을 어기는 것은 자신이 통치를 잘못했기 때문이라는 뜻이다.

《좌전》은 이 사례를 두고 "우 임금이나 (상나라의) 탕 임금은 자신에게 죄를 돌렸기 때문에 나라를 일으킬 수 있었다"라고 평했다. 춘추시대 진(晉)나라의 정치가 조돈(趙盾)은 정치를 제대로 못 하고, 잘못만 저지르는 영공에게 "누군들 잘못이 없을 수 있겠습니까? 그러나 잘못을 했더라도 고칠 수 있다면 그보다 더 좋은 일은 없습니다"라고 충고했다.

공자의 수제자 자공은 '개과(改過)', 즉 잘못을 고치는 행위를 모든 사람이 우러러보는 지극한 덕으로 보면서 "군자(리더)의 잘못이란 일식이나 월식과 같다. 잘못하면 모든 사람이 보고, 고치면 모든 사람이 우러러본다"라고 했다.

37. 宥過無大(유과무대), 刑故無小(형고무소).

실수는 크더라도 용서하고,
죄는 작더라도 처벌한다.
《상서(尙書)》〈대우모(大禹謨)〉

　동양에서 가장 오래된 정치학 교과서라 할 수 있는 《상서》에 나오는 구절이다. 직역하자면 '실수의 용서에는 크기가 없고, 범죄의 처벌에는 작음이 없다'라는 뜻이다. 고의가 아닌 실수는 그 실수가 아무리 커도 용서할 수 있지만, 고의로 범한 죄는 그것이 아무리 작아도 처벌해야 한다는 요지다. 주관적 동기가 처벌과 형량의 중요한 근거라는 말이기도 하다.

　《상서》는 이 구절에 이어 "우연히 저지른 잘못은 인정상 수긍할 수 있다. 따라서 큰 잘못이라도 용서할 수 있다"라고 했다. 그러나 확실한 범법에 대해 "벌을 내릴 때는 너무 가볍지 않나 의심해야 하며, 상을 줄 때는 너무 과하지 않나 의심해야 한다"라고 말한다. 자칫 상벌에 사사로운 정이나 이해관계가 작용하는 것을 경계하라는 지적이다.

　고의와 과실의 구분은 고대 동양에서 처음 나타난 법률 사상이다. 즉, 범법자의 주관적 동기가 고의에서 나왔느냐, 그렇지 않으냐가 처벌과 형량의 중요한 근거로 작용한 것이다. 물론 고의 여부를 판단할 과학적 기준은 없다. 오로지 잘못을 범한 사람의 양심에 의존할 뿐이다. 하지만 이른바 주변 정황과 잘못을 범한 사

람의 처신 및 언행을 살피면 얼마든지 가려낼 수 있다. 문제는 잘
못을 저질러 놓고도 부끄러운 줄 모르고, 심지어 그것을 합리화
내지는 정당화하는 작태에 있다.

> ## 38. 人不可以無恥(인불가이무치).
>
> ### 사람이 부끄러움이 없어서는 안 된다.
>
> 《맹자》〈진심〉(상)

맹자는 사람이 부끄러움을 모르면 사람으로 갖추어야 할 최소
한의 자격을 상실한 것으로 보았다. 이 구절 바로 뒤에 따라오는
대목이다.

"부끄러움 없는 것을 부끄러워하면 부끄러움이 없는 것이다."
"무치지치(無恥之恥), 무치야(無恥也)."

이어 맹자는 이렇게 말한다.

"부끄러움이란 사람에게 큰일이다. 임기응변하고 교활한 자는
부끄러움을 쓸 곳이 없다. 남보다 부끄러워하지 않고서 어찌
남만 하겠는가!"
"치지어인대의(恥之於人大矣). 위기변지교자무소용치언(爲機變之巧

者無所用恥焉). 불치약인(不恥不若人), 하약인유(何若人有)!"

　　맹자는 부끄러움에 관해 많은 어록을 남겼다. 특히 맹자의 사
상을 대표하는 '사단(四端)' 중 '수오지심(羞惡之心)'이 대표적이다.
맹자는 부끄러워할 줄 아는 이 마음을 '의(義)', 즉 '의로움'의 범
주에 넣었다. 맹자보다 앞서 관자(管子)도 인간으로 가져야 할 네
가지 기본인 '사유(四維)'에 부끄러움을 포함시켰다(관자의 '사유'는
예禮, 의義, 염廉, 치恥를 말한다.).

39. 人非聖賢(인비성현), 孰能無過(숙능무과)?

사람이 성현이 아니거늘
누군들 잘못이 없을 수 있겠는가?
명, 예악(倪岳) 〈재이진언소(災異陳言疏)〉

　　모든 선인이 공통으로 하는 말이 누구든 실수나 잘못은 있을
수 있다는 것이다. 다만 어떤 실수나 잘못이 있으면 바로 고치고,
없더라도 더욱더 노력하는 자세가 중요하다는 지적도 빼놓지 않
는다. 그리고 노력도 중요하지만, 방법 또한 중요하다. 《좌전》에
서는 "사람이 누군들 잘못이 없을 수 있겠는가? 고칠 수 있는 것
이 귀하다"라고 하면서 "잘못을 고치는 일보다 더 좋은 것은 없
다"라고까지 했다.

• 예악(1444~1501)은 명나라 때의 대신으로 자는 순자(舜咨), 호는 청계(靑溪)라 했고 상원(上元, 지금의 강소성 남경) 사람이다. 배우 길 좋아하고 문장을 잘했다. 1464년 진사에 급제하여 병부상서, 이부상서 등 여러 요직을 거쳤다. 58세로 세상을 떠났고 《청계만고(靑溪漫稿)》를 저술했다.

출생과 관련하여 이런 이야기가 전한다. 아버지 예겸(倪謙)이 조정의 명을 받고 북악(항산恒山)에 제사 드릴 즈음 어머니가 꿈에서 붉은 옷을 입은 선인이 방 안으로 들어오는 꿈을 꾸어 아들을 낳았다. 그래서 이름을 '악(岳)'으로 했다.

40. 人誰無過(인수무과), 過而能改(과이능개), 善莫大焉(선막대언)

누군들 잘못하지 않나? 잘못했더라도 고칠 수 있다면
그보다 더 좋은 일이 어디 있나.
《좌전》 선공 2년

춘추시대 진(晉)나라 대부 조돈(趙盾)이 국군 영공(靈公)에게 한 충고이다. 누구나 잘못할 수 있지만, 그것을 고쳐서 재발하지 않게 하는 일이 중요하다는 지적이다.

당나라 때 사람 위응물(韋應物)의 〈답영호시랑(答令狐侍郎)〉이란 시에 보면 "백옥수진구(白玉雖塵垢), 불식환광휘(拂拭還光輝)"라는 대목이 있다. "백옥에 먼지가 앉고 오물이 끼일 수 있으나 닦고 털면 빛이 난다"라는 뜻이다. 아무리 고상한 인품의 소유자라도 잘못이 없을 수 없으나 고치고 바로잡으면 그 이미지에 손상이 가지 않는다는 의미이다. 《예기》〈방기(放棄)〉 편에서는 "선즉칭인(善則稱人, 과즉칭기(過則稱己)"라 했다. "잘한 것은 남이 했다고 하고, 잘못한 것은 내가 했다고 하라." 마음이 넓고 기백 있는 사람은 자신의 잘못을 선뜻 인정할 줄 안다. 또 남이 잘한 일에 대한 칭찬을 아끼지 않는다.

41. 人有三成人(인유삼성인) ; 知畏懼(지외구),
成人(성인) ; 知羞恥(지수치),
成人(성인) ; 知艱難(지간난), 成人(성인).

사람에게는 세 종류의 사람다운 사람, 성인(成人)이 있다.
무엇이 두려움인 줄 아는 사람, 부끄러움이 무엇인 줄 아는 사람,
어려움이 무엇인 줄 아는 사람이다.
《원사(元史)》〈채소전(蔡蘇傳)〉

우리가 별생각 없이 말하는 성인(成人)이란 단어가 '사람다운 사람'이란 뜻이 있다는 사실을 아는 사람은 별로 없을 것이다. 위 대목은 성인의 자격 요건으로 세 가지를 꼽고 있는데 부끄러움을 알아야 한다는 지적이 눈길을 끈다. 요컨대 부끄러움을 아는 것은 사람이 갖춰야 할 기본이라는 말이다.

42. 知不足者好學(지부족자호학),
恥下問者自滿(치하문자자만).

지식이 모자라면 끊임없이 배우면 되지만,
아랫사람에게 묻는 것을 부끄러워하면 자기만족에 빠진다.
송, 임포(林逋)《성심록(省心錄)》

단순 지식은 여러 통로로 배우면 채울 수 있다. 오늘날처럼 지식이 해방된 시대에는 단순 지식은 더더욱 얻기가 쉽다. 그러다 보니 모르는 것을 묻는 행위가 갈수록 드물어지고 있다. 아랫사람에게 묻는 것은 더더욱 희소하다. 따라서 오늘날의 공부는 단순 지식을 넘어 지식 이면에 감추어진 지혜와 통찰력을 파고들어야 한다. 그렇다면 묻는 행위는 더욱 필요해졌다.

임포는 위와 같이 말하면서 "한 사람은 군자, 한 사람은 소인으로 갈라지는 것이 여기서 비롯된다"라고 말한다. 배우기보다 묻길 잘해야 한다는 지적이다. 묻길 부끄러워하는 사람은 자만에 빠져 앞으로 나가지 못하기 때문이다.

43. 知而不能行(지이불능행), 與不知同(여부지동).

알고도 행동할 줄 모르면 모르는 것과 같다.
송, 황희(黃晞)《오우자(聱隅子)》〈생학(生學)〉

372

실천하는 것이 먼저이고 아는 것은 그다음이다. 이렇게 하면 가장 좋다. 알고 난 다음 행동해도 괜찮다. 노자는 이렇게 말한다.

"(자신이) 모르고 있다는 것을 안다면 대단히 현명하다. 자신이 안다는 것을 모르는 것은 큰 결점이다. 성인에게는 결점이 없다. 자신의 결점을 결점으로 여기기 때문이다. 다름 아닌 결점을 결점으로 여기기 때문에 결점이 없다는 것이다."

"지부지(知不知), 상의(尚矣) ; 부지지(不知知), 병야(病也). 성인불병(聖人不病), 이기병병(以其病病). 부유병병(夫唯病病), 이시불병(是以不病)."

---

44. 知一重非(지일중비), 進一重境(진일중경).

한 층 부족하다는 것을 안다는 것은
한 단계 새로운 경지로 들어서는 것이다.

청, 원매(袁枚) 《속시품(續詩品)》 〈용개(勇改)〉

관련 대목을 함께 소개하면 아래와 같다.

"사람이 만족을 아는 것은 귀한 일이지만 배움은 그렇지 않다. 사람이 끝까지 공부하지 않으면 지식의 기묘함은 전수되지 않

는다. 한 층 부족하다는 것을 안다는 것은 한 단계 새로운 경
지로 들어서는 것이다."

창작의 과정에서 나오는 고통에 적용할 수 있는 명구이다.

45. 智者改過而遷善(지자개과이천선),
愚者恥過而遂非(우자치과이수비).

지혜로운 사람은 잘못을 고치고 착한 쪽으로 옮겨가고,
어리석은 자는 잘못을 부끄러워하며 잘못을 고집한다.
당, 육지(陸贄) 〈봉천청교대군신겸허령논사장(奉天請敎對群臣兼許令論事狀)〉

앞서 소개한 구절이기도 하다. 사람의 행위란 것이 다 같을 수
없다. 차이도 있고, 우열도 나뉘고, 선악도 나타난다. 이에 따라
자연 지혜로운 사람, 어리석은 사람이 가려진다. 잘못했을 경우 얼
른 그것을 고치고, 나아가 좋은 쪽을 따르면 그 사람의 품덕이 새
로워진다. 옛날에는 이런 사람을 군자라 했다. 반면 자신의 잘못
을 감추거나 끝까지 그 잘못에 집착하는 사람을 소인이라 했다.
소인의 나쁜 언행은 쌓이고 쌓여 자신은 물론 타인에게도 해를
끼친다.

46. 遷善懼其不及(천선구기불급),
改惡恐其有餘(개악공기유여).

착한 일을 따를 때는 미치지 못하면 어쩌나 두려워하고,
나쁜 것을 고칠 때는 남은 것이 없는 겁을 낸다.
한, 서간(徐幹) 《중론(中論)》 〈허도(虛道)〉

앞부분을 함께 인용해보면 이렇다.

"무릇 재주가 남다른 것은 귀하지 않고, 남달리 말을 잘하는
것도 귀하지 않으며, 남보다 용감하고 과감한 것 역시 귀할 것
없다. 군자가 귀하게 여기는 것은 '착한 일을 따를 때는 미치지
못하면 어쩌나 두려워하고, 나쁜 것을 고칠 때는 남은 것이 없
는 겁을 낸다'라는 것이다."

자신을 통제해야 비로소 자신을 아낄 수 있고, 자신을 존중할
줄 알아야 비로소 스스로 강해질 수 있다. 그래서 좋은 일을 따라
할 때는 그 일에 미치지 못하면 어쩌나 걱정하고, 나쁜 언행을 고
칠 때는 행여 다 고치지 못하고 남은 것은 없는지 다시 점검해야
한다는 것이다.

47. 秋胡戱妻(추호희처)

추호가 아내를 희롱하다.
《서경잡기(西京雜記)》

한나라 때의 학자 유흠(劉歆)이 짓고 진(晉)나라 때 갈홍(葛洪)이 모은 것으로 전하는 《서경잡기》는 총 132가지의 고사로 이루어져 있다. 이 가운데 이런 이야기가 전한다.

추호(秋胡)는 노(魯)나라 사람으로 결혼한 지 석 달 만에 지방으로 발령을 받아 전근을 갔다. 삼 년 뒤 고향으로 돌아오는 길에 고향 마을의 교외에서 뽕잎을 따는 아리따운 처자를 만났다. 처자의 미모에 마음이 동한 추호는 그녀에게 황금을 주었다. 처자는 남편이 지방으로 전근을 가 있는 삼 년 동안 독수공방 지조를 지키며 지내 왔는데, 오늘 뜻하지 않게 모욕을 당했다며 부끄러워했다.

추호도 부끄러워 얼른 그 자리를 빠져나와 집으로 돌아왔는데, 알고 보니 그 처자가 다름 아닌 자신의 아내였다. 추호가 다시 교외가 달려나가 아내를 만났지만 두 사람 모두 부끄러움에 어쩔 줄 몰라 했고, 아내는 결국 기수(沂水)에 몸을 던지고 말았다.

여기서 '추호' 또는 '추호의 아내'라는 '추호(秋胡)', '추호부(秋胡婦)'란 단어가 나왔고, 추호가 파렴치하게 자신의 아내를 희롱한다는 '추호희처'가 파생되었다. 그 뒤 '추호'는 마음을 저버린 못난 남자를, '추호부'는 정절을 지킨 깨끗한 여자를 비유하는 단어가 되었다.

최근 우리 정치판을 보면 자신이 몸담았던 조직에 대해 비판과 비난은 물론 온갖 야유와 저주를 퍼붓고 떠나는 자들을 어렵지 않게 볼 수 있다. 이런 자들과 자신의 아내를 희롱했던 추호가 뭐가 다를까?

---

48. 恥不信(치불신), **不恥不見信**(불치불견신) ;
　　恥不能(치불능), **不恥不見用**(불치불견용).

믿음직스럽지 못함을 부끄러워하지 믿어주지 않는다고
부끄러워하지 않는다. 능력 없음을 부끄러워하지
써주지 않는다고 부끄러워하지 않는다.

《순자》 〈비십이자(非十二子)〉

순자는 군자라면 자기수양이 부족한 것을 부끄럽게 여기지 남들이 손가락질하는 것은 부끄럽게 여기지 않는다면서 위의 명언을 남겼다. 자기수양과 능력의 부족을 부끄러워할 줄 알면 타인의 비방을 두려워하지 않고 헛된 명예 따위에 휘둘리지 않는다. 어느 쪽이나 자신의 수양과 능력 정도를 제대로 알아야 한다는 전제가 따른다.

청나라 때 사람 사진정(謝振定, 1753~1809)도 《지치재기(知恥齋記)》에서 "자신을 바로 모르는 것을 부끄러워해야지 알아주지 않는다고 부끄러워하지 않고, 신의가 없는 것을 부끄럽게 여기지 믿어주지 않는다고 부끄러워하지 않는다"라고 했다.

사마천은 실제보다 명성이 크게 앞서는 지식인들과 그런 자들에 열광하는 풍토를 비판하면서 '명성과실(名聲過實)'이라 했다. '명성이 실제를 앞지른다'라는 뜻이다. 그래서 옛사람들은 '칭찬만 들리는 사람은 의심해 보라'고 했던 것이다. 우리 주변을 보면 실제 능력과는 전혀 어울리지 않게 끊임없이 자기과시와 자기 자랑에 열을 올리는 '명성과실'인 사람들이 너무 많아 순자의 지적을 머쓱하게 만든다.

> **49. 恥不知而不問**(치부지이불문), **終于不知而已**(종우부지이).
>
> **모른다고 묻기를 부끄러워하면 끝까지 모르게 된다.**
>
> 《이정수언(二程粹言)》〈권상〉

위 대목은 공자의 말로 인용되어 있는데 다음 대목은 "모른다고 생각하면 반드시 누군가를 찾아서 알려고 해야 끝내 알 수 있다"라는 것이다. 모른다는 것을 인정하고 꼭 알고자 한다면 끝내는 알 수 있게 된다. 그래서 공자는 '불치하문(不恥下問)'이라고 하지 않았던가?

물음[問]은 앎[知]의 전제이다. 따라서 물음은 공부를 하면서 생기는 의문과 의심을 푸는 열쇠이자 지식을 추구하는 길이다. 선현들은 그래서 끊임없이 의심하고 물으라고 권한다. 물을 줄 모르면 부끄러운 줄도 모르고 그것이 결국 무지(無知)로 이어진다.

현대사회는 굳이 누군가를 찾아서 물을 필요가 갈수록 없어지고 있다. 지식이 해방되어 가고 있기 때문이다. 따라서 물음보다는 의문과 의심, 즉 물을 거리를 끊임없이 만들어내야 하는 세상이 되었다.

• 《이정수언(二程粹言)》은 송나라 때의 이학자 정호(程顥, 1032~1085)와 정이(程頤, 1033~1107) 형제가 편찬한 두 권의 문집인데 얼마 뒤 제자 양시(楊時, 1053~1135)에 의해 다시 정리되었다.

50. 恥易而知難(치이이지난).

부끄러움을 느끼기는 쉬워도
왜 부끄러운가를 알기란 어렵다.

왕부지(王夫之), 《사해(俟解)》

명말청초 위기의 사상가 왕부지가 "배우기는 쉬워도 좋아하기란 힘들고(학이이호난學易而好難), 어떤 행동을 취하긴 쉬워도 힘껏 유지하기는 힘들다(행이이역난行易而力難). 부끄러움을 느끼기는 쉬워도 왜 부끄러운가를 알기란 어렵다"라고 한 말에서 나오는 대목이다.

이것이 바로 호학(好學), 역행(力行), 지치(知恥) 삼자의 관계이다. 배우길 좋아하고 힘써 행동으로 옮기는 과정을 충실하게 이행하면 자신의 언행에서 무엇이 부끄러운 것인지를 알게 된다. 왕부지는 그중에서도 '지치'를 특별히 강조했다. 부끄러움을 느끼고도 잘못을 인정하지 않거나 그것을 숨기기에 급급한 까닭은 사사로운 욕심과 자기 체면 때문이지만, 그 근원을 파고들면 왜 부끄러운지 모르기 때문이라는 것이다. 다시 말해 자신의 공부와 실천에 따른 언행에 대한 성찰 부족이다. 그래서 맹자는 부끄러움을 아는 것은 용기에 가깝다고 말한다.

정치가와 고위 공직자들의 언행을 보면서 과연 저들이 백성의 쏟아지는 비판과 비난이 무엇 때문인지 알고나 있는지 의심이 들었는데, 왕부지의 이 말을 접하는 순간 깨닫는 바가 있었다. 저들은 부끄러워할 줄만 알았지 왜 부끄러운지 모르는 것이다. 그러고도 고관대작 자리를 탐을 낸다.

특히 마지막 대목의 경우 지금 우리 사회 지도층이란 자들의 작태를 보면 딱 이 말이 맞다. 그러니 백성들이 왜 욕을 하는지 모를 수밖에. 욕을 먹어 부끄럽고 창피한데 왜 욕을 먹는지 모르기 때문이다. 그래서 도리어 백성을 원망한다. 그런데 부끄러운 줄은 알까? 또 부끄러움이 무엇인지는 알까? 그래서인지 '부끄러움을 모르는 것보다 큰 죄악은 없다'라는 말도 나왔나 보다.

비판을 받아들이지 못하는 것보다 가슴 아픈 일은 없고,
부끄러움을 모르는 것보다 더 큰 치욕은 없다.

수, 왕통(王通) 《중설(中說)》 〈관랑(關朗)〉

이 구절의 앞부분을 마저 소개하면 다음과 같다.

"자기가 좋아하는 자를 높은 자리에 앉히는 것보다 더 큰 죄
는 없고(죄막대우호진罪莫大于好進), 말 많은 것보다 더 큰 화근은
없다(화막대우다언禍莫大于多言)."

한 인간으로서 끊임없이 발전하고 진보하기 위한 기본 조건에
는 여러 가지가 있겠지만 그중 중요한 한 가지를 들라면 '자신에
대한 태도'라 할 수 있다. 그래서 선현들은 남을 나무라듯이 자신
을 나무라고, 자신을 용서하는 마음으로 남을 용서하라고 말하
면서, 무슨 문제가 발생하면 먼저 자신에게서 원인을 찾고, 잘못이
있으면 바로 고치고, 잘못이 없더라도 더욱 노력하라고 권한다.

• 왕통(584~617)은 수나라 때의 철학자이자 교육가이다. 강주(絳
州) 용문(龍門) 사람으로 자는 중암(仲淹)이다. 벼슬을 버리고
황하와 분수 사이에서 은거하여 저술 활동과 학생들을 가르

치는 것에 전념했다. 유·불·도 삼교합일(三敎合一)을 주장했다. 시호는 문중자(文中子)이다. 대표적인 저술이 《중설》이다.

> **52. 好學近乎知**(호학근호지), **力行近乎仁**(역행근호인),
> **知恥近乎勇**(지치근호용).
>
> 배우길 좋아하는 것은 지혜에 가깝고,
> 힘써 실천하는 것은 어짊에 가깝고,
> 부끄러움을 아는 것은 용기에 가깝다.
>
> 《예기》〈중용(中庸)〉

해당 대목을 함께 다 소개하면 이렇다.

"공자가 말하길 '배우길 좋아하는 것은 지혜에 가깝고, 힘써 실천하는 것은 어짊에 가깝고, 부끄러움을 아는 것은 용기에 가깝다. 이 셋을 알면 수신(修身)의 조건을 아는 것이고, 수신의 조건을 알면 사람 다스리는 조건을 아는 것이고, 사람을 다스리는 조건을 아는 것은 천하 국가를 다스리는 조건을 아는 것이다'라고 했다"

힘써 배우길 좋아하여 넓고 깊은 지식을 추구해야만 세상사 이치를 분명히 알 수 있다. 그래서 '배우길 좋아하는 것은 지혜에 가깝다'라는 것이다. 또 배우길 좋아할 뿐만 아니라 힘써 실천하여 자신의 언행을 일치시켜야 한다. 그래서 '힘써 실천하는 것은 어짊에 가깝다'라는 것이다. 알고 실천하는 과정에서 잘못하는 경우를 완벽하게 피할 수 없다. 그래서 스스로 그 잘못에 따른 부끄러움을 알고, 그 잘못을 고치는데 용감해야 한다. 그래서 '부끄러움을 아는 것은 용기에 가깝다'라는 것이다.

유가의 치국방략은 시종 공자의 인도관(仁道觀)을 기초로 한다. 그래서 치국(治國)에 앞서 치인(治人)을, 치인에 앞서 수신을 통한 인(仁)을 추구하는 사상이라는 특징을 보여준다. 그리고 수신에는 부끄러움을 아는 지치(知恥)가 강조된다. 개인의 수양 여부와 그 정도가 천하의 일과 연계된다는 논리인데 현대사회에 꼭 필요한 철학이다.

찾 아 보 기

글, 책

주요 항목

사마천 다이어리북 366

김영수 지음 | 고급양장 | 전면원색 | 672쪽 | 값 30,000원

《사마천 다이어리북 366》은 영구적으로 사용할 수 있는 만년달력!

이 다이어리북은 '만세력(萬歲曆)'이자 '사마천 경전(經典)' 같은 책

《사마천 다이어리북 366》은 영구적으로 사용할 수 있는 달력입니다. 매년 날짜와 요일이 바뀌는 공휴일, 기념일, 24절기 등은 표기하지 않아 언제든지 사용할 수 있게 했습니다. 개인 일정은 물론 명언명구를 쓸 수 있는 공간을 매일 한 장씩 두어 직접 써볼 수 있게 구성했습니다.

또한, 명언명구들 외에 사마천의 생애와 《사기》에 대한 상세한 소개를 비롯하여 사마천이 남긴 만고의 명문 〈보임안서(報任安書)〉, 국내에 출간된 사마천과 《사기》에 관한 참고도서, 중국사 연표, 중국 지도 등 다양한 부록을 마련하여 달력의 용도뿐 아니라 한 권의 책으로 읽기에도 손색이 없습니다.

– 〈머리말〉 중에서

사마천 사기에 관한 모든 것 1, 2

김영수 지음 | 각 권 18,000원

문답식으로 풀어쓴 《사기》의 모든 것!

1권에서는

논쟁이 분분한 사마천의 죽음을 시작으로
출생과 관련한 논쟁, 스무 살 여행, 관직 생활,
아버지의 죽음, 태초력 제정, 궁형을 자청하고
《사기》를 완성하기까지의 극적인 일생을 담고 있다.

2권에서는

'난서'라 불리는 《사기》를 제대로 읽는 방법,
《사기》 다섯 체제의 내용 및 특징,
사마천의 인생처럼 모진 풍파를 겪어온
《사기》의 부침 과정을 살핀다.

인간의 길(개정판)

김영수 지음 | 값 15,000원

《사기》에 담긴 다양한 인간의 모습, 그 속에서 찾은 인간의 길

인생에서 최선의 선택을 해야 할 때,
그 훌륭한 지침과 지혜를 제시하는 책!

인생백과사전《사기》에서 배우는
인간의 도리와 세상의 이치시대는 바뀌었어도
삶의 본질은 바뀌지 않는다!《사기》전체를 관통하는
'인간의 본질'과 '어떻게 살 것인가'에 대한
고뇌는 우리의 사유를 한 차원 끌어올린다.

새우와 고래가 함께 숨 쉬는 바다

리더와 인재, 제대로 감별해야 한다
– 이런 리더와 인재를 선택하자!

지은이 | 김영수
펴낸이 | 황인원
펴낸곳 | 도서출판 창해

신고번호 | 제2019-000317호

초판 인쇄 | 2021년 11월 19일
초판 발행 | 2021년 11월 26일

우편번호 | 04037
주소 | 서울특별시 마포구 양화로 59, 601호(서교동)
전화 | (02)322-3333(代)
팩시밀리 | (02)333-5678
E-mail | dachawon@daum.net

ISBN 979-11-91215-27-4 (03320)

값 · 19,800원

Publishing Club Dachawon(多次元)
창해·다차원북스·나마스테